Der Gebärdensammler

Botho Strauß
Der Gebärdensammler
Texte zum Theater

Herausgegeben von
Thomas Oberender

Verlag der Autoren

Die Deutsche Bibliothek – CIP-Einheitsaufnahme

Strauß Botho:
Der Gebärdensammler : Texte zum Theater / Botho Strauß. Hrsg. von Thomas
Oberender. – Frankfurt am Main : Verl. der Autoren, 1999
 ISBN 3-88661-217-1

Satz: SVG, Satz- und Verlags-Gesellschaft mbH, Darmstadt
Druck: betz-druck GmbH, Darmstadt
Umschlagsfoto von Ruth Walz
Printed in Germany

Ich möchte ein Gebärdensammler gewesen sein.
Ein Palimpsest-Leser, der bei jedem Durchschnittsmenschen
die Urschrift eines großen Lebens fand. Dafür nutzte ich das
Theater als Medium im Wortsinn: das den Durchschein ver-
körpernde.

INHALT

VORWORT

Die in diesem Buch versammelten Texte sind der Gedanken-
spiegel eines Dramatikers, der nicht nur zu den meistgespiel-
ten Autoren unserer Tage zählt, sondern auch zu den meist-
studierten und -kommentierten. Seine dramatischen Werke
fordern die Kunst des Theaters ebenso heraus wie die der Be-
trachtung − aus diesem doppelten Anspruch resultiert ihr
Reiz, man spürt, der Ton und Bau dieser Dramen fordert Ergänzung. So vielfach gebrochen die Partituren des Autors
Strauß auch sind, sie werden zugleich durchzogen und gebunden vom Grundton eines Entwurfs. Über einen Zeitraum von
mehr als dreißig Jahren hat Botho Strauß seine Arbeit für das
Theater und deren Bedingungen immer wieder auf prospek-
tive Weise reflektiert. Die hier versammelten Texte leiten den
Blick auf den gedanklichen und poetischen Nährboden dieser
Arbeit und vermitteln zudem Botho Strauß' Ansichten von
der idealen Gestalt jener Medien, die sich in seinem Schaffen
vereinen: der Literatur, des Schauspielers und Theaters.

Bereits als Kritiker für *Theater heute* sprach Botho Strauß von
dem Versuch, sich in seiner Arbeit zu »theoriebildenden Gedanken über das Theater und seine Ästhetik« anregen zu lassen. Eine geschlossene Theorie der Theaterkunst oder Literatur ist daraus nie entstanden, vielmehr wurden die Gedanken
selbst ein Teil seiner Dichtung − Bücher wie *Paare, Passanten*,
Niemand anderes oder *Beginnlosigkeit*, aber auch die Dramen,
Gedichte, Erzählungen und Romane des Autors sind geprägt
von der »Sucht der Ideen«, sind »Reflexionspoesie« selbst dort,
wo sich der Dichter in der argumentativen Form der Rede
oder des Essays äußert. Innerhalb seiner Reflexionen verbinden sich die unterschiedlichsten Bereiche seiner Überlegungen immer wieder übersprungsartig und bilden zwischen Anekdote und Studie, Gespräch und Beschreibung ein dichtes
Feld. Im Grunde ist dieses Gewebe nicht ordnend aufzulösen

– die Sprachkonzeption des Dichters korrespondiert beispielsweise unmittelbar mit seiner Idee vom Theater und die
Auffassung vom Schauspieler als Medium ist zugleich eng mit
einer bestimmten Konzeption von Geschichtlichkeit verbunden. Aus den inneren Korrespondenzen und äußeren Bezügen
dieses verzweigten und beweglich gebliebenen Denkens entsteht kein Theoriegebäude, wohl aber eine dynamische Kontur, die den Autor und seine Poetik überaus kenntlich werden
läßt.

Da die Beiträge dieses Buches werkgeschichtlich geordnet
sind, kann man den Lektüre- und Gedankenweg von Botho
Strauß über weite Strecken nachvollziehen: von seiner Schu-
lung am Strukturalismus und den Schriften Foucaults über
seine Rezeption naturwissenschaftlicher Theorien seit dem
Beginn der achtziger Jahre bis hin zu dem sie begleitenden Interesse an dem, was »Permanenz hat« – an den Mythen und
Entwürfen des Beständigen. Doch sind diese Reflexionen
nicht nur theoriebildend, sondern auch in hohem Maße anschaulich, inspiriert von Beobachtungen und Begegnungen.
So sind die im ersten Teil dieses Buches versammelten Arbeiten stets verbunden mit dem Wirken einzelner Personen. Es
sind Porträts von Menschen, deren Besonderheit für den
Dichter etwas Allgemeines offenbart. Was Botho Strauß in der
Person und Arbeit dieser Einzelnen beschreibt, ist Teil eines
größeren Projekts, das die Einzelnen aus ihrer Vereinzelung
löst und auf Kontinuitäten hinweist, in denen sich der Dramatiker Strauß selbst entdeckt.
Den Reden, Essays und Gesprächen des ersten Teils folgt eine
Sammlung von Texten und Äußerungen, die Botho Strauß'
Reflexionen zur darstellenden Kunst innerhalb seines gesamten Œuvres verfolgt und zusammenträgt. Das auf diese Weise
entstandene Brevier unter dem Titel *Formel und Fund* gliedert
sich in fünf Abschnitte, deren Schwerpunkte die Themenbe-
reiche Schreiben, Theater, Schauspielkunst, Regie und Medi-

en bilden. Obgleich eine Zuordnung der hier ausgewählten Passagen zu diesen Bereichen durchaus möglich ist, kann keine dieser Rubriken ihr Thema erschöpfend und abschließend vertreten – so, wie die Texte des ersten Teils unmittelbar mit bestimmten Kapiteln des zweiten Teils korrespondieren, stehen auch die Kapitel des zweiten Teils untereinander in einem engen Verhältnis. Wen zum Beispiel Botho Strauß' Gedanken zur Schauspielkunst oder zum Theater als Ort und Medium interessieren, der wird im Regiekapitel dieses Interesse vielleicht ebenso ergänzend befriedigen können wie in der Lektüre des Nachrufs auf Peter Lühr. Umgekehrt enthalten die Beiträge im Kapitel über die Modelle des Theaters die vielleicht unmittelbarsten Äußerungen des Dramatikers über seine literarischen Techniken, ihre Vorbilder und Absichten.

Die Struktur der Grenzüberschreitung und Auflösung, welche die Werke von Botho Strauß von Beginn an prägt, erweist sich auch in der Form dieses Buches als unhintergehbar: Aus den isolierten, ihr Thema überaus genau formulierenden Passagen, die sich durch die Nachbarschaft zu anderen Überlegungen scheinbar lose zu Themenkreisen fügen, ergeben sich plötzlich übergreifende Zusammenhänge, die in einer treffenden Wendung oder überraschenden Assoziation sehr wohl die Ganzheit eines Entwurfs aufscheinen lassen, sich aber nie zu einer Einheit fügen. Versehentliche Entdeckungen sind hier die Absicht.

Der Gebärdensammler wendet sich an die Liebhaber und Leser des Dramatikers Botho Strauß, insbesondere an Schauspieler, Regisseure, an Dramaturgen und Schreibende. Erstmals liegt nun eine Textsammlung vor, die das »Nebenwerk« dieses Autors im Hinblick auf das Theater dokumentiert und in seiner Entwicklung vorstellt. Dieses »Nebenwerk« ist vom dramatischen Werk des Autors Strauß nicht zu trennen, zum Teil sogar ihm eingeschrieben und entnommen. Doch zugleich läßt es sich auch als eine lange, nie ablassende oder sich gänzlich richtende Gedankengeschichte lesen, die ihren Leser nicht zuletzt durch ihre eigene Schönheit gewinnt und hinüberzieht in die Welt der Vorstellungen.

Thomas Oberender

TEXTE ZUM THEATER

DER GEHEIME
Über Dieter Sturm, Dramaturg an der Berliner Schaubühne

Die Schaubühne am Lehniner Platz ist ein bekanntes Theater. Der Mann, der es vor bald einem Vierteljahrhundert mitbegründet hat (damals noch am Halleschen Ufer), der seither den größten Einfluß auf seine Regisseure, Schauspieler und Spielpläne nahm, ist eine geheime Figur. Nicht weil er Wesens um sich machte und sich künstlich versteckte, sondern weil die interessierte Öffentlichkeit kaum jemanden bemerken kann, dessen Werk im wesentlichen aus wörtlicher Rede besteht; aus freiem Vortrag, aus rhetorischen Meisterstücken, die über den engen Kreis derer, die mit ihm arbeiten, nicht hinausgelangen. Er stellt nichts her und sich selbst nicht dar. Er spricht an Ort und Stelle. Er ist ein Mann für Anwesende, und seine Rede ist geeignet, nur von unmittelbar Anwesenden empfangen und von ihnen, im Umschluß, angeregt und befördert zu werden. Träte er nur in dem Gespann der Regisseur und »sein« Dramaturg auf, wäre er lediglich der literarische Betreuer des Theaters und einiger Inszenierungen, so brauchte man nichts weiter zu sagen, als daß er immerhin ein besonders ergiebiges und ausgefallenes Exemplar dieser grauen Berufsart vorstellt, von der außerhalb (und oft genug auch innerhalb) des Theaters niemand so recht weiß, wozu sie gut und nutze ist.

In Wahrheit aber erhält unser reiches, schönes, polychrones Theater in Sturm einen späten Abkömmling aus der Gattung des pflichtlosen Philosophen; jemanden, der davon überzeugt ist, »daß sich durch die Kunst des Schreibens nichts übermitteln läßt« (Borges, *Das Haus des Asterion*). Er setzt fort den Typus des inspirierten Lehrers, des Meisters im esoterischen Zirkel, der in unserem Fall zwar keine Lehre verkündet, wohl aber seine Zuhörer verführt in die Labyrinthe seines unergründlichen Gedächtnisses, wo sie das ganze Gegenteil eines philiströsen, nämlich ein weitläufig phantastisches Wissen empfängt. Dies verschlungene, traumförmige Gedächtnis, dies fließende Geweb der Erfahrung und der Kenntnislust konnte gewiß nur entstehen, weil er sich an die sokratische Tugend hielt, nicht zu schreiben. Denn Schrift, so meinten die Alten, schaffe nur Vergessen, da sie zur Vernachlässigung, zur Schwächung der Erinnerungskraft führe.

Der verborgene Lehrer, der nicht-öffentliche, spricht nun aber vor einer Schar von Schauspielern, Theaterleuten, die in der Regel nervöse Zeitgenossen sind und sein müssen und nicht als Eingeweihte des schönen Wissens ihren Beruf ausüben. Andererseits sind sie, auch von Berufs wegen, darauf angewiesen, ihr Sehen, Erkennen, Vermuten ständig zu erweitern und zu verbessern. Vielleicht ist mancher von ihnen bei Sturm durch eine Schule der Bedenklichkeiten gegangen, die seiner gesunden Einfalt oder gar seiner Grazie eher geschadet hat. Die meisten anderen aber, da er sie nie belehrte, sondern immer nur anmutete und entführte, werden bemerkt haben, daß sie durch ein unendliches, schwindelndes Bewußtsein hindurch zu einer Art zweiten Grazie gelangten, der sie fester vertrauen dürfen als der ersten.

STRENGE UND LEIDENSCHAFT

Die Schaubühne besitzt ja keinen unverwechselbaren »Stil«. Es gibt jedoch ein sicheres Anzeichen, das alle Aufführungen, ob gut oder schlecht, tragen und dem man erkennt, wo man sich befindet: Hier tritt niemand auf die Bühne, der nicht weiß, was er sagt oder tut. Hier gab oder gibt es keine Inszenierung, die ihre Effekte bezöge aus einem schlampigen oder verlegenen Umgang mit dem Text. So wenig wie es je eine gab, die ohne das begründete Interesse, ohne den erklärten Wunsch und den Zuspruch eines Großteils des Ensembles zustandegekommen wäre. Diese inzwischen beinah rührende Rationalität des Wis-

16

sens-Warum, die jeder Aufführung eingezeichnet ist, hat ziemlich unangetastet allen Wandel der politischen und ästhetischen Befindlichkeiten überstanden. Daß dies möglich wurde, daß die subjektive Reflexion anhielt, gemeinsam blieb, wo sie vielerorts schnell darniederging und durch flüchtige Leihlegitimationen aus Politik und Zeitgeschehen ersetzt wurde, ist gewiß ein entscheidendes Verdienst von Dieter Sturm. Mit ihm, einer von allen verehrten Instanz, einem Kontinuum von Leidenschaft und Strenge, würde niemand in diesem Theater auch nur versuchen, einen faulen Kompromiß zu schließen. Unerbittlich in seinen Vorlieben wie seinen Abneigungen, verficht er das schwierige, riskante Projekt mit dem gleichen Eifer, mit dem er alles Glatte und bloß Gefällige abweist und verpönt, und das gilt für die literarische ebenso wie für die schauspielerische Hervorbringung.

Durch ihn war und blieb dieses Theater eigentlich immer ein esoterisches, selbst da wo es beim breiten Publikum Erfolg hatte. Das wird heute deutlicher sichtbar als vor zwanzig Jahren, zu Zeiten der frühen, ersten Schaubühne. Ganz einfach deshalb, weil wir alle aus der wunderlichen Ära hervorgingen, da das Progressive noch heil und eins war; da ein allgemeines Bewußtsein überhaupt erst produziert oder weitgehend beeinflußt wurde von dem einer willensstarken Minderheit oder Avantgarde. In jenen Jahren vor '68 wurden am Halleschen Ufer die Stücke der Fleißer entdeckt, wurde – früher als an anderen Theatern – Horváth gespielt; der junge Martin Sperr; die frühen kunstvollen Dramen von Hartmut Lange, der sich eine Zeit lang dem Theater und Sturm verband. Begleitet von ausführlichen Hegelstudien, begannen sie ihre Annäherung an Shakespeare und die deutsche Klassik, entwickelten sie jenen Stil des Kollegs und der langen intimen Erkundungen, der dann später in der Steinschen Schaubühne fortgesetzt wurde. Sturms politische Interessen waren in den Jahren zwischen '66 und '70 eng verknüpft mit den Geschicken des Berliner SDS, dem er angehörte, aktiv nicht nur im Hintergrund der Theoriediskussionen, sondern auch an den verschiedenen Fronten der Straße und der Institutionen, überall eben, wo man damals als übermütiger Marxist die Schwelle zur Weltrevolution betrat. Lange bevor ich ihn kennenlernte, war er mir wiederholt als Legende vorgestellt worden. Er stand ja in dem Ruf, unter den Berliner Revolutionären nicht nur über die großzügigste historische und politische Bildung zu verfügen, sondern dazu noch über eine einzigartige Bibliothek.

Um '68 ließ er die Theaterarbeit sein und war nur noch in der »politischen Aufklärung« tätig, wie man das seinerzeit, feierlich-nüchtern, zu nennen pflegte. Beides ließ sich auf die Dauer nicht mehr miteinander vereinen, jedenfalls dann nicht, wenn man beides gebührend ernst nahm. Es begann die Zeit der unversöhnlichen Widersprüche – inmitten der eigenen Person, der Spaltung von Interesse und Begabung. Aber es ist nicht ganz richtig zu sagen, er sei nur noch im Dienst des Politischen gestanden. Das ausschließlich Eine hat es bei ihm nie gegeben. Gerade in der aufregendsten Zeit besorgten Dämonen und Vampire, mit denen er sich literarisch beschäftigte, den nötigen Ausgleich zur hellichten Aufklärung. Die phantastische Literatur, der er sich von jeher, einschließlich Trivialroman und Gruselfilm, mit besonderer Vorliebe und Kennerschaft gewidmet hatte, brachte es nun sogar fertig, daß er seine tiefe Schreib-Hemmung vorübergehend überwand und zwei umfangreiche Nachworte verfaßte, eins zu Maturins »Melmoth der Wanderer«, das andere zu einer Anthologie mit Vampirgeschichten.

Das ist nun alles, was man von ihm lesen kann. Wenn man von etlichen ungezeichneten Begleittexten in den Programmheften der Schaubühne einmal absieht – was man aber keineswegs tun sollte, denn es handelt sich dort in der Regel um besonders kostbare Vermerke und Hinweise. Seine längeren Texte sind ungewöhnlich dicht in ihrem literarkritischen Beziehungsreichtum sowohl wie in ihrer Sprachfügung. Sie besitzen indessen jene prunkvolle Ausdehnung nicht, jenes abenteuer-

liche Abschweifen und freie Perorieren, mit denen der Red-
ner Sturm seine glänzende Wirkung erzielt; die gedankenlö-
sende Ornamentik des unschlüssigen Satzes, der über und
über gestaffelten Parenthesen; das bis zum Zerreißen gespann-
te Sowohl-Als-auch auf den verschlungenen Pfaden der Erörterung, die an jedem Gegenstand das beidseitige sucht als das
wahre Gesicht – ganz gleich, ob er über Stalin spricht oder
über Marivaux.

Gesprochene Sprache führt, wie die Hirnforscher feststellen,
zu erhöhter Durchblutung des Brocaschen Systems, des moto-
rischen Sprachzentrums. Bei Sturm scheint es förmlich anzu-
schwellen, und erst im Zuge des klaren Verlautens (vor einem
nicht zu kleinen, nicht zu großen Publikum), erst wenn die
Rede eine gewisse Tonstärke und Dauer, einen bestimmten
Rhythmus und Schwingungsgrad erreicht hat, hebt das
Bewußtsein an zu singen, gibt das Gedächtnis seine verschollenen Schätze preis. Man könnte sogar behaupten, die Rede,
die selbstverständlich eine RedeLUST ist, sei auch für den
Sprecher selbst das einzige Medium, um zu der großen Sammlung, zu seinem schönsten Wissen Zugang zu finden.

Weder Schreiben noch Sinnen noch auch der gedämpfte Dialog könnten in vergleichbar tiefe Zonen hineinführen oder sie
beleben. Herauszustehen und zu reden in seines Deutsches
Überfluß, das heißt natürlich auch, daß er währenddem nicht
ansprechbar, nicht »dialogfähig« ist. Unterbricht ihn jemand
und fragt dazwischen, so wird er wohl nicht übergangen, aber
auf das Gesicht des Redners legt sich ein kurzer Schatten der
erkälteten Sympathie, auch der schmerzlichen Verhaltung,
denn eine solche Rede versteht sich ja nicht als Meinungsbei-
trag, sondern vollbringt, wie andere Formen der Ekstase auch,
in sich schon einen Akt der communio, der gemeinsamen Verständigung.

Es ist daher unmöglich, mit Dieter Sturm ein knappes Gespräch zu führen. Jedes seiner großen Plädoyers für ein Stück,
einen Autor oder sonst eine erhöhte Angelegenheit bedient
sich, um Feuer zu gewinnen, eines herbeizitierten Gegners,
der um so schonungsloser befehdet wird, als er persönlich
nicht anwesend ist, sondern vielmehr in Gestalt einer weit ver-
breiteten Meinung, einer schlechten Konvention, eines ein-
flußreichen Schwachsinns durch die Sphäre geistert.

Er findet seine Argumente zuerst in der Opposition. Diese ist
seinem Charakter tief eingeprägt und hat schon früh die persönliche Lebensgeschichte bestimmt. Es war mutig oder doch
zumindest ein unübliches Abenteuer, im Adenauer-Deutsch-
land eine kommunistische Jugendgruppe anzuführen und sie
bei den Ostberliner Weltjugendfestspielen vor Ulbricht aufzu-
bauen. Es zeigt aber auch, daß seine Widersetzlichkeit nie un-
gebunden sein wollte, sondern immer darauf ausgerichtet war,
im Namen und im Schutz des Gegenvaters, des anstößigen,
den eigenen Vater zu bestreiten. Dem entspricht, daß er von
Herkunft und Naturell kaum je die Neigung besaß, sich von
Autorität an sich zu lösen. Das Phantasma der revolutionären
Macht, Zentralgewalt und Orthodoxie hat ihn zu gegebener
Zeit sicher stärker beschäftigt als die Utopie der repressions-
freien Gesellschaft. Folglich umkreist es heute den Escorial
auch begehrlicher als die (geschliffene) Bastille. Die Anti-Hal-
tung, der tief eingeimpfte, unüberwindliche Affekt der ersten
Protestgeneration, wandert durch die persönliche Gemütsge-
schichte, kehrt sich gegen die eigenen Anfänge und erhält sich
schließlich als eine antirevolutionäre. Kaum anzunehmen, daß
diese Haltung jemals die Befangenheit, den Bannzirkel des
provokativ Oppositionellen verlassen und eine gelöste, souveräne Konfession hervorbringen könnte.

Wie auch immer, die Opposition, die nimmermüde, bildet
nur den Sockel der Sturmschen Gedankenkunst und –phanta-

stik. Schließlich kommt es darauf an, was über dem Sockel hervortritt und herausragt. Wenn man bedenkt, wie viele Künstler in diesem Jahrhundert einen Teil ihres Gewissens damit beruhigen konnten, daß sie erklärte Kommunisten waren, und auf diesem Sockel doch oder gerade unermeßlich schöne und freie Werke errichteten! Sturm, der in seinem Kreis, im Kreis weniger, Verständigung schuf wie andere ein Kunstwerk, beherrscht das Mittel des beißenden Spotts ebensogut wie das der herzbewegenden Erzählung, der inständigen Erörterung. Es ist stets seine eigene Begeisterung, die die Vermittlung stiftet, die es vermag, daß den staunend Unbelesenen ein islamischer Mystiker, eine Borchardtsche Swinburne-Übersetzung so nahe kommt wie sonst nur die Texte, die sie für die Bühne gebrauchen. Wie jedem echten Sammler ist ihm selbstverständlich das entlegene Objekt des Wissens sehr viel begehrenswerter als das allgemein zugängliche.

Vielleicht ist der Typ des Esoterikers, den er verkörpert, weniger unzeitgemäß, als es zunächst scheinen mag. Vielleicht weist er im Gegenteil erst recht in die Zukunft. Der Geheime ist heute schon der einzige Ketzer, der einzige wahrhaft Oppositionelle gegenüber der allesdurchdringenden, allesmäßigenden Öffentlichkeit. Gegen den totalen Medienverbund, gegen die Übermacht des Gleich-Gültigen wird und muß sich eine Geheimkultur der versprengten Zirkel, der sympathischen Logen und eingeweihten Minderheiten entwickeln. Kunst und schönes Wissen werden die Kraft der Verborgenheit, die Rosenkreuzer-Vereinigung dringend benötigen, um fortzubestehen und der verrückten, tödlichen Vermischung zu entgehen. Was sonst noch ist, gehört den Gewitzten und Amüsierten. Oder gehört einer plündernden, brandschatzenden Kultursoldateska, deren Gelalle schon jetzt aus den Journalen dröhnt, den *Spiegel, tempo, tip* und *taz*.

Kunst ist nicht für alle da. Dies sollte durchaus nicht ihr unfreiwilliges Schicksal sein, sondern formbewußt ihrem Entstehungsgrund eingegeben.

Nun mag wohl ein Maler, ein Lyriker, vielleicht auch ein kompromißloser Filmer esoterische Überzeugungen vertreten, aber ein Theatermann? Noch dazu jemand, der wie Sturm ein enger Mitarbeiter von Peter Stein ist, der doch sein Lebtag niemals Theater für wenige veranstalten wollte. Niemand am Theater wird eine Ästhetik daraus fabrizieren, daß das Publikum ausbleibt oder nur in kleiner Schar erscheint. Auch Sturm hat das nie getan.

Aber er hat sich immer wieder für Projekte eingesetzt, Inszenierungen unterstützt und begleitet, die mit geringerer Publikumsgunst zu rechnen hatten als andere. Zum Beispiel hat er zusammen mit Klaus Michael Grüber 1972 eine Einrichtung von Horváths *Geschichten aus dem Wiener Wald* besorgt, die sicherlich zu den schönsten Arbeiten dieses Regisseurs wie auch der vergangenen Schaubühnen-Geschichte zählt – wenn auch keineswegs zu den beliebtesten, meistbesuchten. Im Gegenteil, sie gab damals schon einigen Kritikern Anlaß, das Ende, den Tod der Schaubühne auszurufen, noch bevor sie recht zu existieren begonnen hatte.

Diese Totsage-Rituale wiederholten sich seitdem in regelmäßigen Abständen. Daran hat man sich gewöhnt, wie auch an die häufig damit verbundenen Aufforderungen, dem Theater die Subventionen zu kürzen. Früher wurden sie vom Fraktionschef der CDU, Heinrich Lummer, vorgebracht, wegen des Verdachts auf kommunistische Unterwanderung; heute werden sie von den Propagandisten der Alternativ-Kultur erhoben, wegen des Verdachts der elitären Verachtung von – Dummheit und vitalen Identifikationsansprüchen. Über all die Jahre gab es Aufführungen, die nur von einer Minderheit besucht, von ihr aber hochangesehen wurden; neben solchen, die dem Geschmack der Mehrheit zusagten, jener Minderheit aber weniger bedeuteten.

Diese Aufteilung der Gewogenheit verlief auch, aber nicht nur, zwischen den Arbeiten der Regisseure Stein und Grüber. Eine Teilung, die sich heute beinahe umgekehrt hat, da das sogenannte Radikale zur vorherrschenden und beliebtesten Sensation des Kunstbetriebs geworden ist. Während die geduldig erkundenden Schritte, die etwa Peter Stein in letzter Zeit unternimmt, die Reflexionen der Reife, der erfahrenen Menschenbeobachtung, der ergründeten Konvention zu der eigentlich verkannten, unpassenden Kunst dieser Tage zählen. Nach wie vor müssen wir uns als heftige Jünglinge gebärden, um überzeugen zu können, selbst wenn wir wie Radio-Diskjockeys nur künstliche Frische versprühen nach Art eines Deodorants. Der festangestellte Dauerjüngling will die Kunst subversiv oder gar nicht. Je abhängiger er lebt, je braver er sich krümmen muß in seiner Redaktionsstube, um so entschiedener will er anderswo das Radikale genießen. Das Alter der Reife ist ein zeitgenössisches pudendum; schwer, es zu gewinnen; noch schwerer, es zu guter Entfaltung zu bringen.

Dieter Sturm wird nun in diesen Tagen fünfzig Jahre alt. Er wie wir alle gehört schließlich mit zu den Erfindern des Zeitalters der Jugendlichkeit, diesem einzigen Hort des guten deutschen Gewissens, den wir schon deshalb nicht mehr verlassen können.

In derselben kleinen Epoche, über 24 Jahre hin, hat sich das Theater der Schaubühne nur zusammen mit Sturm als ein »zeitgenössisches«, wie es sich im Titel nennt, behaupten können. Die Paradoxien und Gegensätze seines Wesens sind nicht nur in den Spielplänen wiederzufinden, sie haben auch das innere Selbstverständnis des ganzen Unternehmens ständig in Bewegung gehalten und es vor Erstarrung, Antriebsleere und billiger ZeitGEMÄSSHEIT verschont. Anders als es vergeßliche oder verleumderische Chronisten gern wahrhaben möchten, hat die Schaubühne (unter Steins Leitung) keineswegs eine Verfallsgeschichte vom linksradikalen Agitationstheater zum elitären Musentempel durchgemacht. Sie hat vielmehr von Anfang an ein duales, niemals ein einförmig-lineares oder gar ausgewogenes Prinzip verfolgt. Es stand zu Beginn Handkes *Ritt über den Bodensee* neben Enzensbergers *Verhör von Habana* auf dem Programm. Es gab später das sprachlose Schauspiel des Bob Wilson neben dem hoch und einsam in der Sprache hausenden Hölderlin-*Empedokles*. Nichts ging aus EINER Linie oder Richtung hervor, alles wurde einander mit gleichem Ernst entgegengesetzt, wenn auch gezielt und bewußt, niemals zufällig.

Sammler und Rufer

Und das wird nicht anders werden, solange Dieter Sturm dort arbeitet. Zur Zeit scheint ja nichts dringender benötigt zu werden als gerade die anachronistischen Energien, über die er verfügt, die Leidenschaft des Sammlers und des Rufers in der Geschichte, die nun um das Theater ein neues Kraftfeld von Anziehung und Ablehnung aufbauen werden. Und die ihm jeden Weg abschneiden, zur frivolen Amüsieranstalt oder emanzipatorischen Kasperbude zu verkommen. Diese Entscheidungen sind weit davon entfernt, selbstgefälligen, liebhaberischen Zwecken zu dienen. Es handelt sich um Kampf und Hoffnungsdrang, nicht anders als zu Beginn. Es ging nie nur um gutgespieltes Theater.

Dieter Sturm ist natürlich immer nur der esoterische Pädagoge – wahrlich, alles andere als ein stets kühles, drohendes Gewissen. Seine Schwächen, tragikomischen Züge, närrischen Eigenheiten sind sicher verwandt mit denen eines kynischen Wanderphilosophen. Seine partiellen Blindheiten und Verstiegenheiten erinnern mitunter an den bibliomanen Eremiten aus Marivaux' *Triumph der Liebe*. Nur kann er selber leichter darüber lachen als dieser. Er liebt den Schauspieler; jemanden, der seinen Leib und seine Seele zu übertreiben versteht. Ihm oder ihr stundenlang zuzusehen, die belebende Langeweile einer Probe zu erfahren, dies sonderbarste Zeitgeschehen – irgend etwas zwischen Joch und Laster muß es wohl sein, das ihn dort festhält und nie ermüdet. Er reist nicht, kauft kein Paar Schuh (sondern leiht sie aus dem Fundus). Er besitzt weder Kreditkarte noch Fernsehapparat. Sein Buchhändler empfängt die Hälfte seines Monatsgehalts. Ein Asket in allen äußeren Dingen, führt er einen verschwenderischen Haushalt mit imaginären Krankheiten, unkurierbaren Beschwerden. Jedes hochentwickelte Individuum begibt sich, um seine geschichtliche Einsamkeit ertragen zu können, in den Schutz irgendeines Typus, der uralt und unvergänglich ist.

Seit fünfzehn Jahren gehen wir miteinander; verharren, zögern, streiten, verirren uns; setzen unseren Weg fort. Langes unentwegtes Gespräch. Hier und da unterbrochen von einem schallenden Gelächter.

Ich wäre allein einen anderen Weg gegangen. Und könnte diesen – unseren – schwer einhalten ohne seine verläßliche Begleitung und Unterstützung. Ohne die diskrete Sorge, die er an jemanden wendet, der sich nun einmal dafür entschieden hat, sein Leben mit Schrift zu füllen und zu tilgen. *1986*

TOD DES SCHAUSPIELERS
Für Peter Lühr

Selten hat die große, geräumige Metapher, die Bühne und
Welt miteinander verknüpft, Rücksicht genommen auf die
professionelle Wirklichkeit des Schauspielers. Auch eine ihrer
berühmtesten Wendungen, ausgerechnet von einem Theatermann, die Shakespearesche vom Leben, das nichts weiter sei
als »ein armer Komödiant, der spreizt und knirscht / Sein
Stündchen auf der Bühn', und dann nicht mehr / Vernommen
wird« ... hinterläßt den kleinen Fehlbetrag, daß eben der
Schauspieler per definitionem keine Person sein kann, die nur
ein einziges Mal die Bühne betritt und dann für immer ihr den
Rücken kehrt. Der Schauspieler kehrt immer wieder, oder er
ist keiner. Ohne die Konstruktion der Wiederholung ist dieses
Wesen gar nicht lebensfähig. Allein der Nicht-Schauspieler
verfällt der Einmaligkeit jeder seiner ›Stündchen‹. Der Schauspieler verbringt, erlebt viele, sehr viele unter gleiche Bedingungen gestellte Stunden auf der Bühne. Sein Ritus erstrebt
vielleicht sogar die vollendete Wiederholung, wie sie aus le-
bensphysikalischen Gründen unmöglich ist. Der vorige Abend
kann niemals wiederhergestellt werden. Wie die heraklitische
Sonne, die neu ist Tag für Tag, ist auch der Abend des Schauspielers je ein eigenes, neues Ereignis – die Kunst-Zeit beginnt
immer wieder von vorn. Und doch bezieht jeder Abend sein
Leben aus den Tiefen der Wiederholbarkeit, denen auch das
berühmte einmalige Gelingen, die unübertrefflich gute Vorstellung abgewonnen sind.

Wenn ein großer Schauspieler stirbt, ist das immer ein etwas
unsicheres Ereignis. Zu lange stand er auf der Bühne in der
Gegensphäre des Todes, welche nicht das Leben ist, sondern
das geschlossene Spiel und seine Zeit. Wer stirbt? Ein alter
Mann. Den kannten wir nicht. Wir kannten die persona, seine
Maske, sein Idol. *Der* Teil von ihm geht ein in die Gründe der

Großen Wiederholung, vermehrt das Gedächtnis, das Theater heißt.

Ich war einmal sein Schreibgehilfe, saß neben ihm auf der Bühne, einer aus dem Chor der kleinen Mönche, Statist an den Münchner Kammerspielen, damals vor dreiundzwanzig Jahren, Peter Lühr im Purpurornat des Bischofs beim Verhör der Heiligen Johanna (von Shaw). Ich saß ziemlich weit vorn und schwitzte unter den Scheinwerfern in meiner Kutte, und wenn der Vorhang hochschnellte über der Szene, blickte ich zum ersten und vermutlich letzten Mal in meinem Leben in den unheimlichen Abgrund zur Bühne aufgerichteter Gesichter, die faul und fordernd wie fürchterliche Kinder alle in dieselbe Richtung ihre Blicke bohrten, und mir war, als ob Erwartung töten mußte, jedenfalls den, der sich nicht mit Spielen schützen und wehren kann, den Statisten, mich schwindelte bei jeder Vorstellung und heute noch.

Ich hatte darauf zu achten, was sein Zeigefinger trieb und wann er mir mit seinem broschengroßen Ring zu schreiben befahl, Abend für Abend an der gleichen Stelle, ich krümmte mich in meiner Kutte und kritzelte los, Abend für Abend sein gleicher Gang in die Mitte des Auditoriums der Inquisition, um der halsstarrigen Jungfrau ins Gewissen zu reden, Abend für Abend die gleiche Erregung des Peter Lühr, seine gerundete, helle Stimme, nie ohne geschmeidigen Klang, doch mit empfindlichen nasalen Zwischentönen, abrupten Wechseln der Lautstärke und der Zuwendung, und die Hand immer unruhig, bewegt, ein Vorspiel der Stimme oder eine lose, ungebärdige Begleitung, scheinbar älter und bebender als der Mann, der in jedem Augenblick seltsam scheu und angespannt, flimmernd und durchdringend zugleich wirkte. Der helle, strenge Blick, so nah! Ich kannte ihn bis dahin nur aus den hintersten Zuschauerreihen, und nun traf er mich mit vollkommener Pünktlichkeit jedesmal, wenn er der Jungfrau den Rücken kehrte und zu seinem Sessel zurückschritt. Der

Blick galt der Verständigung mit seinem Adjutanten, mit mir, der ich ja gar kein Partner war, sondern nur ein Statist, der nicht wagte, einem spielenden Schauspieler offen, also nicht-spielend ins Auge zu schauen. Und doch hat dieser Blick, der mich anspielte, irgendwie verführt. Er verfolgte mich lange und zog mich schließlich über die Grenze: um mitzumachen am Theater.

Niemand erkundigt sich inständiger und ängstlicher nach einem anderen als der Schauspieler nach der Person, die er darstellen soll. So war es, Jahre später, als Peter Lühr auf den Proben zu *Prinz von Homburg* als Fragender, als der Arbeiter an der Rolle alles, von innen und außen, über den Kurfürsten zu erfahren suchte. Er fragte auf den Text ein, bis dessen Rationalität erschöpft war. Der Schauspieler fragt in der Regel, um etwas anderes zu erfahren als die passende Antwort. Sein Fragen gleicht eher der Stimmfühlung bei Singvögeln und gilt dem Bestreben, sein Terrain zu sichern. Er spürt sich vor durch Frage und halbvernommene Antwort zum undeutbaren Grund der Rolle. Doch Lühr wollte es genau wissen: nicht wie's gemeint sei oder ›anzulegen‹ wäre, sondern wie's zusammenhängt, daß ... Er prüfte, was sich entspricht oder sich möglicherweise widerspricht, die Linien des Verhaltens, wie ein Personenarchäologe, der ein unbekanntes, ideelles Wesen zusammensetzen muß und in die Gegenwart transportieren. Um dann als Kurfürst bis zuletzt eine ungewisse, beinahe aleatorische Gestalt zu sein, ganz in den Erregungsverlauf des Geschehens eingespannt, so daß seine Willkür stets als eine ahnungsvolle erschien, aus der Erotik des Augenblicks geboren, wo Zufall und Notwendigkeit noch eins sind.

Erinnerung ist ein Zweites, Gedenken ein schwacher Reflex, primär ist Teilhabe. Einem Autor, der für Theater schrieb und den Menschen als undurchsichtige und augenblicksgewaltige Wesen interessieren, wurde es fortan unerläßlich, sich bei bestimmten, schwierigen Wenden vorzustellen, wie Lühr es gemacht hätte – bis in den Zweifel hinein, es selbst erfahren oder nur dem Schauspieler nachgetan zu haben. Etwas habe ich an ihm gesehen, das wollte ich weitergeben: Im Zentrum seiner Erregung stand stets der andere, nie er selbst. Er war auch als Hauptdarsteller nie monoman, immer ein Interagonist.

Zwei Wege des Schauspielers zur Nachwelt: Idolatrie oder Lehre. Wir können den toten Peter Lühr jeden Abend wiedersehen. Das Theater verkauft schon selber die Kassette. Der Schmerz über den Verlust des Schauspielers wäre aufhebbar durch die kultische Verfallenheit an ihn, die von der Monotonie seines technischen Wieder- und Wiedererscheinens getragen und gesteigert würde. Wir kämen vom Abschied los, das sagt die Kassette im extremen, sobald wir vom technischen Bild losgekommen sind, sobald seine unbegrenzte Iteration in Trance versetzt und wir zum Geisterglauben zurückgefunden haben. Technik und Magie kämen überein und schüfen diese andere Gegenwart, die Verlust wie erinnernde Vernunft außerkraft setzte. Das Lühr-Idol, das derart weiterlebte, hätte wohl kaum noch etwas mit dem Schauspieler gemein, den wir über die Jahre hin gesehen und unterschieden haben. Wir könnten uns seiner nie wieder erinnern.
Die Kassette birgt den Schatz der verschwundenen Wiederholung. Was sie zeigt und preisgibt, ist das Gegenteil der Wiederholbarkeit, die das Theater erfand. Nicht weil kein lebendiger Mensch auftritt – das ästhetische Vergnügen wertet nicht unbedingt zwischen dem anwesenden und dem gefilmten Schauspieler –, sondern weil die Veranstaltung einer Theateraufzeichnung nur ein zeittotes, identisches Ding ist.

Die Stützen des Gedächtnisses sind zahlreich, die Speicher übervoll. Nichts bleibt in Erinnerung, alles besteht aus ihr. Angeschlossen einer immerjetzigen Zirkulation des Gewesenen und schon tief versunken in die Wiedersehen, haben wir gewisse Mühen, dem Vergänglichen noch recht zu trauen und ihm die alte Melancholie zu bewahren.

Wenn, wie wir miteinander leben, noch das Unsere wäre und Kritik also noch an ihrem legitimen Platz, so müßten ihr heute die Stützen des Gedächtnisses mindestens ebenso verdächtig und verderblich erscheinen wie einst im bürgerlichen Zeitalter die Stützen der Gesellschaft, ja sie könnte ohne weiteres als ihren Gegenstand und ihr Symbol die Kassette der häuslichen Schatzbehütung gegen die der verlorenen Erinnerung tauschen. Doch Kritik ist darin längst schon mitverfügt, verflossen und verschwunden.

Solange es als verpönt und unschicklich galt, von Begnadung und Magie bei einem großen Schauspieler zu sprechen, standen ihm prompt auch diese höheren Kräfte auf der Bühne nicht mehr bei. Was übrigblieb, waren das Können und die Ausdrucksmittel. Inzwischen hat die Nüchternheit ihr Soll erreicht, die alten Worte werden wieder jung, und man beginnt, die Weihe und das Kunst-Fromme auf dem Wege monologischer Exerzitien wieder einzutreiben. Nur, wenn jemand fünf Stunden lang allein den gesamten »Hamlet« vorführt, so spielt er ihn nicht. Wir erleben nicht den großen Schauspieler, sondern den Einzigen und sein Theater. Wir sehen irgend etwas zwischen Opferhandlung und Rezitationsabend. Wir gedenken der Kunst und blicken in die Bühne als eine Art öffentlicher Eremitage ein. Das Ende des *Schauspiels* bestünde somit in der Verwandlung aller Schauspiele in *Das letzte Band*. (Ein Stück im übrigen, das den Monolog als *Rolle* zu einer solchen Vollendung führte, daß man meinen sollte, die monologische Erwartung der Moderne hätte sich bereits aufs schönste erfüllt und ihre Epoche gehabt; doch der Text, wie machtvolle Kunstwerke oft, legt eher eine Matrix vor, nach der sich die Eremitagen weiterverbreiten auf unseren Bühnen bis hin zum schwächlichsten Abkömmling.)

Offenbar haben die Göttlichen der Schauspielkunst in früherer Zeit nicht des Monodrams bedurft, um sich das Zentrum eines Theaterabends zu sichern. Es genügte die Hauptrolle. Sie erlangten ihre einsame Höhe dank und zusätzlich der anderen, mit denen sie die Handlung des Dramas zusammenhielten und die gewiß auch oft genug nur zu ihrem Dienst bestellt waren. Bei der Menge an guten und sehr guten Schauspielern, die heute bei uns die Ensembles bilden, ist es entsprechend schwieriger geworden, ein überzeugender Hauptdarsteller, ein legitimer Erster zu sein. Man erlebt im Gegenteil, daß selbst ein Laienspieler, ein interessanter Mensch für die schauspiellosen Stunden eines Monologs als rigoroser Virtuose überzeugt, während er wenig später in der Hauptrolle eines tatsächlichen Schauspiels nahezu nicht auffällt. Es scheint, der Schauspieler verliert zwischen autistischer Inspiration und Beschränkung seine herkömmliche Souveränität.

Peter Lühr galt mir immer als der Gegentyp des Monologisten, als einer der wenigen dialogfähigen, ja dialogabhängigen Schauspieler. Er war, soviel ich sah, wirklich groß mit Gleichstarken. Zum ersten Mal hielt es mich in Atem vor bald einem Vierteljahrhundert in der *Virginia Woolf* (mit Maria Nicklisch) und dann wieder vor ein paar Jahren in *Warten auf Godot* (mit Thomas Holtzmann). Dialogisch damals bis zum Duell, und spät dann dialogisch in der listigen Compagnie: einer des anderen erster und letzter, ewiger Geselle zu sein.

Er mußte lauern können und auch hereinlegen, bestreiten und überraschen, um sehr gut zu sein; dazu braucht man den anderen.

Und ich sah auch seine späte Heiterkeit, den Spaßmacher aus verlorener Hoffnung in *Was ihr wollt,* den sonderbar alberntraurigen Entertainer – die Hände schlackerig jetzt nicht mehr durch Erregung, Drohung, Plötzlichkeit, sie brachten nichts mehr in Ordnung, verbargen nichts und deuteten nicht, sie schraubten mit am verdrehten traurigen Weltsinn. Ich sah, wie alles Schmuck und Klärung wird, was früher nervös und krisenhaft erschien. Auch in diesem Beruf löst das Alter die Spannung zwischen Artistik und Seelendunkel, erlaubt die freien Ornamente, die jonglierten Lasten. Es wird das ganze Spiel mit allen Finten und Gefahren noch einmal und letztlich als skurril erlebt.

Lühr, Name einer Erinnerung, also einer Stimulanz; eines schauspielerischen Verfahrens, wenn es darum geht, Eindrücke von einem gewissenhaften und undurchdringlichen Mann zu vermitteln. Es ist immer etwas von Lühr auf der Bühne, wenn dort einer dem anderen dialoghörig ist. Seltene Gabe, erhabene Schwäche. *1988*

Die Erde ein Kopf
Dankrede zum Büchner-Preis

Ausgiebig hat man den Dichter des Vormärz im Spiegel der Gegenwart betrachtet und für die Jugendlichkeit der eigenen in Anspruch genommen. Ein Seminar-Idol ist Büchner geworden, Held einer beispiellosen Editionsgeschichte, Heiliger des kritischen Literaturunterrichts, man kann ihm kaum noch selbst begegnen.

Betrachten wir abweichend einmal unsere Gegenwart im Spiegel des Leonce und entrücken sie ins Reich Popo, so zeigt sich bald: Das künstliche Lustspiel hat auch für unsere Daseinsbeschwerden noch Platz, wir passen aktuell dazu, es schießt uns ein. Das Leonce-Prinzip – vertieftes Leerempfinden bei allgemein erhöhter Irrealität – hat sich bloß technisch ausgeweitet, gigantische Labors sind in Betrieb zur Erzeugung von Unsinn und Schein und um uns die Welt vor Augen zu zerstreuen.

Es bleibt unsicher nach wie vor, ob diese Welt, wie Valerio behauptet, ein »ungeheuer weitläufiges Gebäude« oder ob sie vielmehr, wie Leonce entgegnet, nur ein enges Spiegelzimmer ist, in dem man kaum wagt, die Hände auszustrecken, aus Furcht, überall anzustoßen, so daß die »schönen Figuren in Scherben auf dem Boden lägen und ich vor der kahlen, nackten Wand stünde«.

Was ist Glashaus, was ist Welt? Was innen, was außen? Was Automat und was Organ? Nicht mehr zu unterscheiden. Wir fühlen unseren Kopf Globus werden und gehen auf einer Erde, die sich anschickt, ein einziger Kopf zu werden. Die verschaltete Welt ist das komplette *artificium,* die künstliche Kunst nur ihr oberster Verdichtungsgrad. Das hermetische Lustspiel ist kein Gleichnis mehr, sondern inzwischen ein Gestaltteil,

Modul einer radikal erfundenen Wirklichkeit. Wir haben im Hochkünstlerischen noch einmal die ganze Welt. Kein Einlaß, kein Auslaß: nach Schließung des Kunstwerks.

»Gesellschaft« heißt jetzt der etwas unübersichtliche Hofstaat, »Freizeit« ist, was Leonce den »entsetzlichen Müßiggang« nannte, und statt durch günstige Heirat vermehrt man sein Vermögen heute auf freien Märkten. Bunte Welt der Demokratie, wahrer Materialismus, Blütezeit der Dinge. Harte Rhythmen, schnelle Schnitte, daneben Todesängste wie vordem, Unheils-Witterung, Degouts und überdüngte Träume, Gelüsteschwund, auch Überdruß und Langeweile sind gründlich demokratisiert. »Die letzten Tänzer haben die Masken abgenommen und sehen mit todmüden Augen einander an.« Spraysprüche auf restauriertem Jugendstil: »Science = Death«, »Isolationshaft ist Folter«. Verstehen wir es richtig herum: Isolationen sind die Zellbausteine des Gemeinwesens. Aus Isolationen erhält es sich rätselhaft. Millionen Eingeschlossene lassen sich eine Welt der Kommunikation vorspielen. Das versperrte Nebenan der armen, grauen Woyzecks mit Übergewicht und der blutjungen Models mit der edlen Apathie. Die Schweißfahne des Joggers im Park und das *Eau sauvage* des Kranführers vor seinem Kontrollschirm.

Wir hören: Auch die Erbgänge in Kreisen mit kleinen oder mittleren Einkommen nehmen zu nach vierzig Wohlstandsjahren. Das Geld drängt auf den Kapitalmarkt. Lebensversicherungen werden zu schwindelnder Höhe aufgestockt, der Status steigt wie Hochwasser nach der Schneeschmelze – und hinterläßt mancherorts ein Bild der Verwüstung.

»Dies ist ein Land wie eine Zwiebel«, findet Valerio, »nichts als Schalen, oder wie ineinandergesteckte Schachteln, und in der kleinsten ist gar nichts.«

Ist es das, was der junge Darmstädter Konspirant erträumte? Freiheit von Tyrannenwillkür und Polizeistaat, Freiheit von

Zensur und Bespitzelung, Überwindung des sozialen und kulturellen Elends der Massen: Haben wir nicht alles erreicht? Besteht nicht der Irrtum späterer, ideologischer Revolutionäre darin, daß für etwas *nach* der bürgerlichen Demokratie keine politischen Wünsche mehr frei sind? Gab es nicht sogar eine Revolution zuviel in Europa? Die rote Sonne des Jahrhunderts schmilzt in den blauen Westen ab – und das war einmal unser Morgen! Gerechter soll es unter Menschen nicht werden, freier nicht als hier. Doch was immer bleibt und immer wieder anschwillt, ist das Gefühl: Das ist es noch nicht; irgend etwas war da noch, das fehlt.

»Frei und glücklich war Germanien« heißt der (vom Co-Autor Weidig, nicht von Büchner angestimmte) schwärmerische Unterton des »Hessischen Landboten«. Was eigentlich fehlt, steht in der Retro-Utopie des revolutionären Programms, in seinem Märchengrund. Frei und glücklich war Germanien nie. Irgend etwas fehlte immer. Der Mangel an Wohlsein, Wohlergehen, Platons Gruß – wird niemals allein von Politik oder sozialen Verbesserungen beseitigt. Aus Australien wird eine neue Sportart gemeldet, das Zwergewerfen. Die internationalen Liliputanerverbände haben schärfsten Protest erhoben. In Amerika ist jeder dritte unter den Jungen ein Analphabet. Wir sind aus Tabellen und werden zu Tabellen. Im Smog von Mexiko City fallen die toten Rotkehlchen vom Himmel. Die Japanerinnen lassen sich Haut aus den Augenlidern schneiden, das Kinn anstecken, damit sie europäischer aussehen und einen guten Bürojob bekommen. In den Augenkammern erwachsener Mäuse werden Hühnerzehen gezüchtet. Einskommazwei Milliarden Chinesen wollen Amerikaner werden. Selbst in den strengen Vereinigten Emiraten ist das Video hinter den Schleier vorgedrungen.

Alles ist jetzt und das Ganze ein Moratorium. Das geschäftige Treiben eines längeren Aufenthalts. Nichts scheint veralteter als keine Zeit zu haben. Quer durch den Basar führt der Lauf der Erlösungsmoden; ruft man die neuesten Überzeugungen aus, werden Erweckungen und Bewegungen feilgeboten wie auf den Glaubensmärkten der Spätantike.

Ach, ohne Hand und Fuß ist doch der Kopf bloß ein augenrollendes Monstrum! Da treibt es hin, ein überfülltes Bewußtsein, allein in der Kälte der Sphären ...

Wenn machtvolle Ordnungen ein Übermaß an Neuem hervorbringen, dann müssen sie mit dem Widerstand, mit den geheimen Einflüssen der Dichter rechnen, die, wie David Jones sagt, »an etwas Geliebtes erinnern«. Anámnesis, nichts sonst, ist ihre Kunst und ihre Pflicht. Sie suchen die Asyle da und dort, suchen Unverletzliches. Unverletzliches Einst, das auf der langen Wanderung, auf der Suche nach Wohlsein verloren und vergessen wurde: Dichtung, Land, das nie faßlich, aber doch da ist, bewohnbar, fruchtbar, unverseucht, lebenschützend, lebenspendend. Ziel. Asyl.

Der Dichter ist die schwache Stimme in der Höhle unter dem Lärm. Ein leises, ewiges Ungerührtsein, das Summen der Erinnerung. Die Gegenwart schreibt auf seinen Rücken. Am Rand der einzigen, allgewaltigen Terrapolis bietet er den verborgenen Auslaß für solche, die tiefer in die Zeiten wollen; aus der Stadt gelangt man nur durch ihn.

Inmitten der Kommunikation bleibt er allein zuständig für das Unvermittelte, den Einschlag, den unterbrochenen Kontakt, die Dunkelphase, die Pause. Die Fremdheit. Gegen das grenzenlos Sagbare setzt er die poetische Legitimation. Auch ist ihm, wie vormals dem ruhelosen Lenz, die Welt ein Grund zur Flucht; ein Grund, niemand zu sein oder sehr viele. Seine Stellung, sein Ort vor der Allgemeinheit: unbekannt. Er fände kaum mehr Spuren einer solchen Kultur, in der er zu irgendeiner Repräsentation befähigt oder berufen wäre.

Er sieht sich weder in eine Aufbruchs- noch in eine Untergangsgesellschaft versetzt, sondern zwischen die Konstruktionen des Unaufhörlichen und des Vorübergehenden an sich. Dort trifft er nicht mehr Bürger an, sondern eine seltsame Spezies von Bürgerähnlichen, einen klassenlosen Mischtyp aus historisch reißfestem Synthetikmaterial. Was diese Population zusammenhält, ist im wesentlichen ihre kritische Öffentlichkeit, eine komplizierte Gemengelage von versprengten Interessen, Aufsichten, Gereiztheiten, Gesinnungs- und Sorgestimuli. Hier überlebt das Wort Kultur nur noch in kurioser Bedeutung, als Emphasezusatz im öffentlichen Jargon: »Die verkehrspolitische Kultur unseres Landes droht im Streit um das Tempolimit Schaden zu nehmen.« Zweifellos wird man demnächst auch die Poesie heckenbildender Maßnahmen an gemeindeeigenen Parkräumen einfloskeln, damit auch dieses schöne Wort endlich Bürgernähe erlangt. Der bittere Verdacht kommt auf: Der Dichter habe letztlich nichts, aber auch gar nichts mit seinem Volk, mit den glasigen Millionen, die sich fortwährend selbst durchleuchten, zu tun. Ja, sie sind ihm die wahrhaft Fremden. Die Unberührbaren, in ihrer Wohlgelauntheit, in ihrer künstlichen Helle und in ihren stickigen Ressentiments, in ihrem Bordell der ewig schief gehenden Lüste. Er spricht folglich – so war es ja nicht immer! – am liebsten zu Entfernten, zu seinesgleichen, so wie er stets auch von ihnen gesprochen wurde. Sein Volk erstreckt sich von Dante bis Doderer, von Mörike bis Montale, von Valéry zurück zu Hamann und zu Seneca – ein zählbares Volk, gewiß, nicht beliebig viele, ein kleiner Bergstamm, Strahler und Kristallsucher über die Zeiten und Länder hin.

Gerät jedoch Literatur unter dieser Beanspruchung nicht in die Gefahr einer ausschließlichen, strengen oder verspielten Selbstbezüglichkeit?
Ist es aber wirklich eine Gefahr? Nur was auf sich selbst bezogen ist, lehrt heute eine kybernetische Biologie, kann seine komplexe Umwelt meistern. Warum soll nicht, was für das Leben gilt, auch der Literatur und ihrem Fortbestehen von

Nutzen sein: eine solche Autonomie, bei der jeder Schaffens-
akt Überlieferung, jede Progression Rückbindung wäre? Der
Autor reagiert weniger auf eine Welt als vielmehr auf sein
eigenes Weltverständnis; und dies ist vor allem aus Literatur
entstanden. Er ist zuerst und zuletzt ein marginales Vorkommnis eines längst gefällten Buchs. Sein Werk begleitet rand-
abwärts eine Weile jene immerwährende Schrift, aus der er
hervorging und in die er wieder einmünden wird.
Allen Richtungspfeilen sind die Spitzen gebrochen. (Vielleicht sogar dem der Zeit.) Jenseits von Verfall und Fortschritt
gilt es, gewisse Disjunktionen auszuhalten und nicht zu ver-
schleiern. Die sich selbst bestimmende Gesellschaft und die
sich selbst bestimmende Poesie finden nur sehr flüchtige, sehr
zufällige Berührungspunkte. Die Unübersetzbarkeit eines
poetischen Textes in die Welt der Kommunikation ist bereits
zu dessen Voraussetzung geworden.

Das Leonce-Prinzip, das Zeremoniell der künstlichen Kunst
wird in seiner Mitte gehalten von Schwermut, von einer Gra-
vitation des Tods. Sie läßt den Dichter Büchner nie los. »Ein
Gefühl von Gestorbensein war immer über mir«, schreibt er
der Braut. Und sie bewirkt, daß Eifer und politische Empörung niemals die Schwelle zum Werk überwinden und uns
alles Ideelle darin stets als ins Dunkle geläutert erscheint. In
der Kunst sind wir häufig genug Abtrünnige unserer besten
Gelöbnisse und Programme. Vielleicht ist es gerade die abge-
lenkte, die nicht verbrauchte Kraft des Revolutionärs, die
Büchner zu einem Autor von so hoher Beginnfähigkeit werden ließ. Der Dichter der zwei Jahre, mit den vier Werken,
die vier Mutter-Werke, Erstprägungen in der deutschen Literaturgeschichte werden sollten. Viermal auch Neubeginn
und Wechsel in der eigenen Diktion. Das faktenmontierte
geschichtliche Schauspiel; die Bewußtseinsnovelle; das hermetische Spiel (unter der Berücksichtigung, daß es, anders als
seine romantischen Vorbilder, zum Theatergenre wurde);

schließlich das Unterklasse-Drama. Vier Prototypen zugleich der Vergeblichkeit: schwarz die Geschichte, verloren das Ich, leer das Spiel, unrettbar der andere. Ungeheure Vorstöße in Gebiete ohne Trost. Auf der Ebene dieses frühen Nihilismus lastet das Gewicht eines eben erst gesunkenen Himmels. Er hat noch nichts von der rüden Fraglosigkeit, mit der wir uns unter der Senkrechten hinwegstehlen. Niemand spricht metaphysischer als der, dem Gott sich jäh in der Umkehrung offenbart, in Abgrund, Wunde und Leere. Mit schwerer Versonnenheit spricht Woyzeck, mit zerstörter Frömmigkeit. Büchners Atheismus ist wie ein negatives Erweckungserlebnis, er wird wie ein Hieb, eine Verletzung empfangen. »Zero und Ewigkeit sind eins. Alles geht aus dem Natur-Nichts hervor«, spekuliert Büchners Züricher Rektor Lorenz Oken, der mit Franz von Baader, dem Mystiker, divinatorischen Physiker, in Verbindung steht. Überall Disjunktionen, bimentale Ansätze.

Büchner, der Aufklärungsmaterialist, ist zugleich Büchner, der idealistische Morphologe in der Nachfolge Goethes, der wie dieser in der Mannigfaltigkeit der Erscheinungen nach dem Gesetz der schönen Homologie, der harmonischen Ordnung sucht. Das Zeichen der Urpflanze und das Zeichen der brennenden Fackel regieren zwei getrennte Leidenschaften in diesem jungen Geist, dem unaufgelöste Spannungen der stärkste Antrieb sind.

Nur in einem Dritten, der Dichtung, verkehren sie sich und gehen durch eine Art Gemütswandel hindurch. Wo ist der Zorn? Was ist aus ihm geworden? Abgründige Melancholie. Was ist geworden aus der Idee des großen Formenzusammenhangs? Furchtbare Zerrissenheit und Isolationen. Was seinen Grund hatte, verliert ihn im Werk. Es ist älter, sehr viel gnadenloser, auch tiefsinniger als sein Autor. Was Idee war, wird ideenverlassene Physis. Stirn gegen Stein. Was Aktion war, wird bodenlose Müdigkeit.

Büchner, Anatom, Erfinder der Verstörungsliteratur: Am Anfang steht die Autopsie, am Anfang der verhängnisvollen Suche nach dem Inneren und Allerinnersten. Sie führt über die Schädelnerven der Barben und die Bewußtseinsklüfte des Lenz geradewegs bis in die Moderne, bis in das Bennsche Gehirnleben, und von dort weiter bis zu den heutigen, neuesten Begriffen von der neuronalen Maschine »Mensch«, vom Netzwerk »Mensch«, das sein Inneres nach außen stülpt, wie Leonce seinen Handschuh.

Der zwangvolle Lenz, der auf dem Kopf zu wandern wünscht, ist der einsame Vorläufer dieser um sich greifenden Verhirnung, dieser Zerebralverschiebung der Erde. Die Geisteskrankheit freilich – zentrales Motiv der Moderne – erlebt unter diesen Auswüchsen eine Krise ihrer Metaphorik. Irrealität gehört zum Gewöhnlichsten unserer nüchternen, technisch-ästhetischen Alltagserfahrung. Der Wunsch, auf dem Kopf zu gehen, um sich selbst und das Äußere ins Lot zu bringen, ist nicht mehr symbolkräftig genug, wo beide zu einer einzigen, untrennbaren Gewebfläche verwachsen sind; und wo zwischen Wille und Welle, als den Systemen des Ich und der Physik, eine Unschärfe besteht und sich nicht sicher sagen läßt, was aus dem eigenen und was aus dem Welt-Schädel kommt.

Die Literaturgeschichte allein hätte wohl nie den ganzen Büchner entdeckt. Erst das Theater, erst die Aufführungen von Jeßner, Engel, Reinhardt kurz vor und nach dem Ersten Weltkrieg haben sein bedeutsames Talent zum Vorschein gebracht: ein überlebensfähiger Bühnendichter zu sein. Und einer, der von allen deutschen am ungeniertesten und lebendigsten shakespearisch war. Er schrieb ein Drama, ein Lustspiel und den Entwurf, also das, was einem »Stück« in unserem Sprachgebrauch am nächsten kommt, den sich beständig selbst erneuernden »Woyzeck«. Unwahrscheinlich, daß er je gehofft hätte, eines seiner Werke aufgeführt zu sehen, sie waren für ein Lesepublikum verfaßt.

Gut 150 Jahre nach seinem Tod schreibt bei uns niemand ein Drama mehr; keine Tragödie, kaum je eine Komödie, bestenfalls Stücke werden hier und dort noch geliefert. Theaterdichter, Ureinwohner des Abendlands, wenige Leute noch und oft vom großen Sein-lassen ergriffen; ein Stamm, der seine Gelüste verlor und sich nicht mehr vermehrt, nicht mehr ordentlich für seine Ernährung sorgen kann, der die Gebräuche und Techniken seines Handwerks verlernt hat, dem Erinnerung und Bewußtsein sich allmählich auflösen, eine durch Populationsschwund verendende Gattung. Zu wenige sein, das zehrt an der Kraft und Fühlung jedes einzelnen. Die Minderzahl innerhalb der Spezies untergräbt den Aufbau des Individuums.

Das Theater beklagt, nicht eben lautstark, das Entschwinden der Autoren. Wenn sich jedoch ein letzter, neuer schüchtern vorstellt, so weiß das Theater nicht recht, was es mit ihm anfangen soll. Es ist ein Theater der Regisseure und Schauspieler, es gibt sich mittlerweile so anspruchsvoll, der ganze Betrieb ist so kostspielig geworden, daß man an einen neuen, unsicheren Text kaum je seine ganze Kunst verschwenden würde.

Umgekehrt spielten unsere wichtigsten Bühnen sofort jedes Stück, das nur ein Mindestmaß an Reflexion – nicht nur anstehender Gegenwartsprobleme, sondern vor allem gegenwärtiger Bühnenkunst erfüllte.

Aber die Autoren haben entweder die Entwicklung des Regietheaters in den vergangenen Jahrzehnten nicht verfolgt, nicht mitgemacht, oder es mangelt ihnen an einer ursprünglichen theatralischen Kraft, um sich gegen das, was immer sich da auf dem Höchststand seiner Entwicklung befindet, mit etwas Eigenartigem, Provozierendem, Quertreibendem durchzusetzen.

Jedenfalls, die Geschichte der neueren Literatur und die des Schauspiels streben hoffnungslos auseinander.

Das Sprechtheater zeigt folglich eine starke Tendenz, sich wie die Oper zu verhalten. Es verstärkt die Vorherrschaft der Interpreten, läßt einen kleinen, nicht sehr glanzvollen Starbetrieb rotieren und befindet im übrigen: Repertoire zu, Bestand geschlossen. Der Kirschgarten als Rosenkavalier. Wieder und wieder und mit immer neuen Meisterleistungen der Interpretation. Novitäten nur am Rande und nur da, wenn Aussicht besteht, die gesammelte Presse ins Haus zu bekommen. Dies ist die Tendenz; sie könnte gebrochen werden. Nicht durch Aufzucht neuer Piscator-Autoren. Dieser ganze Bereich ist durch natürliche Selektion den Massenmedien zugefallen. Einer, der jetzt für Theater schreibt, sollte sich bewußt sein oder es in seinem Instinkt bewegen, daß er nicht mehr für das öffentlichste, sondern für das älteste öffentliche Medium schreibt, das die Menschheit besitzt. Um dessen Gesichter aufzuwecken, loszumachen, bedarf es besonderer Herausforderungen, Lockkünste. Den kleinen, unendlich tiefen Raum erfüllt eine beispiellose Wiedergängerei. In der Kammer unzähliger Schlachten, Morde, Kriege drängen Tote sich, die jeden Augenblick, von der Kugel der Wiederbelebung getroffen, zu uns hervortreten können. Ein Medium, wahrhaftig, aber eher eines im vorigen, vortechnischen Wortsinn. Das gesprengte Urritual, das in tausend Wesensteilchen, Form- und Wirkungsgesetzen auf uns gekommen ist. Jede neue Figur, für die Bühne entworfen, besteht, wenn sie spielbar sein soll, zu zwei Dritteln aus Theaterkamerad, rollengeschichtlicher Synthese, Funduskreation und nur zu einem Drittel aus Zeitgenosse und aktuellem Stoff. Das ist die Bindung, der Anspruch der Überlieferung, die man beachten muß, die Freiheit, die man daraus empfängt, ist groß.

Das Theater ist der Ort, wo die Gegenwart am durchlässigsten wird, wo Fremdzeit einschlägt und gefunden – und nicht wo Fremdsein mit den billigen Tricks der Vergegenwärtigung getilgt oder überzogen wird. Es ist altmodisch und lächerlich, sich sogenannter Modernisierungen zu bedienen, den Jeep in Wallensteins Lager vorfahren zu lassen. Viel anwesender ist das Theater dort, wo es zum Schauplatz seines eigenen Gedächtnisses, seiner originalen Mehrzeitigkeit wird. Dem Autor aber käme es zu, ihm jetzt ein neues *Imaginarium* zu entdecken.

Trotz der mitunter abschreckenden Wirkung von Bewußtseinsträgheit unter den Theaterleuten, es bleibt schwer verständlich, weshalb kaum ein jüngerer Autor sich dem großen, freizügigen Kunstwerk Theater verschreibt, das erneuerungsbereiter sich darbietet als etwa der Film, das Kino, frei von kommerziellem Druck und phantasieplättender Unterhaltungskonkurrenz. Ja, es ist gleichsam selbst als ein Kunstwerk anzusehen, das, wie in einem Mythos, nur existieren kann, wenn es zu jeder Zeit von Berufenen aufs neue vollendet wird; andernfalls bildet es sich zurück, verkümmert zum grauen, radikalen Werkstatt-Entwurf oder degeneriert zum Warenhaus, zur Modenschau.

Wo es aber gelingt und das Fernste durch die Schauspieler in unfaßliche Nähe rückt, gewinnt Theater eine verwirrende Schönheit und die Gegenwart Augenblicke einer ungeahnten Ergänzung.

Ich danke für die höchste Auszeichnung, die meiner Arbeit überhaupt zuteil werden kann.

Die mit dem Preis verbundene Geldsumme soll für einen – nun eben doch – kulturellen Zweck verwendet werden. Mit Hilfe von 60 000 Mark wird der Versuch unternommen, Leser zu gewinnen für eines der mächtigsten Prosawerke deutscher Sprache, für Hans Henny Jahnns Roman »Fluß ohne Ufer«.

1989

DER GEGENWARTSAUTOR
Über Max Frisch

Max Frisch gehört nicht zu den Erzählern, die aus dem tiefen Brunnen der Vergangenheit schöpfen, er ist der Epiker der persönlichen Lebenszeit, wie sie mit Eintritt ins Mannesalter zum Problem wird. Ohne dem Augenblick zuviel Ehre zu erweisen, hat er den Stil und die Technik eines besonderen Gewärtigens entwickelt: Wer jemand wann unter Umständen ist oder sein könnte. Ein solches zeitliches Plasma muß man mit möglichst genauen Treffern erwischen, es läßt sich nicht suchen und finden, umkreisen oder beschwören wie die sogenannte Vergangenheit. Unvermeidlich ist es das Schicksal des Gegenwartsautors, daß er und sein Gegenstand nicht gemeinsam altern. Das Eigenleben der einmal von ihm geschaffenen Formen und das schnell veränderliche, allgemein für Gegenwart gehaltene Gebild verlieren irgendwann die wenigen Berührungs- und haftenden Stellen und streben auseinander.

Das Stoffliche und das Problematische: Der (einst) moderne Mensch zwischen Privatheit und Öffentlichkeit, zwischen technischer Rationalität und dem »Irrationalen« – dergleichen Gegensätze haben sich mittlerweile in ein höheres Problematisches aufgelöst. Der engagierte Autor erscheint nicht mehr so sehr weit entfernt vom geistigen Biedermann und die Parabel von diesem selbst kommt offenkundig aus einem literarisch vorkybernetischen Zeitalter der szenischen Modellbauer und Mechaniker. Nein, nicht der Gegenwartsautor wächst, sondern der Autor von Gegenwart. Wenn die große Speichermaschine, die sich uns immer tiefer einbildet, mit den Zeiten umspringt, als wären nicht Tote von den Lebenden getrennt, wenn das Hier und Jetzt gänzlich unsicher und vom Archiv nicht zu unterscheiden ist, dann wird dieser Erzähler von Biographie alleine schon »historisch« verblüffen und vielleicht den Künftigen behilflich sein bei der Suche nach ihrer Gegenwart. *1991*

DER FÜRSTREITER
Über Bruno Ganz, den Träger des Iffland-Rings

Ich werde ihm immer vertrauen. Sobald er die Bühne betritt, weiß ich, er wird mir nichts vormachen. Diese Stimme, dieser leichte und kräftige Schritt, der ganze, aus dem Mittelpunkt bewegte, gelöst-aufrechte Körper wird nicht die üblichen Versuche unternehmen, in die Schuhe, die Kleider einer Rolle, die Haut einer anderen Person zu schlüpfen.

Er wird mir diese Kunststücke ersparen. Er wird seine Stimme keinem fremden Wesen leihen, er wird vielmehr einen Ton setzen, einige sparsame Handzeichen geben und mit der Verkörperung eines Textes beginnen. Die Stimme, die ich höre, ist unmelodiös, spröde, zuweilen kieselhart und schneidend, bekommt schnell etwas Wehrhaftes und Drohendes, wie der ganze Kerl, der wortführend, wortversessen, wortgeplagt existiert – eine einzige unablässige Hamlet-Passion, der ich nun folge mit nie nachlassender Spannung seit bald 30 Jahren.

Ich möchte schwören: Dieser Schauspieler hat noch nie über einen Satz hinweggesprochen. Er mag ihn zerreißen, nuscheln, brüllen, jammern oder von sich schieben: Er wird ihn jedoch nie unter Sinn und Wert verschleudern oder unbesonnen passieren lassen. Und wie viele gute, ja beste Schauspieler gefallen sich darin, den Text lediglich zu oralisieren, als einen Bewegungsablauf zwischen Kehlkopf und Lippe zu behandeln!

Nun gehört Bruno Ganz ohnehin nicht zu den geschickten, verblüffenden Könnern. Weder zu den brillanten Nervösen noch zu den introvertierten Sonderlingen. Eigentlich entspricht er von Statur und Gestalt keinem der Männer-Typen, die heute die Straßen und Bühnen überqueren und die dem Publikum als »einer von uns« auf Anhieb gefallen. In einer Umgebung sich ausbreitender Haltungsschäden bestimmen ihn seine männliche Grazie, seine zusammengefaßte Gliederkraft zu einem der letzten Überlebenden vom Heldenfach.

Was konnte nun diesem Geraden den Ruf eintragen, der charakteristische Schauspieler seiner Generation zu sein? Welcher Generation? Jener der Intellektuellen von Achtundsechzig doch wohl, die freilich Formzerstörung und Deheroisierung zu ihren gesellschaftlichen Erfolgen zählen dürfen. Ganz hat damals an der Berliner Schaubühne gleichsam im Auge des Zyklons der Kunstentfremdung gearbeitet. Inspiriert und begleitet von einem so neugierigen Schauspieler-Regisseur wie Peter Stein, wurde es ihm möglich, seine Berufszweifel und ideologischen Anfechtungen zu kunststeigernden Motiven zu wandeln und einzubeziehen. Dennoch: Jeder Schritt auf der Bühne mußte elend genau begründet sein, und die Bühne selbst war ein illusionsloser Raum inmitten eines politischen Kollektivismus, der sich im nachhinein als die eigentliche Illusion erwies.

Der Anfechtung seiner Kunst durch die kunstlosen frühen siebziger Jahre ist Bruno Ganz nie ausgewichen. Im Gegenteil, der hochgespannte Ernst, das Deuten und das Deuten-Müssen, die seinen Darstellungsstil auszeichnen, datieren nicht zuletzt aus jenen Tagen, da Proben noch Zerreißproben waren, Fragen militante Selbstinfragestellung, Probleme ein quälendes Problembewußtsein – so die allgemeine krause Stimmungslage damals, die den Nachfolgenden inzwischen historisch so entrückt erscheinen mag wie der Byronsche Weltschmerz.

Es waren aber nicht nur kunstlose Jahre. Sie brachten auch die Geburt eines neuen ästhetischen Rigorismus, der im Nachkriegsdeutschland bis dahin unbekannt war. Figuren wie Beuys, Straub, auf dem Theater Grüber erlebten ihren Aufstieg, eine asketisch-monologische, oft auch kultstiftende Kunst rückte von den Rändern in den Vordergrund des Interesses. Die Hölderlin-Stimulation ergriff die postrevolutionären Gemüter und führte zu zahllosen Elegien über das Thema der gescheiterten Hoffnung.

Empedokles zu spielen, Hölderlin zu sprechen gehört gewiß

zu den authentischen Verkörperungen, die Bruno Ganz in seiner Karriere geleistet hat. Die Trockenheit und Härte seiner Diktion, das semantische, den Sinn austastende Sprechen hat er am Hölderlinschen Vers noch strenger geübt. Und der Einsatz gestischer Mittel wurde noch sparsamer gehalten, um alle Kraft in die Verlautbarung, in das Wort zu legen. Folglich hat er die schweren Verse niemals zelebriert oder schön dahingesungen. Eher hat man den Eindruck, als bedränge ihn etwas Dunkel-Ungebärdiges, Chaotisches, das er kurz vorm Ausbruch dann durch Sprache bezwingt und zähmt wie Orpheus die wilden Tiere.

Es ist dies kämpferische, dies Streiter-Temperament, das ihn unterscheidet von den meisten klugen, spätmodern-verspielten Schauspielern. Es macht ihn zum Protagonisten in einem frühen Wortsinn. Man mag ihn den Fürstreiter nennen. Den ersten Streiter in einem sprachgeborenen und sprachgefesselten Agon, der für ihn das ganze Theater ist. Tatsächlich ist seine gesamte Physis, seine Gebärde, seine Rede geprägt von der Technik und dem Geist der Konfrontation. Der Angriff fällt ihm leicht, unerwartet wie auch vorbedacht. Man wird ihn durchaus überzeugend finden an leisen Stellen, nachdenklich, ironisch und verzichtend, jedoch am besten ist er außer sich. Zornesmutig oder klagend. Mit einem Gellen aus dem vorderen Rachen, nie aus dumpfer Kehle. Ein Rasender, dem auch im höchsten Furor jedes Wort noch Waffe ist, die er im Feuer seiner Einsicht schmiedete.

In solchen Sequenzen ist er zugleich der Widersacher jeden faulen Friedens in der Kunst, vertagt er den Firlefanz unserer Befindlichkeiten, und das mediale Sekundärerleben, das unsere Sinne verseucht hat, treibt er für diesen Abend aus. Er verbindet uns mit den Gewalten des großen Menschen, selbstverständlich als der Protagonist der Verzweiflung und niemals der sieghaften Macht.

Seit Jahrzehnten ist es die geläufige Praxis des Theaters, das

Große zu sich hinunterzuziehen, auf Identifikationsniveau zu bringen, es kritisch kleinzukriegen. Wenn man Bruno Ganz folgt, dann tritt eine notwendige Kopfwende ein. Unwillkürlich hebt man nämlich den Blick zu einem schwer erreichbaren Kunstwerk auf dem Hügel.

Was er leistet, ist meist hart arbeitende Devotion. Private Obsessionen, die Anmaßungen der alltäglichen Gescheitheit sowie der Unterhaltsamkeit höchste Wonne: Tabuzertrümmerungen sind grundsätzlich unvereinbar mit seiner hellen und vorsichtigen Meisterschaft.

Vermutlich ist er, der Führer durch die Fremde zum Kunstschönen, selber längst ein Fremdling geworden unter den sorglosen Resteverwertern der Epoche und insofern seinem Hölderlin, dem Sänger der Götterferne, dem Wahnsinnigen der Erinnerung, fraglos näher als jene, die ihn für ihren politischen Expressionismus mißbrauchten.

Ist er ein letzter, ist er ein erster? Ach, was mag schon vorne sein, was hinten in einer Zeit, da alles durcheinanderrennt und ein Wettlauf mit gleichem Ziel nirgends stattfindet? Mag sein, die Welt teilt sich immer sektiererischer auf, und Amische werden schon die sein, die ein Buch lesen. Mag sein, in einer technisch ganz entleibten Welt genießt eines Tages die körperliche Unversehrtheit des Bühnenschauspielers eine kultische Verehrung. Ebenso möglich allerdings, daß Physis und Anwesenheit dem menschlichen Sinnlichkeitswandel zum Opfer fallen und außerhalb der virtuellen Vermittlungen nichts deutlich mehr erkennbar, erfahrbar sein wird.

Der Rang des Unzeitgemäßen, den die Bühnenkunst des Bruno Ganz gegenwärtig behauptet, gewährt einen schärferen Blick nach vorn und zurück als die sicheren, geschützteren Positionen. An einem Herausragenden brechen sich die Modeströmungen wie auch die Ahnungen, was vom Theater übrigbleibt oder ihm wiederkehren müßte in einer Welt, die man widerspiegelnd nicht mehr fassen kann. *1996*

INSZENIERTE ERINNERUNG
Botho Strauß im Gespräch mit Amadeus Gerlach über den
Theaterregisseur Rudolf Noelte

Herr Strauß, im letzten Abschnitt Ihres Aufsatzes »Zehn unfertige
Absätze über Tschechow, Noelte und das realistische Theater«
(Theater heute, Jahres-Sonderheft 1970) *schreiben Sie über
Noeltes Inszenierung des* Kirschgarten: »*Man entdeckte, daß allein
das altmodische realistische Theater, wenn es auf Kortners expandierende Dringlichkeit, wenn es auf Noeltes unerbittlichen Diskretionszwang stößt, Aufführungen hervorbringt, die einen nicht in einen Migräneanfall stürzen, sondern, im Gegenteil, die einen erhellen und
anregen: über Tradition, Realismus und Theater gründlicher nachzudenken als bisher*«.

Ich weiß nicht, ob man diese erschöpften Realismusfragen
heute noch stellen sollte. Schließlich hat man schon viel Rea-
listisches gesehen, das innerlich vollkommen leer war. Noelte
war für mich immer einer der stärksten Stilisten am Theater.
Das hat es später auf ganz andere Weise wieder bei Grüber gegeben. Alle anderen Regisseure, die ich kenne, sind viel flexi-
bler in der Konfrontation mit einem Stück. Das Gegenbeispiel
ist Peter Stein, der sich einem Stück assimiliert, selbst wenn er
es äußerlich verändert. Das war bei Noelte so nie der Fall. Er
hat sich die Stücke in seinen Gemütsraum hineintemperiert
und sie so auf die Bühne gebracht, daß sie ihm keine Überra-
schungen mehr bringen konnten. Vermutlich genauso, wie er
sie sich von vornherein, also schon beim ersten Lesen vorgestellt hat. Ich glaube, daß Noeltes Meisterschaft aus einem un-
gewöhnlichen Stilvermögen entstanden ist. Dieses Stilvermögen hat sich auf die szenische Stimmung konzentriert und dort
eine ganz bestimmte Askese ausgeübt, die sich durch Weglas-
sen auszeichnet. Das ermöglichte die große Kraft der seelischen Strategien in Noeltes Inszenierungen.

Was genau hat Noelte weggelassen?

Er hat den Personen jede Form von innerer Widersprüchlichkeit genommen. Es ging ihm immer um das perfekte Gefüge von Pausen, Gängen, leisen Mitteilungen. Monochromie der Stimmung, nie aber Monotonie der einzelnen Stimmen. Er erreichte mit den strengsten Vorschriften die schönste, innerlich ungezwungenste Beweglichkeit des Schauspielers. Die Zeichnung insbesondere von Männerfiguren geriet ihm dabei oft so, daß ich zum Beispiel zu meiner eigenen Verblüffung in Ibsens Nora nichts anderes als die Naivität dieses Thorvald Helmer liebte, der von nichts etwas ahnt. Nie habe ich eine männlich beschränkte Seele so glaubwürdig, ja geradezu unglaubhaft arglos dargestellt gesehen.

Hat das, was Sie von Noelte gesehen haben, einen Einfluß auf Ihre Arbeit als Theaterautor gehabt?

In einem Fall gibt es eine unmittelbare Verbindung. Das ist Hauptmanns *Michael Kramer*. Will Quadflieg als der alte Kramer war das Vorbild für den alten Schauspieler in dem Stück *Besucher*. Das ist direkt von der Noelte-Aufführung inspiriert. Quadflieg habe ich durch Noeltes Inszenierungen von *Menschenfeind*, *Eines langen Tages Reise in die Nacht* und *Ratten* lieben gelernt. Für mich ist Quadflieg ein Musterbeispiel dafür, daß man aus einer letztlich nicht sehr variationsreichen Rhetorik heraus einen Menschen in seiner Verschlossenheit, in seiner Formgebundenheit erfahren kann. Das wird unterstützt von einem bestimmten äußeren Faltenwurf, den Quadflieg wie kein zweiter beherrscht. Als das eigentlich Anziehende an einem Menschen empfinde ich nicht das, was ich in seiner Motivik durchschauen kann, sondern das, was mich ständig von seiner inneren Verfassung, von dem, was in ihm eigentlich vorgeht, abzulenken versucht. Mit diesen Dingen wird von Quadflieg ein meisterliches Spiel getrieben. Nie aber geht es dabei um eine Eins-zu-eins-Übersetzung vom Inneren zum Äußeren, sondern es handelt sich um ganz bestimmte rhetorisch-musikalische Abläufe, die wie Musik eben unmittelbar auf ein Form- und Empfindungszentrum zielen und dann das ergeben, was Drama ist. All das kann nie aus dem Realistischen kommen.

Noelte hat entscheidend vorgeführt, wie Fallhöhen bürgerlicher Schicksale aussehen. Es ist ein extremer Ernst, es ist eine vollständige Aussparung von Ironie am Werk, und deshalb ist Noelte ein großer Purist.

Natürlich ist es zunächst anheimelnd, in eine Noelte-Bühne zu schauen, und man meint sich den Menschen, die man dort sieht, verwandt. Aber in Wirklichkeit sind diese Inszenierungen rigoros wie griechische Tragödien und führen in eine Welt ohne Lächeln.

Die Absicht, eines Ihrer Stücke zu inszenieren, hatte er bisher wohl nie.

Nein. Meine Partituren sind vielfach gebrochen und bieten wenig Anlaß zu den suggestiven Schlüssigkeiten, die Noelte einfach braucht. Nein, da gibt es nichts, was ihn interessieren und er sich aneignen könnte. Ich denke auch, daß die psychologischen Voraussetzungen grundsätzlich verschiedene sind. Erstens bin ich weder tragisch noch monochrom. Zweitens bin ich von der Psychologie eines medialen Zeitalters gezeichnet, also von Nervositäten und Expressionismen neuerer Art, die für den Blick von Noelte auf Menschen vollkommen unverständlich sind.

Würden Sie Noeltes Theater immer noch als »altmodisch« bezeichnen, wie Sie es in Ihrem Aufsatz zu seiner Inszenierung des Kirschgarten getan haben?

Noeltes Theater ist überhaupt nicht altmodisch. Wenn man

heutzutage begreifen könnte, was in seiner Inszenierung des *Kirschgarten* vor sich geht, dann wäre es für viele jüngere Theaterleute eine ungeheure Lektion über das, was Theater wie kein anderes Medium machen kann.

Heute hat man doch gegen eine ganz andere Front zu kämpfen. Nicht mehr das Noeltesche tragische gegen das aufgeklärt kritische Theater, wie in den siebziger Jahren, sondern die Erfindung des Theaters schlechthin gegen das kulturelle Gesamtentertainment. Es ist ebenso hilflos, mit fünfzehn Videokameras auf der Bühne unser virtualisiertes Leben nachzuspielen wie an denselben fünfzehn Kameras auf der Bühne als letzter Mohikaner der Kulturkritik zu hantieren.

Das Theater hat doch heute eher klarzumachen, daß es vom Stamme her ein rituelles Unternehmen ist. Ein rituelles Unternehmen, das doch durch kein Medium wirklich angegriffen oder ausgebootet werden kann, zumal wenn in seinem Zentrum der Schauspieler agiert, auch wenn der nebenher als Serienheld im Fernsehen auftritt. Sie müssen immer wieder auf Stücke von Tschechow und Ibsen zurückgehen. Die Abnabelung fände erst statt, wenn man Schauspieler nur noch für mediale Zwecke züchtete, also nur noch den für Vorabendserien erzogenen Schauspieler, der auf der Bühne ein Nichts wäre. Das kann man sich ja vorstellen. Solche Mutanten gibt es wohl schon. Aber bislang gehen sie alle auf dieselben Schauspielschulen, wo sie von Shakespeare bis Brecht noch in erster Linie Theaterspielen lernen. Welche individuellen Verbindungen sie zu einem Text herstellen können und was sie sonst noch für Energien mitbringen, weiß ich nicht, aber es kann nach Vorbeizug der Selbstverwirklicher-Generation alles nur besser werden. Ich weiß nur eines, daß hervorragende schauspielerische Leistung im TV nicht vorkommt, auf dem deutschen Theater hingegen immer wieder und in den unterschiedlichsten Ausdrucksformen.

Würden Sie es als konservativ bezeichnen, daß Noelte bei seiner Vor-

liebe für überzeitliche Stoffe nicht an die Veränderbarkeit des Menschen glaubt?

In Noeltes tiefer Stube und im bürgerlichen Kostüm werden elementare zwischenmenschliche Gegebenheiten hineingenommen, erlitten, nicht entlarvt. Das Moment des Tragischen kann ich selbstverständlich durch den bürgerlichen Hausrock hindurch herstellen. Freilich geht das nur ohne jegliche Ironie. Und genau das hat Noelte geschafft. Bei ihm besitzen auch Tschechow-Menschen noch tragische Masse. In dieser eisernen Immanenz hat er stets ein größeres Volumen an kultureller Historie in seinen Aufführungen gehabt als die Leute, die meinen, sie könnten durch Verweise, Brüche und mit Hilfe von intellektueller Draperie uns ein Stück besonders nahebringen. Niemals hat Noelte irgendwelche derartigen Zeichen seinen Figuren aufgedrückt, im Gegenteil: Bei ihm sind die Bezüge wirklich restlos introvertiert, also im Inneren bewahrt. In dieser Hinsicht kann man höchstens sagen, daß Noelte ein konservativer Regisseur ist. In irgendeinem zeitpolitischen Sinne ist die Bezeichnung bedeutungslos.
Noelte hat aber auch ganz andere Texte inszeniert, schließlich auch antike Stücke, wie Sophokles' *Ödipus*. Und er hat fürs Fernsehen Sartres *Fliegen* gemacht. Als junger Mann habe ich das im Fernsehen gesehen wie so manch andere seiner eindrucksvollen Fernsehfilme, die mir gut in Erinnerung geblieben sind: zum Beispiel Wedekinds *Kammersänger* mit Quadflieg oder Fontanes *Irrungen Wirrungen*.

In Ihrem Aufsatz stellen Sie fest, daß Noelte »in seiner rigorosen Textbearbeitung (des Kirschgartens) *nicht ein Detail (hat) stehenlassen, das sich zur gesellschaftskritischen Reflexion des vorgeführten Endspiels anböte«. Wie ließe sich das Verhältnis von dramatischem Ritual und gesellschaftskritischer Reflexion beschreiben?*

Ich spreche ja nicht von Ritual. Das Wort »Ritual« ist in unserem Zusammenhang nicht gut verwendbar. Die Feinabstimmungen zwischen den Figuren, ihre Entfernung voneinander, ihre halben Zu- und Abwendungen, ihr Schweigen, ihr Warten, das alles gewinnt in seinem Mangel an Freiheit, an Willkür, an Kontingenz den Charakter von rituellen Verläufen, die eine damals aktuelle zeitkritische Auskunft streng verweigerte. Nun würde heute im Unterschied zu den frühen Siebzigern auch kaum jemand Anstoß daran nehmen, daß dem Trofimow alle sozialrebellischen Passagen gestrichen wurden. Na und? Natürlich sind sie gestrichen worden. Sie paßten einfach nicht in die Stimmung. Und ein einziger Stimmungsfehltritt ist das sofortige Aus eines solchen Theaters.

Trotz solcher politisch motivierten Vorbehalte, die in den 70er Jahren Noelte gegenüber geäußert wurden, gab es doch eine Achtung vor diesem Regisseur.

Es gab nie einen Zweifel an dem Rang Rudolf Noeltes. Weder bei meinen Freunden an der Schaubühne noch bei irgend jemandem, der sich auch nur oberflächlich für Theater interessierte. Über bestimmte Verlautbarungen Noeltes, im Sinne von »Franz Josef Strauß ist mein Landesherr«, hat man sich mokiert und es dann wieder für spannend genug gefunden, daß ein so großer Regisseur ein so plumper Reaktionär sein konnte. Aus heutiger Sicht ist es doch viel interessanter zu erkennen, daß er eigentlich eine Pionierleistung erbracht hat. Betrachtet man statt der oberflächlichen politischen Vorbehalte sein Œuvre, dann wird der politisch besetzte Begriff des Reaktionärs obsolet und beansprucht bei der Beantwortung der Frage, was ein Reaktionär denn eigentlich sei, einen Sinn, der vielleicht mit »ein bürgerlicher Fundamentalist« zu umschreiben wäre.

Obgleich Noelte in den 70er Jahren von vielen wohl eher in politischer Hinsicht als »Reaktionär« wahrgenommen wurde, war Noelte also in künstlerischer Hinsicht Gesprächsthema an der Schaubühne?

Immer wieder, ja. Man fragte sich damals, ob er auch dort inszenieren könne. Ich weiß zwar nicht genau, ob an ihn eine Einladung ergangen ist, doch bin ich mir dessen ziemlich sicher, da viele Schauspieler mit ihm arbeiten wollten, er war sogar ein Herzenswunsch vieler Schauspieler.

An der Schaubühne gab es zwei berühmte Regisseure, um die man sich vergeblich bemüht hat. Das waren Noelte und Bergman. Vor allem den Schauspielern lag an einer Zusammenarbeit mit Noelte; nicht so sehr Peter Stein, weil er schon wußte, daß das aus theaterpraktischen Gründen nicht zu machen sein würde. Noelte und Bergman haben gleichermaßen dieses Theater gehaßt. Deshalb ist es nie zu einer Arbeit Noeltes an diesem Haus gekommen.

Die Schauspieler in Noeltes Kirschgarten *hätten Sie »ansehen« können, weil er eben keine halbartifiziellen, »»verfremdende‹ und ›dekuvrierende‹ Zeichen (Šklovskij) auf einen Schauspieler« gedrückt habe. Noelte selbst sagt über Stein, daß er bei ihm »nie einen einzigen Menschen auf der Bühne« gesehen habe – bis auf einen: Otto Sander in Gorkis* »Sommergäste«. *Sie selbst bezeichnen Steins Arbeiten als »analytischen Manierismus«. Wie läßt sich der Blick auf Noeltes Theater, die Sehnsucht danach, »Menschen ›anzusehen‹«, verbinden mit dem parodisierenden Blick eines Peter Stein?*

Manierismus gibt es bei Stein kaum noch, Parodie schon gar nicht und hat es nie gegeben. Ihm ging es immer darum, eine Figur aufzufächern, sie von verschiedenen Seiten zugleich zu sehen. Bei Tschechow zum Beispiel kann er unendlich viel mehr Nuancen erwischen, was die Gegenstrebigkeit von Empfindungen, auch Affekten und Effekten des Gefühls betrifft. Noelte will dies entweder nicht zeigen, oder er sieht es nicht so, oder er empfindet vielleicht anders, das weiß ich nicht genau. Jedenfalls ist all das bei Noelte weder denkbar noch erwünscht, wofür Stein sein Herz gibt. Noelte hat eine so einseitige Sicht, wie sie zuweilen große Autoren haben. Er ist, wie gesagt, ein Stilist von hohen Graden und arbeitet mit flaubertartigen Präzisionsansprüchen. Folglich darf man sagen: Er ist einer der wenigen Regisseure, die wirklich ein Œuvre geschaffen haben, das inzwischen wahrscheinlich abgeschlossen ist. Die Metatragik dieser Geschichte besteht darin, daß sie sich als Œuvre nicht erhalten läßt. Ich wüßte jedenfalls nicht wie. Es sei denn, jemand schriebe darüber einen großen Roman oder einen inspirierten Kommentar in einem größeren Sinne. Nach allem, was ich an Fernsehaufzeichnungen von Theateraufführungen gesehen habe, kann ich mir einfach nicht vorstellen, daß diese wirklich die Räumlichkeit einer Aufführung wiederherstellen können, da sie ja auch selten als Film konzipiert sind. Vielmehr sind sie nur behelfsmäßige Konservierung, ein technisches Aide-mémoire.

Was unterscheidet ihn von Regisseuren Hilpert, Lietzau, Schweikart, Stroux?

Ja, das sind Theaterleute, die alle ein mehr oder weniger interessantes literarisches Theater gemacht haben. Die waren so lange von erheblicher Bedeutung, als sich das Publikum noch für einen literarischen Spielplan interessierte und nicht in erster Linie wegen der Inszenierung ins Theater ging. Mit dem Bedeutungsschwund der zeitgenössischen Theaterautoren und dem gleichzeitigen Aufstieg eines Regisseurtyps, der seine eigene Autor- und Zeitgenossenschaft ausschließlich gegen oder mit alten Stücken behauptete, sank dieses literarische Theater für immer dahin. Max Frischs *Biographie. Ein Spiel* hat Noelte übrigens mal inszenieren wollen.

Aber zu einer Premiere kam es nicht ...

Richtig. Da kam es zu einem Streit. In diesem Zusammenhang habe ich Noelte auf der Tagung der Dramaturgen erlebt, wo ich als kleiner Kritiker die Ohren spitzen mußte. Ein massiger

Mann schritt ans Pult und erklärte den Anwesenden, daß große Teile von *Biographie. Ein Spiel* auf sein Betreiben hin entstanden seien, er beanspruche daher als Regisseur Urheberrechtsanteile an diesem Stück. Und damit ist Noelte natürlich gescheitert. Ich erzähle das nur, weil es eine Parodie des Themas vom Autor-Regisseur ist, der über den Regisseuren steht, die mal das eine oder andere Stück inszenieren. Er hat immer nur dasselbe Stück inszeniert, so wie ein großer Autor immer dasselbe schreibt.

Noelte wurde oft als der »große Schwierige« bezeichnet ...

Schwierig für die Zuschauer war er wahrhaftig nicht. Es gehört sich auch nicht anders für ein Theater, das sich so stark auf den Schauspieler, den Menschenspieler, bezieht, daß es genügend Publikum anzieht. Wie das zum Beispiel in der Volksbühne West bei seiner Inszenierung der *Ratten* und der *Wildente* auch der Fall war. Das ist zunächst für jedermann zugänglich, für jedermann einsehbar und einfühlbar. Es ist leicht zu erkennen, daß Noeltes Theater wie eine attraktive Illusionsfalle funktionierte. Umstandslos wird man in diese Stube entführt, die für die meisten zunächst nur die gute, nicht gleich die tiefe ist, um dann recht bald durch die unerbittliche Diskretion der leisen Töne auf Distanz gehalten zu werden.

So groß schien die Distanz nicht immer gewesen zu sein: Joachim Kaiser soll, als er aus einer Vorstellung des Todestanz *kam, verwundert gefragt haben: »Woher kennt Noelte meine Eltern so genau?«*

Ich weiß nicht, ob man solche Gemütskonstruktionen, wie man sie bei Strindberg erlebt, wirklich mit seiner eigenen Biographie vergleichen sollte. Daß wir davon zutiefst tangiert sind, weil schließlich die eigene Psychologie noch dem Anbruch der Moderne angehört, mag das eine sein. Aber wenn es mit einer solchen Penibilität und Unentrinnbarkeit vorgeführt wird, dann ist das mehr: eine wirklich große Formsetzung.

Ein Merkmal des Noelteschen Illusionismus besteht in der Aussparung von Natur auf der Bühne. Deshalb würde Noelte zum Beispiel Woyzeck, *wie er sagt, nie auf der Bühne zeigen, weil Natur für ihn auf der Bühne nur schwer vorstellbar ist.*

Sagt Noelte das so, daß er keinen Baum auf der Bühne zeigen könne?

Ja, so in etwa.

Das ist seine hartnäckige und äußerst geläuterte Form des Illusionismus. »Illusionismus« ist da schon ein wichtigerer Begriff als »Realismus«. Ich muß die Illusion haben, daß dies für mich als Zuschauer alles eine vertraute und in sich komplett stimmige Welt ist, von den Gladiolen, die dort in der Vase stehen, bis hin zum Türknauf. Niemals aber ist es bei dieser geblieben. Sondern diese Welt war nur der vordere Plan, auf dem eine außerordentliche, metaphysische Geometrie entworfen wurde. Mit »metaphysisch« meine ich die schauspielerische Innenwelt: das Erlebte, an dem man teilnimmt, das man davonträgt. Dieser metaphysischen Geometrie lagen extreme Tempiforderungen zugrunde. Noelte hat sie mit der Stoppuhr und anderen metrischen Kontrollen realisiert. Der technische Aspekt ist sicher zur Sache gehörig. Es ist die überaus große Genauigkeit der auf Millimeterpapier eingezeichneten Konzeption bis hin zur schärfsten Überprüfung aller Auftritte und Stellungen. Bei Noelte gibt es ein Netz von Gängen, die man als die Uhr seiner Inszenierungen bezeichnen könnte. Die Unerbittlichkeit in der Abstimmung der Verläufe, der Läufe der Menschen im Raum, hat die besten Aufführungen von Noelte unverwechselbar gemacht. Eigentlich ging es immer ähnlich vonstatten. Es gab über alle Stücke hinweg ähnliche Auftrittsfolgen. Auch das seitliche Sitzen unter den Fenstern, überhaupt das Abweichen von der Zentralperspektive, das Leben an der Bühnentangente.

Worin sehen Sie die Ursache dafür, daß diese Menschen derart von den Wänden angezogen sind?

Es ist dieses kafkahafte Empfinden, sich immer nah an der Wand aufzuhalten. Das hat mit einer existentiellen Form der Scham zu tun. Menschen mit einem Gespür dafür stellen sich nicht einfach in den Mittelpunkt und präsentieren ihr Dasein. Man läuft an den Wänden entlang.

Warum sieht man Ihrer Meinung nach heute auf der Bühne nur noch so wenige Menschen, die ein solch sensibles Empfindungsvermögen auszeichnet? Castorf beispielsweise ist doch daran nicht interessiert.

Das ist nun ein eher anachronistisches Beispiel. Und steht für die genuine Häßlichkeit und grundsätzliche ästhetische Verspätung der DDR-Kunst. Es hat wohl kaum etwas mit möglichen Entwicklungen der Schauspielkunst zu tun. Das ist für mich ein völlig untragisches Schicksal, das aus der Verwerfungs-Periode der Wiedervereinigung verständlich wird, aber nicht aus tragfähigen künstlerischen Obsessionen.

Etwas anderes ist viel interessanter: Man führt einen Ibsen auf. Man versucht, sich so tief wie möglich in das emotionale Geflecht hineinzuarbeiten, aber man verwickelt sich eben sofort. Es fehlt sozusagen jedes Element der offenbarenden Geometrie, von der wir vorhin gesprochen haben. Und es fehlt sicherlich auch die Begabung und der Mut zu einer aufregenden Einseitigkeit oder Grundbefindlichkeit. In der Nolteschen Melancholie werden einem Menschen nicht vorgestellt, sondern sie gehen einem auf. Sie gewinnen ihre Plastizität dabei durch enorme formale Obacht und Beschränkung. Und sie lassen mich schließlich alle Formfragen vergessen.

Man kann aber sagen – um darauf zurückzukommen –, daß Verfeinerungen generell nicht ins ästhetische Konzept der Stunde passen. Wir leben nicht in proustschen Zeiten, und unsere décadence bleibt stur aufs Gesellschaftspolitische bezogen. Deshalb ist das Theater gegenwärtig ohne ästhetischen Zugewinn, es fehlt ihm an Kundschaftergeist, und seinen letzten originären Künstler hat es mit Bob Wilson vor gut fünfundzwanzig Jahren hervorgebracht...

Dennoch ist es sicherlich so, daß die Zuschauer von heute Noeltes Theater noch immer verstehen würden und damit offenbar noch ein Gespür für eine derartige Melancholie aufbringen.

Ich glaube, wenn Noelte heute zum ersten Mal *Drei Schwestern* inszenieren würde und es sähe haargenau so aus, wie er es 1965 in Stuttgart gemacht hat, dann würde das jeder Mensch verstehen, und es würde selbst von zynischen Habitués zum fulminanten Ereignis erhoben. Es handelt sich ja eben nicht um eine zeitbedingte Politinszenierung, sondern um ein bleibendes Kunstwerk, wenn es auch verschwunden ist. Das Problem besteht doch vielmehr darin, daß unbefangene jüngere Leute dieser Empfindungssphäre nur zu bereitwillig erliegen würden, wenn sie ihnen jemand mit ähnlicher Perfektion, mit ähnlich suggestiven Mitteln anböte.

Es scheint so, als ginge der Verlust jener Empfindungssphäre, über die wir sprachen, einher mit der zunehmenden Unfähigkeit, sich zu bewegen. Das fängt doch beim einfachen Gehen an...

Viele Schauspieler haben mit ihrem Gesicht, ihrer Stimme, ihren Armen eine Menge zu sagen, aber in den Füßen haben sie keinen Geist. Es ist schon merkwürdig, daß Gänge auf dem Theater das Liederlichste sind, was man gewöhnlich in Inszenierungen zu sehen bekommt. Selbst bei einem guten Schauspieler bin ich oft darüber verblüfft, daß er nicht bemerkt, wie konventionell und ausdruckslos er geht oder einfach fürchterlich unbesonnen. Offenbar gehört es nicht mehr zu seinem Programm zu kontrollieren, was ein Gang ist. Dennoch läßt sich das sicherlich bimsen, wenn ein Regisseur darauf Wert legt.

Wie beispielsweise Luc Bondy. In seiner Inszenierung von Handkes Die Stunde, da wir nichts voneinander wußten *zeigt er das doch.*

Da gab es ja nun nichts anderes. Man mußte sich notwendigerweise auf die Füße konzentrieren. Es wurde ein Potpourri von verschiedenen Gangarten gezeigt. Bondy ist ein begnadeter Beobachter. Aber im Unterschied zu Rudolf Noelte hat Luc Bondy einen eher realistischen Zugang. Der nimmt's auch mal direkt von der Straße. Bei Noelte bewegten sich die Figuren oft mit einer Grazie der Schwermut – am wunderbarsten vielleicht Heidemarie Theobald als Warja im *Kirschgarten*. Das gehörte zum Zeremoniell einer Bürgerlichkeit, die nicht mehr vorhanden war. Insofern war es auch ein wenig Museum. Aber das ist ja heute vorrangig ein Ort der inszenierten Erinnerung.

Ein originäres Siegel von Noeltes Inszenierungen sind seine Bühnenbilder. Ist er eigentlich sein eigener Bühnenbildner?

Ja, er hat einfach nur einen Gehilfen gebraucht, der seine obstinaten Vorstellungen vom Raum ausgeführt hat. Dadurch sind Bühne und Kostüme meist undelikat gewesen, verglichen mit dem, was die Schauspieler in ihnen vollbrachten. Aber das hat mich weiter nicht gestört.

Würden Sie die Menschen, die Noelte in diesen abgeschlossen wirkenden Räumen vorstellt, als Gefangene bezeichnen?

Noelte hat immer eine Höhle gebraucht. Diesen Welt-Kasten.

Er zeigt eine unentrinnbare Welt, die vom Schema her mit einem Beckettschen Reduktionismus vergleichbar ist. Reduktionismus, das wäre im Falle Noeltes Zurückführung auf die äußerste introvertierte Form des Existierens. Außerhalb dieses Raumes gibt es keine Existenz für diese Menschen. Und außerhalb – und deswegen ist die Höhle gewissermaßen eine platonische gewesen – außerhalb des Theaters leben diese anscheinend so ebenbildlichen Menschen nicht. Sicher ist das alles unter das Gesetz einer vergehenden Zeit, einer vergehenden Epoche gestellt. Nur würde ich das heute nicht mehr so überbetonen, weil ich nach allem, was ich im Theater nach Noelte erlebt habe, mehr den Elementarismus dieser Schauspielkunst sehe. Das ist etwas, wovon man lange zehren kann und von dem nicht etwa nur das Theater der 70er Jahre profitiert hat.

Noelte gerät zunehmend in Vergessenheit. Worin sehen Sie die Gründe dafür?

Nun, er arbeitet halt nicht mehr oder nur noch selten. Vielleicht liegt es auch daran, daß Noeltes Anspruch von keinem Schüler transportiert wird. Kortner hatte sozusagen seinen Schüler in Peter Stein gefunden. Er sah sich durch Stein verehrt und fortgesetzt. Zweifellos ist Peter Stein ihm treu geblieben. Allein in der Art, wie er sein Theater aus der Sprache hervorbringt, wie es sonst niemand mehr vermag, bleibt er von Kortner inspiriert. Insofern ist er ein Traditionalist, wobei man am Ende des Jahrhunderts darunter das genaue Gegenteil von dem zu verstehen hat, was Mahler an dessen Beginn bemerkte, daß nämlich Tradition Schlamperei sei. Dieser Umstand, der Stein gegenwärtig in Deutschland noch die übelsten Schmähungen einträgt, wird bald schon dadurch eine neue Bewertung finden, daß die Traditionsfrage – nicht zuletzt durch die uns näher rückenden Traditionalisten anderer Religionsgemeinschaften – auch unserer kulturellen Identität förmlich aufgedrängt wird. Natürlich finde ich es bitter, wenn irgendein Schnösel von der FAZ nebenbei bemerkt: »Der längst vergessene Rudolf Noelte«, wie ich es kürzlich las. Anstatt daß er sich mal was Originelles leistet und eine der großen Noelte-Aufführungen aus Erinnerung und Fama beschreibt, also so etwas wie eine Memory-Rubrik für Theater einführt. Das Theater ist schon sehr transitorisch, aber ein Journalist wird täglich vergessen.

Aber ist nicht dennoch etwas Wahres dran? Ich meine, Sie kennen Noeltes Theater noch. Aber ein heute 30jähriger Schauspieler weiß doch mit dem Namen Noelte nichts mehr anzufangen.

Ja, ein 30jähriger kennt vielleicht nichts mehr von ihm. Aber wissen könnte er was von ihm. Genauso von Jessner, oder von...

Fehling.

Fehling, das ist ein gutes Beispiel. Bei Fehling gibt es mythenbildende Kräfte, die den Künstler in bescheidenem Umfang präsent gehalten haben. Kaum jemand heute hat noch eine Aufführung von Fehling gesehen. Aber da gab es die Bannerträger unter den Schauspielern, allen voran seine Frau, Joana Maria Gorvin, die immer wieder von ihm erzählt hat. Außer Fotos wird es keine Dokumente von den Aufführungen Fehlings geben. Wenn das Werk einer solchen Person in den Rang des Legendären erhoben wird, kann es auch durch nicht mehr persönliche Erinnerung fortleben. Und selbstverständlich will ich gerne mein Scherflein dazu beitragen, daß dies auch im Fall Noelte geschieht. *1996*

EINSTWEH UND WIEDERERKENNEN. BEGINNLOSIGKEIT

Notizen zu »Ithaka«

Dies ist eine Übersetzung von Lektüre in Schauspiel. Nicht mehr, als höbe jemand den Kopf aus dem Buch des Homer und erblickte vor sich auf einer Bühne das lange Finale von Ithaka, wie er sich's vorstellt. Abschweifungen, Nebengedanken, Assoziationen, die die Lektüre begleiten, werden dabei zu Bestandteilen der Dramaturgie. Der Dialog opfert, um beweglich zu sein, den Vers und den rhapsodischen Ton. Dennoch bleiben die großen Übertragungen von Johann Heinrich Voß und Anton Weiher zumindest im Anklang gegenwärtig: es möge genügen, um den Hörer wie eh und je in die Kindheit der Welt zu versetzen.

Ithaka ist der Ort der Wiederkehr des Helden von Troja und der Wiederherstellung seines Königtums. Wiederkehren finden nicht in der Geschichte statt, sondern vor ihr. Oder in ihrem Ende. Der Weltfriede, das Verheißungsland, das davidsche Königstum, die alte Stammesgliederung des Volks, die Heilige Stadt, der Tempel, der Kult: Wiederherstellung von allem, die Endzeit wird in die Urzeit münden, so verkündet es die religiöse Erwartung in spätjüdischer Tradition. Nicht anders endet die Erzählung von der Heimkehr des Odysseus mit einem mythischen Wiederbeginn. Was dem Zeitalter an »Utopie« verlorenging, kann ihm die Religion in Form der Apokatastasis, Wiederherstellung von allem, zurückgeben.

»Das schwierige Wort ogygion, das oft mit uranfänglich übersetzt wird, scheint unbestimmt Dinge jenseits von Zeit und Raum zu bezeichnen, man könnte sagen: den verborgenen Schatz am Ende des Regenbogens. So wurde auch die Ruhestätte genannt, in der Kronos die Zeit seiner Wiederkehr abwartet.« (Dechend / Santillana, Mühle des Hamlet, 184).

Ogygia heißt auch die Insel, auf der Odysseus bei Kalypso weilt und ihr Angebot ausschlägt, unsterblich zu werden.

Eine Stunde Musik oder länger, eine Oper allein für die Wiedererkennungsszene, act of recognition, Musik des verhohlenen Erkennens und des prüfenden Verkennens, das lang hingezogen, lang ausgekostet wird. Wie der Blick der übermüdeten Erwartung den Schleier wirft über den Erwarteten und Penelope den Gemahl, der heimkehrt, nicht wiedererkennt, ihn nicht einmal fühlt; wie aber dennoch mit dem Schleier des Verkennens bereits die Verklärung der Wiedervereinigung beginnt; wie die Begegnung mit dem Fremden aus Kreta von Anfang an unter einem hinhaltenden Zauber steht, den die Anwesenheit des Heimkehrers auslöst: »Nur die Königin konnte so wenig hören als sehen; / Denn Athene lenkte ihr Herz ab ... « (XIX, 470).

Denn ihr flimmert und schwankt die Wahrnehmung des Gatten zwischen Auge und Gedächtnis. »Man sieht nicht, wie die beiden Gatten in dieser Lage wohl zueinander gelangen könnten« (Schadewaldt). Wiedererkennung geschieht nicht, indem es Penelope wie Schuppen von den Augen fällt, sondern sehr langsam sinken die Hüllen des Vergessens, der Täuschungen und Enttäuschungen, die sich in zwanzig Jahren der Trennung um die beiden Liebenden legten.

Es lohnt sich nur, wenn man die Überzeugung des Aristoteles teilt, daß die Einheit des Paars jeder politischen vorgeht und vorsteht.

Der princeps, der Kaiser bestimmt, was man liest und was man im Gedächtnis behält. Caligula wollte den Homer aus den Bibliotheken hinauswerfen. Schließlich sei ihm doch ähnliches verstattet wie einst dem Plato, der Homer nicht in seine Politeia aufnahm.

Es sind dekadente Könige, Schwächlinge und Libertins, jeunesse dorée, die an der Tafel von Ithaka schmausen. Sie alle hoffen auf die restitutio in integrum, das erneuerte uralte Königreich, das mit der Heirat der Penelope wiederkehrt. Doch keiner von ihnen kann mehr der Gekrönte sein, sie treiben bereits Politik, um den Machtschwund des einzelnen auszugleichen.

Beim Wiederlesen des Odysseus-Kapitels in der *Dialektik der Aufklärung* besticht ein gedankliches parlando, ein Gewebe in sich gekehrter Reflexion, die alles gebrauchen kann, sich einverleibt und angleicht und alles, was da ist, um seinen Stand bringt. Die Stilgebärde bedarf der ständigen Exklusion und der kleinen Absolutismen, allzu häufig sind die »Nur« und die »Nie«: »Der Listige überlebt nur um den Preis seines eigenen Traums«. Und Traumverzicht bewährt sich dann im Umgang mit Sirenen. »Odysseus erkennt die archaische Übermacht des Liedes an, indem er, technisch aufgeklärt, sich fesseln läßt.« Wenn ein modernes Bewußtsein sich einem wesen- und zeitfernen Gegenstand derart schamlos nähert, birgt das die Gefahr von unfreiwilliger Komik. Doch stößt man bald auf den tieferen Witz des Dilemmas: die Unfähigkeit, den Buchstaben des Mythos stehen zu lassen; zu glauben, was des Glaubens – zu kritisieren, was der Kritik würdig ist.
Fazit: Odysseus ist Heimwerker und baut in seiner Freizeit ein Bett aus einem Ölbaum. »Als prototypischer Bürger hat er in seiner Smartheit ein hobby. Es besteht in der Wiederholung handwerklicher Arbeit, von der er im Rahmen der differenzierten Eigentumsverhältnisse notwendig längst ausgenommen ist.« Hier spätestens begegnet den neuzeitlichen Euhemeristen das bekannte homerische Gelächter.
Man entdeckt dabei: die Keimzelle der Verkleinerung. Es geht darum, alles zu sich herunterzuholen, wenn auch auf höchstem Reflexionsgrad. Aber eben immer nur Reflexion, niemals Wiederholung, Teilhabe, Erinnerung. *1996, 1997*

DAS MASS DER WÖRTLICHKEIT
Über Peter Stein

Plötzlich ändert sich der Zungenschlag. Die Grimasse verdeckt das unerforschliche Gesicht, und Verse werden »Texte«, und Texte werden nur durch Übermalung interessant. Das verkehrte Heilige leiht seine alten Formen, Lästerrede, Hostienschändung, Häßlichkeit, an den neuen Eifer der Betroffenheiten. Der verklemmte deutsche Spießer, als Nachbar so gut wie ausgestorben, bleibt auf der Bühne unser nächster Zeitgenosse. Nur um sich ein Wesen zu erhalten, das man nach Belieben deformieren kann. Sex und andere Grotesken. Hitler und sein kleiner Mann. Die Kunst, die alltäglicher als der Alltag werden wollte, widerspiegelt bestenfalls noch Kulturtheorie: Wir alle stecken bis zur Schädeldecke im Müll, und unser Leben ist nur erlebte Entropie.

Ein junger Theatermann fände heute, ganz ähnlich wie Peter Stein vor dreißig Jahren, eine einzigartige Gelegenheit, sich den schlechten Konventionen, dem Akademismus der Deformationskünste durch Sezession zu entziehen. Es müßte ihm freilich gelingen, die Verschnürung seines Herzens zu lösen, vom Zwang des herrschenden Zynismus seine *Sehnsucht* zu befreien, fürs erste nur dies eine unübersetzbar deutsche Wort für sich in Anspruch zu nehmen... Er würde dann von selbst der Lehre von der Gleichgültigkeit das Abenteuer einer *éducation sentimentale* vorziehen, die er durch die Originale empfange und nicht zuerst von zweiter zittriger Hand durch Netze und Medien. Denn die Werke verfügen immer noch über die größten Speicherplätze, und sie erspielen alles Menschenmögliche aus ihrem Gedächtnis.

Vor kurzem hielt Peter Stein an der Berliner Hochschule der Künste ein eigentümliches Kolleg, das sich der Frage widmete: Was können wir heute von Fritz Kortner lernen? Was läßt sich von einem überragenden Theatermann einer jüngeren Gene-

ration überliefern, die seine Inszenierungen nicht, kaum seinen Namen noch kennt und ihn nur anhand von Filmen, Aufzeichnungen, Memoiren et cetera studieren kann? Ist solche Weitergabe gegenwärtig möglich oder nötig, ist sie überhaupt wünschenswert? Die Veranstaltung gewann immer größeren Zulauf, und viele Theaterinteressierte kamen sicher nicht zuletzt, um Stein zu erleben, der ihnen zwei Stunden lang in freier Rede, mit Präzision und Inbrunst von einem Erbe sprach, das ihn geprägt und erzogen hatte, einer der wichtigsten Quellen seiner energischen Vorlieben und ebenso energischen Idiosynkrasien. Er überzeugte sein Publikum, nicht indem er interessant aus der Vergangenheit erzählte, sondern er überzeugte ganz offensichtlich als ein von Herkunftsbewußtsein durchdrungener und erhellter Mensch, wie man ihn heute, in welchem Berufszweig auch immer, nur selten noch finden kann. Dabei mußten seine kernigen Fünfziger-Jahre-Sprüche, die Redensarten seiner Jugend, die Vielzahl seiner Anspielungen und polemischen Seitenhiebe, mußte schließlich seine ganze um Einsicht und Unterscheidung werbende Intelligenz befremdlich genug auf seine Zuhörer wirken und ihn zuweilen als ein wunderliches Fabelwesen erscheinen lassen, das aus versunkenen deutschen Bildungsgeschichten aufgetaucht war und das die Jungen eher bestaunen als begreifen mochten, die diffus-neugierigen, die späten, mageren und übersättigten Eleven, die nicht wissen, wie einen guten Anfang machen. Ihnen gegenüber jemand, von dem man sagen könnte, daß brennendes Interesse beinahe die Hälfte seiner Begabung ausmacht.
Ist brennendes Interesse aber lehrbar? Von der Schlüsselkraft des Berufs kann der Lehrer nur etwas vermitteln, indem er sie ausstrahlt, indem er fasziniert und Vertrauen weckt. Von Stein zu lernen, hatte mancher in der Praxis schon Gelegenheit. Einer, der von seiner wesentlichen Leidenschaft etwas abbekommen hatte, fand sich bis heute nicht. Nun muß man sagen, die Überlieferungsgeschichte, die zwischen Kortner und Stein noch lebendig war, unerbittliche Schriftgläubigkeit,

Buch- und Buchstabenversessenheit, sie scheint gegenwärtig unterbrochen, jedenfalls am wenigsten dem Hauptstrom der Transporte angeschlossen. Tatsächlich wird jetzt vom Kunstmarkt weit mehr auf die Bühne getragen als aus der Literatur. Das deutsche Theater insgesamt befände sich auf gutem Weg, ein neues Gesamtkunstwerk hervorzubringen, mit seinen erstaunlichen Erfindungen im chorischen, musikalisch-choreographischen Bereich, wäre da nicht immer noch dieser verdammte Fremdkörper, »der Text«, die leidige Sprache, schwer zu bewältigen, weil sie dauernd Sinn macht, Sinn aber nur weiteren Müll produziert, weshalb man Texte unverzüglich bebildern, mit *comic soundtrack* unterlegen, singen oder durch Chat-Kanäle schütten muß.

Was könnte er denen noch für Winke geben? Die Verspielten und Entlasteten, die Nonreader, Zapper und Monotonisten finden bei ihm, einem Meister des Verstehens, keinen suggestiven Stil, den sie kopieren können, sie finden jemanden, der blind verliebt ist in die Vollkommenheit der Werke. Der immer tiefer in die Stücke lauscht und seinem feinen Gehör entsprechend sich immer mehr zum Gehorchen wandelt.

Sein Theater verweigert sich der medialen Vermischung wie dem ästhetischen Rigorismus. Es ist zuerst und bis zuletzt ein Ort der erweiterten Buchstäblichkeit. Sie wiederum steht im Zeichen einer Erotik des Entdeckens, die sich dem Kunstwerk nähert, ohne es zu »bewältigen«, und die seine Eroberung durch Unterwerfung vollzieht. Dabei entfällt von selbst der biedere Begriff der Werktreue, denn nicht die Pflicht der Ehe, sondern ein beständig unbeständiges Verhältnis wird ertragen, mit allen Launen, Enttäuschungen und rauschhaften Illusionen, die insgesamt das Verlangen wie die Unsicherheit stetig erhöhen.

Nehmen wir an, es ist ein Eimer mit Wasser über die Bühne

zu tragen. Das läßt sich auf dutzendfach verschiedene Weise erledigen. Jedem begabten Regisseur wird hier auf der Stelle etwas Besonderes einfallen. Beim Schleppen des Eimers entsteht, vielleicht nur für einen kurzen Auftritt, ein Mensch, je nach Handlungsrahmen, ein demütiger oder ein stolzer, eine geschundene oder leichtsinnige Person, und sie wird wegen der Kürze ihres Bühnenlebens auffällig gekennzeichnet. Oder sogar, nach dem heutigen Verfahren des *creative directing:* Der Gang mit Wassereimer wird »dekonstruiert«, von der Person abgelöst, eine Theaternummer für sich.

Für Stein würde in einem solchen Fall weder die Besonderung noch die Überformung der betreffenden Person von Interesse sein. Auf der Probe bliebe es bei einem eher blassen, sinnfälligen, nur technisch genau festgelegten Vorgang. Nichts Apartes. Keine ins Auge springende Kleinigkeit. Gleichwohl ein Baustein, ein Meßzeichen innerhalb eines noch unerschlossenen Zeitplans der ganzen Aufführung. Tatsächlich gewinnt der nebensächliche Vorgang während der letzten Durchläufe erst sein eigenes, sein agonales Gewicht. Er wird auf einmal als unverzichtbares Element des Dramas, nicht als individuelles Detail anschaulich und wirksam. Steins grundsätzliche Bewegung geht derart vom Technischen zum Strukturellen – und darin zuletzt zum Irrationalem. Er inszeniert keine »Texte«, er inszeniert das Drama und seine Zeit. Eine Zeit, die so geschlossen und verfügt, so bindend und lösend, nirgends sonst auf der Welt verstreicht. In ihrer Ordnung wird der Buchstabe, kleiner Gang mit Wassereimer, ein Atemzug.

Ich habe diesem Regisseur auf hundert und mehr Proben zugeschaut; ich habe studiert, wie er einem Schauspieler mit präziser Übertreibung vorspielte und dabei alles Bedeutungsvolle ins Triviale und Gewöhnliche übertrug, so daß der Schauspieler ihn niemals nachzuahmen versucht war, sondern lediglich den nötigen Grund und Boden unter die Füße bekam, um seine Sache dann so hoch und mutig, wie er konnte, zu führen.

Ich sah ihn mit Engelsgeduld sein Ziel erreichen und hörte ihn mit Engelszungen vergeblich auf einen Unbeweglichen einreden. Ich fand ihn stets in einer akuten, empfindlichsten Abhängigkeit von seinen Schauspielern, denen er im wesentlichen fördernd zur Seite war, meist nur ordnend und festigend, was sie im Anflug selber hervorbrachten. Ich habe nie erlebt, daß er mit vorgefaßtem Konzept oder einer fixen Idee die Probe begonnen hätte. Ich sah ihn arbeiten im Zustand des inspirierten Übermuts, der sentimentalen Hingabe und der übelsten Mißlaune – und doch blieb mir bis heute unbegreiflich, wie aus diesem säumigen Sammeln, dem freizügigen Entstehen und Gewährenlassen jeweils die zwingende Gestalt des Ganzen aufsteigen konnte.

Ich folgte doch jedem rationalen Fortschritt der Proben, die vielen Wiederholungen brachten das Kalkül jeder einzelnen Szene zutage, aber nirgends war die Schwelle zu bestimmen, von der alle Einzelarbeit sich zu dem einen schlüssigen Rhythmus der Aufführung erhob. Und dieser entstand ja nicht von selbst, noch ließ er sich im voraus festlegen wie etwa eine szenische Sequenz bei Bob Wilson. Diese bezwingende Vollzugsdynamik, die alle großen Stein-Inszenierungen beherrscht, unterscheidet heute den reinen und ursprünglichen Theatraliker von den zahllosen Theatermachern.

Sein *Cäsar*, seine *Phädra* und *Libussa*, inszeniert nach einer Gesetzmäßigkeit, die nichts Beliebiges, Zusätzliches erlaubt, verbinden sich überraschend den Tendenzen einer neueren Architektur, die eine Wiederbegegnung mit den klassischen Hochhaus-Proportionen sucht: Werke, von allen Seiten einsehbar, doch im ganzen nie durchschaubar. »Was gibt es Geheimnisvolleres als die Klarheit?« fragte einst Paul Valéry. Das gilt für das Unvermischte der klassischen wie der erneu-

erten Moderne, es gilt auch für Steins theatralische Integri-
tät.

Eine theatergeschichtliche Leistung wie die Gründung des
Schaubühnen-Ensembles muß (wie oft auch das Werk eines
epochemachenden Autors) die Chance haben, in der nachfolgenden Generation in Vergessenheit zu geraten, um vielleicht
später einmal beispielhaft, als produktive Legende, wiederauf-
zutauchen. Vorausgesetzt, das Theater besäße dann noch geschichtliches Leben genug, wie es das immerhin bewies, als
Stein im Rahmen seiner Tschechow-Inszenierungen die Arbeit Stanislawskijs studierte, ehrte, in Erinnerung rief.
Das umwälzende Vergessen ist wichtig und nötig, und man
darf jetzt schon sagen, daß von den fünfzehn Jahren kontinu-
ierlicher Schaubühnen-Arbeit keine Spur zum jüngeren deutschen Theater führt. Es bleibt immerhin denkwürdig, daß dieselbe Zeitenwende, die den antiautoritären Stil erfand, auch
den Prinzipal-, niemals den Guru-Charakter Steins begünstig-
te: Sein Theater ging zurück auf die Schauspiel-Truppen der
Goethezeit und ging anderen voran mit einem funktionsfähi-
gen Mitbestimmungsmodell, einer Rangordnung ohne Stars
und Statisten.

Dennoch wäre es bei einem kurzlebigen Experiment geblieben, wenn den formalen Statuten nicht auch eine künstlerische Eigentümlichkeit, eine spezifische Dramaturgie entspro-
chen hätte. Ob *Bakchen* oder *Sommergäste*, ob *Peer Gynt* oder
Optimistische Tragödie, die wichtigsten Aufführungen der frühen Schaubühne waren bewegte Tutti-Kompositionen, meist
für die simultane Raumbühne angelegt. Die inszenierte Totale, die jede Schauspieler-Individualität hervorhob, gleichzeitig
den einzelnen in ständiger Wechselwirkung der Gruppe verband, wurde zur Stilfigur dieses Theaters und seine ureigene
Hervorbringung.

An der chorischen Form, die er aus dem Ensemble-Körper entwickelt hatte, konnte Stein später in der Oper weiterarbeiten, nachdem sie in den beiden *Orestie*-Inszenierungen gewiß einen Höhepunkt an melodischer und figürlicher Vielfalt, an Undeterminiertheit erreicht hatte. Denn diese Chöre werden von faszinierend wechselnder Gestalt bewegt. Hier bilden sie gleichsam den mehrstimmig mit sich zerfallenen Protagonisten, dort eine disperse, differenzierte Menge, den sensiblen Haufen gewissermaßen – und immer sind sie der mustergültige Gegenentwurf zur formal oder visionär traktierten »Masse«, wie sie das Theater oder Kino bis dahin kannte. Mit seinen Chor-Erfindungen hat er immer wieder an das Mysterium des Gemeinsamen, an die publikumstiftenden Elemente des Theaters gerührt, ohne Rausch und Ritus, ohne jede restaurative Gebärde.

Wenn es ein unverkennbares Merkmal gibt, das alle von Stein geführten Schauspieler besitzen, so ist es die inzwischen seltene Tugend, daß sie grundsätzlich wissen, was sie auf der Bühne tun und ohne Zweifel auch verstanden haben, was sie sagen. Ihr szenisches Verhalten wird von einer Art Verantwortungsethik gegenüber den eigenen Mitteln bestimmt. Ihre erste Frage wird nicht lauten: Was kann ich von meinem Können zeigen? Im Jargon: Komme ich in der Rolle vor oder nicht? Sondern sie wird immer lauten: Was muß ich mir eigens erarbeiten, um dem Anspruch der Rolle gerecht zu werden? Eine solche Methode birgt die Gefahr, einen Schauspieler, dem dieser Anspruch quer in die Glieder fährt, in seiner Spielfreude einzuschränken und ihn zu langweiligen und steifen Ergebnissen zu führen. Sie bietet indessen den unschätzbaren Vorteil, daß Schauspieler zumeist als Überzeugte überzeugen, als Text-Hörige auch das Zuhören des Publikums enorm verfeinern und steigern können.

Bei Stein kann sich jeder probierende Schauspieler darauf verlassen, gründlich und unablässig beobachtet zu werden. Er wird nie einen zweiten finden, der mehr an ihm wahrnimmt, zu unterscheiden weiß und ihm zurückträgt, der gewissenhafter auf seine Rolle eingeht als dieser Regisseur.

Da man aber über fünf, sechs Stunden Probe nicht unentwegt etwas neues Gescheites zum selben Problem von sich geben kann, behilft sich Stein wie jeder andere mit einer Handvoll wiederkehrender Grund- und Kernsätze. »Bedenke das Widersprüchliche!« lautet zum Beispiel ein Lieblingszuruf, den er an einen Schauspieler richtet, um ihn daran zu hindern, zu schnellen und glatten Lösungen zu gelangen. Dabei findet sich das »Widersprüchliche« selbstverständlich in der Nähe der romantischen Ironie und fern vom Brechtschen oder Marxschen Gesellschaftsbegriff.

Am sinnfälligsten faßt es die Anekdote, die er von einer Probe mit Hans Schweikart erzählt. Eine nachdenkliche Hauptdarstellerin tritt an die Rampe und fragt den Regisseur: »Herr Schweikart, an dieser Stelle zeige ich die Klara Hühnerwadel im Zustand der äußersten Verzweiflung. Aber im Grunde müßte sie doch gerade jetzt heilfroh und erleichtert sein ... ?« Die Antwort des müden, doch weisen Regisseurs: »Ja, doch, kann auch mitschwingen.« Dieser sublime Unsinn wird jedem, der ins Theater geht, einleuchten. Er wird sich daran erinnern, daß ein Akt der Gewalt in einem Shakespeare-Drama nur dann wirklich gewaltsam war, wenn eine Geste der Zärtlichkeit ihn begleitete. Auf dem Theater wird in ausgewählten Augenblicken jede große Emotion von ihrer Gegenregung ununterscheidbar. Unvergessen, wie bei Stein die Hand des Brutus liebend dem Cäsar in den Nacken griff, als er, der letzte, zustach.

Wir haben glänzende Fortschritte beim Manipulieren unserer Erregbarkeit gemacht. Droge und schnelle Musik beeinflussen

den sensitiven, nicht den emotionalen Bereich unserer Empfindungen. Auch das schmächtigste Gemüt läßt sich im Nu in
Ekstase versetzen. Extreme Beschleunigung, schwere Langsamkeit, die sehr kurzen und die sehr breiten Metren, die uns
erhitzen oder kontemplativ stimmen, machen eher unempf-
fänglich für den Sog und die Steigerung der dramatischen
Form. Sie lassen uns wenig spüren vom »aufsteigenden Nak-
kenhaar«, vom Affekt der Überwältigung, dem Menschen seit
jeher einzig im Theater begegnen konnten und unbedingt
wollten, den sie mit ungefährem Begriff Furcht und Mitleid
nannten, Erschütterung, von dem finalen Schauder eben, der
Überschreitung partieller Erregungen zum umfassenden Pathos der Beteiligung.

Vom Pathos wissen wir heute nur, daß es eine Menge hohles
Pathos gibt. Dennoch muß die alte Sache noch einmal neu
verhandelt werden. Nach dem Abzug der Weltverbesserer,
dem Verblassen endzeitlicher Visionen bleibt von der ganzen
moralischen Anstalt vorerst nur ein Nutzen übrig: das Training
der Empfindungskraft. Mehr als mein Gefühlsleben kann ich
im Theater nicht verbessern.

Von solcher Wirkung würde schon berührt, wer sich dem
Theater einmal mit jenem »kindlichen Vertrauen« überlassen
dürfte, auf das Grillparzers Libussa ihre Sagen-Herrschaft
gründet – und Stein kürzlich seine Salzburger Inszenierung,
als er's dem Autor schenkte und seinem fremdartigen Werk. Es
war die innere und äußere Beweglichkeit der Hauptfiguren,
mit jungen und blutjungen Schauspielern besetzt, die hier sen-
tenzenselige Verse in ein anmutiges Argumentieren verwan-
delte und damit den Dialog, die ganze Aufführung in eine Offenheit vorantrieb, als sei im Drama gar nichts vorentschieden,
als würde in der kommenden Stunde von den Spielern erst der
Schluß erstritten, so daß bis zuletzt ein Hauch von Abwen-
dung die bittere Notwendigkeit des Untergangs begleitete.

Weitab vom Klassiker-Epigonen entstand der Dichter des heidnisch-heiligen, des weiblichen Wissens neu: Im äußerst klaren Zeremoniell des Theaters kam es empor und blieb doch, an den Tag gebracht, unangetastet dunkel. Der Tag gehörte jedoch einer Zeit, in der weibliches Wissen längst vor den unseligen Diskursen floh, die ihm gelten, und einkehrte in seine unterirdischen Gründe. Doch gerade in dieser fragwürdigen Berührung von zeitkritischer und theatralischer Materie, die einander abstoßen müßten, vollzieht sich die wunderliche Kommunion: Achthundert Bescheidwisser geben auf, sie überlassen sich einem Schauspiel, das ein einziger großer Aufstieg von Zeit-Entsagung, ein tief gewollter Verzicht auf die Verhältnisse ist. Für die Dauer von vier Stunden beherzigt das Publikum, das pathosbereit ist im Gegensatz zu jedem einzelnen, die dunklen Sprüche eher als die hellen, hofft lieber mit Libussa auf die Wiederkehr der goldenen Vorvergangenheit als mit Primislaus auf einen ewigen Fortschrittssegen.

Die Habitués sind Peter Stein in den letzten Jahren mit manchem Vorbehalt begegnet. Man hat ihn zum Repräsentationskünstler ausgerufen, zum Abtrünnigen des Gegenwartstheaters (und zwar lange vor seiner Zeit in Salzburg). Dabei ist es nach Lage der Dinge ein Aufbruch und kein Rückzug ins Gefällige, den Stein mit seinen »Arbeiten der mittleren Periode« dem Theater im allgemeinen vorschlägt; Aufbruch aus den Niederungen der erschöpften Befindlich- und Beliebigkeiten; Abkehr vom Kult des Fragmentarischen, der zunächst ein heroisches Versagen ehrte, inzwischen aber zur prätentiösen Gebärde, sich der großen Form zu versagen, erstarrte. Abkehr schließlich von einem Theater, das, obschon am Rand des öffentlichen Interesses angelangt, immer noch den Affen der »Gesellschaft« spielt, anstatt sich zum Herrn einer fabelhaften Unzeitgemäßheit zu bestimmen, frei, wie es ist, und nur den Mächten seiner Phantasie unterworfen.

Von *Dickicht der Städte* bis zur *Libussa*, während der ersten dreißig Jahre seiner Theaterarbeit also, ist Stein immer der gleiche lesende Regisseur geblieben, der seine Lesart des jeweiligen Stücks auf der Bühne so spannend wie möglich zur Verhandlung brachte. Nur sind ihm im Laufe der Zeit die Werke immer näher gerückt, immer reicher und andeutungsvoller geworden. Kühnheit und Willkür der Aneignung, des erstbesten Begreifens, der provinziellen Anwendbarkeit, mit denen der junge Regisseur sich das Fremde, das Werk, gefügig macht, ersetzt der erfahrene durch genauere Lektüre. Lieber möchte es unangetastet in seiner ganzen Andeutung erscheinen, als daß seiner Schönheit irgendeine leichtsinnige Verletzung zugefügt würde, lieber möchte es erscheinen wie eine verlockende Szenerie vom anderen Ufer, die sich uns nur für wenige Augenblicke enthüllt, wenn unser Schädel auftaucht aus dem brackigen Mündestrom, wenn unser menschliches Gesicht auftaucht zwischen all den übrigen Resten, die auf den Wellen tanzen, unzählige Splitter, Brocken, Spuren von aufgelösten Häusern, Gütern, Gedichten. *1997*

FORMEL UND FUND
Reflexionen zur darstellenden Kunst

Warum zeigen? Das Theater soll nichts zeigen. Es soll ver-
schlucken und verschwinden lassen. Jeden, der die Bühne betritt, zieht es unwiderstehlich in den Hintergrund. Das Publikum soll sich in eines Schauspielers Fersen verlieben und er
soll mit seinem Hinterkopf sprechen. *1999*

INHALT

Menschen sehen, Menschen zeigen

Der Seelenführer

DIE MACHT DES VIELFÄLTIGEN. MEDIEN UND FILM

ÜBER DAS SCHREIBEN
UND SCHREIBBEDINGUNGEN

Hansons Plastik-Puppe, um eine zarte, sinnverwirrende Spur unterlebensgroß, ins Zierliche verkleinert, ist in täuschender Naturtreue, komplett bis zu den Adern auf dem Handrücken und dem Haaransatz seinem Modell, das der Künstler selbst war, nachgebildet. Sie verkörpert die radikalste Beziehung, die zwischen einem Autor und seinem Werk eintreten kann; diese Beziehung ist keine analogische (wie zwischen Goethe und seinem Tasso), keine projektive (wie zwischen Kleist und dem Prinzen), sondern eine vollkommen identische. Der leere, bewußtlose Blick der Figur – welcher eben gerade dem leblosen Objekt die größtmögliche Lebendigkeit verleiht – zwingt den Betrachter, sich selbst in dieses gedankenverlorene Sehen zu verlieren. Es ist ein Nach-Innen-Sehen, wie es in den Augen des Prinzen erscheint, wenn er wie gebannt in seinen Traum starrt. *1972a*

EINE THEORIE DER LITERATUR

S. liebte die Literatur, ohne je ein wichtiges Werk gründlich von vorne bis hinten durchgearbeitet zu haben. Ich würde sagen, sie wurde eine von Methodik Besessene, unfähig, einen Text der geringsten inhaltlichen Kritik zu unterziehen. Zahllose Theorieansätze fand sie wie im Schlaf, extravagante und vielversprechende, die beiläufigsten Bemerkungen organisierte sie zu Themen und Fragestellungen von übergeordneter Bedeutung, und ihre Fantasie war derart überflutet von Plänen und Projekten, so entschieden potentiell war ihr ständiges »Man müßte einmal untersuchen, wie ...«, daß es ihr unmöglich war, je nur für eines dieser Vorhaben tätig zu werden. Ihr einzigartiges Talent, im Vorüberlesen, halb nur dem Text zugewandt, den gemeinsamen Augenblick der Wahrheit zu erwischen, in dem jene vom Lesen sich entfernende Lektüre das äußerste Fluidum des Textes streift, hätte am Ende vielleicht eine Theorie der Literatur hervorgebracht, derzufolge man Texte danach beurteilt, ob sie das souveräne Mißverständnis, das inspirierte Versehen, den ungenauen Leser zulassen oder nicht. *1975a*

EIN KOPIST!

Ja, wahrhaftig, was für eine schmerzhafte Wendung in der Geschichte meiner ›Theorie der Drohung‹, als ich herausfand, daß diese Judith mitsamt der sie umgebenden, erzähltechnisch pointierten Formulierung zum ersten Mal in den zwanziger Jahren aufgetaucht war, in einem deutschen erotischen Trivialroman, und wiederum – unbewußt, unbewußt! – geringfügig verändert von mir übernommen worden war. Ich hätte wirklich schreiend durch alle Räume laufen mögen und ich schrie schließlich auch, als sich nach weiteren Stichproben herausstellte, daß ich im ersten Kapitel ganze Abschnitte, ja, ganze Seiten in flüssiger, nahezu wortgetreuer Wiedergabe fremder Autoren abgefaßt hatte. Plagiate, schrie ich, Plagiate, das sind ja lauter Plagiate. Lea! Ich habe nicht einen einzigen selbständigen Satz zuwegegebracht. Ich bin der unbeholfenste Schriftsteller aller Zeiten, ein ahnungsloser Abschreiber, ein Kopist! Was für ein hinterhältiges, gemeines Gedächtnis beherrscht mich! Löscht in mir aus, flüstert mir ein, was immer ihm gefällt. Was für eine böse, böse Maschine! Und ich, ich, diese Null-Person, diese Durchgangsstation aller möglichen Literatur, ich bin einfach nicht lebendig genug, um diese teuflische Maschine zu stürmen und zu zerschlagen. *1975a*

Betrachte ich zum Beispiel eine Reproduktion des Bildes *Departure*, das von dem kanadischen Maler Alex Colville stammt und mir natürlich besonders nahegeht, seitdem Lea verschwunden ist, so glaube ich ohne jeden einschränkenden Zweifel, daß die Frau, die dort in der einsamen Telefonzelle am leeren Quai steht, mit ihrem Geliebten auf dem Schiff, das man schon in einiger Entfernung abfahren sieht, telefoniert. Ich denke mir nämlich, die beiden haben beim Abschiednehmen kein Ende finden können und werden nun solange miteinander telefonieren, bis das Schiff nicht mehr zu sehen ist oder die Verbindung wegen allzu großer Entfernung abreißt. Nur diese Deutung eines endlos verzögerten Abschiednehmens lasse ich zu – obwohl sie aus verschiedenen Gründen reichlich unwahrscheinlich ist (zum Beispiel ist es ein Frachtschiff, das da ausfährt, man wird es nicht so ohne weiteres aus einer Telefonzelle anwählen können...). Aber nur dies innige Versehen erregt mein Mitgefühl, es läßt Lea und mich auf dem Bild vorkommen, und das Bild selbst, weil es sich nicht rührt, verspricht das ersehnte Halt inmitten einer Trennung, in einem unvergänglichen Augenblick zwischen Noch-Nicht-Verlassensein und endgültiger Abkehr... *1975a*

ANKÜNDIGUNG VON »TRILOGIE DES WIEDERSEHENS«

Vielen Dank für Ihre Anfrage. Ich habe dazu zu sagen, daß ich mich vorbereite ein Stück zu schreiben, ja. In meiner Vorstellung soll dies Stück lange dauern, sehr lange und nur am äußersten Rand vom Theater sichtbar werden, mit vielen Menschen, die darin aufkreuzen und wieder verschwinden, kaum daß man sie erkannt hat. Alles nur im Vorübergehen – realistischer ist keine Bewegung für mich, wenn ich an Theater denke. *1975d*

PETER Ich fürchte, ich bin kein Schriftsteller, der Ihnen Eindruck machen könnte, mein Herr. Obgleich ich unablässig schreibe oder zumindest mir unablässig vorstelle, ich schriebe, bin ich, zu meinem Bedauern, weit entfernt von dem, was Sie einen Stilisten und Menschenkenner nennen.
Um die Wahrheit zu sagen: ich hasse das Schriftstellerische. Es ekelt mich. Wer so tut, als gebiete er über Sprache, ist ein alberner Suppenkasper. Er verkennt seine Lage. Ich lege Feuer, sofort, an jedes Blatt, auf dem eine literarische Kostbarkeit zu entstehen droht. Das einzige, was mir Sorgen macht: vielleicht bin ich meinen Figuren nicht immer so sterbensnah verbunden gewesen, wie sie es verdient hätten. Ich hoffe, ich kann mich bessern.
MARTIN Sie sind aber trotz alledem zufrieden mit Ihrem Beruf?
PETER Beruf? Ich starre monatelang auf denselben Fleck. Kein Finger rührt sich. Stille Dünung schöner Tage. Die Unruhe habe ich in die Uhr eingesperrt, Flöhehüpfen der Sekunden. Amüsiert mich, geht mich nichts an. Ich brauche botanische Geduld. In jenem Reich, in dem die Freiheit nur als versehentliche Abschweifung des Gedankens existiert, muß man stillhalten können. Und doch sind es einzig die Augenblicke der Schwäche, der Nachlässigkeit, der Geistestrübung, in denen wir hoffen dürfen, die Rufe einer neuen, großen Lockung zu vernehmen. Nur dort, wo der Gedanke abirren kann, wird die Idee entdeckt.
In einer Gesellschaft wie der unseren scheinen die Genuß- und Leidensfähigkeiten des Menschen mehr und mehr zu verkümmern. Das Wagnis der großen Erregungen bleibt weitgehend ungewagt. Unsere Gesichter stoßen kaum je einmal im Leben an die Grenze ihrer Ausdruckskraft. Die Erscheinung des Geistes, der uns mahnt, zeigt das erloschene Antlitz eines aufgeklärten Fernsehmoderators.

Wir aber, die wir schreiben, im Schutze der Entlegenheit, ... wir müssen hart arbeiten für die Wiedergewinnung der Tränen, des verschollenen Lachens, der Schmelzflüsse von Lust und Trauer, die dem menschlichen Leben und auch dem sozialen Leben neue Kräfte, neuen Reichtum verschaffen, die gewaltsame Erregung, die Verausgabung der Gefühle, der Trost. – Wir werden zuverlässig sein, wenn Sie uns brauchen. Wir wollen mit Ihnen schreien, wenn Sie niederkommen und gebären. Wir wollen mit Ihnen schwärmen, wenn Sie genießen und flüstern mit Ihnen, wenn Sie sich fürchten in einem fremden Haus – *1976*

DIGRESSION

Viel Digression auf meinen Blättern. Tut mir wohl. Die richtige Sammlung für H. *Alle Form muß ans Ziellose gelangen.* Schluß mit dem Ende! Ohne Ziel: Fernsehen, Zerstäuber, Mischmasch, Abweichung in sich selbst, *lebensecht. 1977*

PSYCHOANALYSE

Das Reale erspähen blieb unbefriedigend. Um so größer meine Neugierde, als es einige Jahre später plötzlich hieß, das Reale demaskieren! Mit sechzehn las ich zum ersten Mal Bücher von Freud und machte dabei natürlich eine ungeheure Entdeckung; aber nichts von dem, was ich im Text über mich las und erkannte, konnte ich wirklich an mir selbst bestätigen; zwar erstarrten die Zeichen, mit denen ich eben noch spielte, zu bösen Anzeichen und Symptomen, die mich als Kranken entlarven wollten, aber ich glaubte damals ganz fest, daß mich die Erkenntnis der Neurose am sichersten vor ihr schützen würde. Dennoch war es ein gewaltiger Schock, plötzlich gedeutet zu sein, und dieser mußte doch auf das Unbewußte selber Eindruck machen. In den folgenden Jahren der Ausbildung und der beginnenden Berufstätigkeit habe ich nichts mehr von der ganzen Entdeckung gemerkt. In dieser Periode lernt man, daß man in sehr enge Grenzen hineingewachsen ist, die von den Machtansprüchen anderer kontrolliert werden und daß ein Weiterwachsen nur gemeinsam mit Vielen zu erkämpfen ist. Jetzt erst, da mir durch den Verlust von H. in allem Einhalt geboten wird, die Laufbahn sich zur Schlinge krümmt, das Unbewußte pausenlos vor sich hinplappern kann – ich weiß nicht, ob es auch gealtert ist? –, jetzt erst scheint auf einmal wirklich zuzutreffen, was einst in der Psychoanalyse geschrieben stand. Man willt irgendwie enttäuscht in die Erkenntnisse von damals ein, findet sie endlich bestätigt durch eigene Anfälligkeiten und Leidensspuren – ohne je den Verdacht aufzugeben, daß das zu früh und erfahrungslos Gewußte selbst zu den Erregern der gegenwärtigen Krankheit gehört. Bücher, die einmal meine ganze Aufklärung waren, in mir vergessen machend, so daß heute keine Nacht vergeht, da dies aufgelöste Wissen nicht an die Schläfen klopfte. *1977*

KONTROLLIERTE KÜNSTLICHKEIT

»Die Beklemmungen, Flüchtigkeiten, Anstrengungen, die Ruhelosigkeit, die Zerstörung von Zusammenhängen. Die Sprache der Menschen in *Trilogie des Wiedersehens* ist der Polaroid-Lyrismus, eine Kunstsprache. Ich bin ein Feind der Fernsehspielsprache, ich versuche, für das Theater eine gewichtigere Sprache zu finden, eine kontrollierte Künstlichkeit.
Das Schreiben, bei dem man ja alles genau fassen muß, ist mit Angst verbunden. Die Angst, daß man beim Hinabtauchen in die eigene Tiefe auf eine unheilbare Krankheit stößt, daß allzu scharfes Bewußtsein zerstörerisch ist. Angst, das Unbewußte nach oben zu holen, Angst vor Enthüllung.«[*] *1977b*

---

[*]   Die in Anführungszeichen gesetzte Passagen entsprechen Zitaten aus *Gesprächen* mit Botho Strauß

»Von der Mythologie des Surrealismus der französischen Autoren und natürlich auch von der Phantasie-Kraft eines E.T.A. Hofmann, von Kleist, Kafka, Robert Musil oder der vieldimensionalen Deutung Edgar Allan Poes und der kriminalistischen Faszination Raymond Chandlers reichen die Motive, die in meinen Erlebnis- und Denkbereich fallen – dazu gehören auch die Angst, der Schlafwachzustand, Tod, Vernunft, Liebe, Verlust, Wahn. Das war sicherlich besonders beim *Hypochonder* mit der grotesken künstlichen Krimi-Traum-Spiegelung für die meisten Besucher undurchschaubar...

Hinzu kommen die intensiven Textstudien zu Kleists *Homburg* mit des Dramatikers Selbstmord- und Lebensschwäche-Komplex, dann die Entwicklung des Projekts von Gorkis *Sommergäste*, wo auch die Filmkonzeption erarbeitet wurde. Und diese Filmtechnik war auch eine entscheidende Inspiration für das analytische Gesellschafts-Stück *Trilogie des Wiedersehens.*«
1977a

DAS GLÜCK SCHREIBT WEISS

»Das Theater hat bei mir einen regelrechten Ausdruckszwang hervorgerufen. Diese endlosen Proben – ich war ja jeden Tag vormittags fünf Stunden da und abends manchmal nochmal drei Stunden –, drei Monate davor die intensive Arbeit an der Konzeption, dann das Programmheft: Es war ein tiefes und mich selbst auflösendes Eintauchen in diese Theaterwelt. Da habe ich so viele Impulse empfangen, richtig körperliche auch. Diese Proben sind ja auch entsetzlich, furchtbar, bedrücken einen, wenn man jeden Tag dasselbe wieder hört. Das mußte ich irgendwie wieder loswerden. Während der Theaterarbeit habe ich immer schon Notizen gemacht. Es bildeten sich unentwegt irgendwelche Geschichten und Figuren. Und vor allem eine bestimmte Raumvorstellung. Nachher ging das Schreiben relativ rasch. Drei bis vier Monate. Das ist jetzt allerdings anders, eher zu einem Horror geworden.

Andere können fabulieren aus anderen Geschichten und Zeiten heraus, oder sie haben eine Methode gefunden, mit gesellschaftlichen Phänomenen umzugehen. Ich habe nur eine Methode: die sich immer verändernde psychologische Geschichte von Menschen. Die psychologischen Verkehrsformen, in denen man sich ausdrückt, sind auch an Veränderungen gebunden.

Erinnerung ist immer ein Zeichen von Verlust, findet nur statt, wenn man allein ist, ist Zeichen von Entbehrung. Deswegen ist sie so identisch mit dem, der schreibt. Und ist auch das vollständige Gegenteil von Glück, das »Gegenglück«, wie es bei Benn heißt. Das Glück schreibt weiß, steht bei Montherlant – und bei Freud: Der Glückliche phantasiert nicht. Er ist die vollkommene Gegenwart. Das merkt man ja, wenn man sich in einer Liebe oder einem exaltierten Zustand befindet. Da würde man sich niemals erinnern. Und das Gegenteil ist das, was man tut, wenn man schreibt. Wo man weder glücklich ist noch gegenwärtig.« *1979*

RUMOR

Rumor, dumpfes Geröll, wiederholtes Gerede, Gerücht. Es braut sich was zusammen. Die Ordnung der Dinge gleicht der Rede eines Kindes, das abends zu lange aufbleiben durfte: die Nonies kommen, die Nichtse und Geneunten, die Geborenen überhaupt, die Nonies, die Neins. Die Imbezilen kommen, die Raubmenschen in Horden und Heerscharen, die sich gegenseitig vom Globus schubsen, und es wird grad so sein, wie wenn mit eins am Langen Samstag es Doomsday läutet und im Kaufhaus die Auferstandenen sich auch noch ins Gedränge drücken, zu kaufen in größter Gier, die Enthaltsamen! ...

Müde nach der langen Ballnacht, dem herrlichen Galaabend, der auf die Schöpfung folgte, ist Gott der Allmächtige eingeschlafen in Hausschuhen und Zylinder auf der Treppe seines Palastes. In seiner Handpalme aber kriechen und krabbeln die Menschengeschlechter, und als er aufwacht am nächsten Tag, schüttelt er sich voller Ekel von sich und trampelt mit seinen Pantinen auf ihnen herum... *1980*

EINE ART FADING

»Rumor ist etwas, das man verspürt, wenn man aufmerksam lebt, und nicht, wenn man auf seinen Nabel schaut. Mit dem Blick auf die Realsphäre kommt man bei dem Buch überhaupt nicht sehr weit. Es ist mehr eine von Figuren befreite Rede, die Figuren manchmal auftauchen und wieder verschwinden läßt. Eine Art Fading: das kommt und geht wieder, das Motiv des Inzests taucht auf und verschwindet genauso wieder.

Als ich *Groß und klein* konzipierte, war ich allein in einem Haus in Italien und sprach wirklich vierzehn Tage mit niemandem. Und entsprechend viele Aufzeichnungen wurden gemacht. Wenn ich dagegen lange mit jemandem gesprochen habe, wird es mir ganz linkisch mit dem Schreiben. Es fehlt dann die Konzentration, die das Schreiben eines Satzes erfordert.

Mir kommen schon die aberwitzigsten Überlegungen: ob ich vielleicht noch einen Beruf erlernen oder irgendetwas machen soll, das mich nicht ganz so ausschert – daß man nur schreibt, daß man vor allen Dingen nicht immer über die Psychologie dieser Tätigkeit, des Schreibens, nachdenkt. Wenn man die Überzeugung noch hätte, an einem großen Werk zu arbeiten, wenn man diese Verblendung noch hätte, etwas zu tun, was das Jahrzehnt von einem fordert, dann wäre ja alles nicht so schlimm.

Diese Art von Literatur, die sich um das Alleinsein dreht,

möchte ich auf keinen Fall fortsetzten. Ich weiß allerdings auch nicht, was ich als Nächstes machen soll. Ich habe leider keine Bleibe auf dem Land wie andere. Jetzt halte ich es nicht mehr lange aus hier. Ich habe nun drei Jahre lang unentwegt geschrieben. Es ist mein inniger Wunsch, hier nicht an der Schreibtischkante zu verrecken – dafür lohnt sich das alles vielleicht doch nicht so. Das Alleinleben erträgt keiner auf die Dauer. Mir macht das zu schaffen, und ich bin weit davon ab, das zu verherrlichen. Aber meine bisherige Art zu schreiben erfordert soviel libidinöse Kraft, daß man von keiner Frau erwarten kann, dies auch nur duldend hinzunehmen. Es sei denn, man hat eine Frau wie Thomas Mann. Es geht da schon eine Menge Psychosubstanz ab. Man zerstört die Beziehung, indem man schreibt, und wenn man aufhört, ist schließlich gar nichts mehr da. Das klingt vielleicht etwas simpel: Aber ich würde die Schriftstellerei auch unterbrechen oder auf eine andere Ebene hinlenken, die es noch möglich macht, mich selbst zu retten. Meine Literatur könnte ja vielleicht den Versuch machen, etwas erwachsener zu werden.« *1980c*

WAS PERMANENZ HAT

»Wir haben diesen komplizierten Kosmos der Begriffe dazu bekommen. Wer sich je mit Seelenkunde beschäftigt hat, dem gerät das beobachtete Leben in einen anderen Zusammenhang. Ich habe soetwas [Psychoanalyse] noch nie gemacht – aber mir kommt das unheimlich schmalspurig vor, wenn man das Geheimnis der Welt nur in der eigenen Kindheit sucht oder überhaupt in der eigenen Biografie. Da wird mir ganz schwummerig, wenn ich mir das vorstelle. Dieser unverhohlene Narzißmus!
An meinem neuen Buch hat mich interessiert: Was bedeutet Alter? Das, was Permanenz hat, interessiert mich immer mehr. Ich glaube nicht, daß das total ahistorisch ist. Ich würde auch

gern – wenn ich dazu besser in der Lage wäre – das Durch-
scheinen von Mythologischem im Alltäglichen aufzeigen. Ich
habe das immer wieder versucht. Das klingt sehr grobmaschig:
Aber da liegt für mich eine tiefe Anziehungskraft. Und ethno-
grafische Bücher haben mich in letzter Zeit auch mehr beschäftigt als andere.

Die Sprache ist ein großes kulturelles Feld, in das man sich
versuchsweise hineinbewegt. Wieso arbeite ich stundenlang an
einem Satz? Das ist doch nicht mein eigenes subjektives Empfinden von Perfektion! Es muß doch ein tieferes Urbild dieses
Satzes geben, das nicht allein aus meiner Subjektivität kommt,
sondern von anderswoher: aus der Summe von Literatur, die
ich kenne oder die überhaupt existiert. Aber ich glaube da
eben fest dran – sonst hätte ich gar nichts, woran ich glaube:
Das ist das große Archiv ...

Ich bin auf all das nur gekommen durch die Mythenanalysen
von anderen Leuten. In unserer Religion habe ich natürlich
eine stärkere Verankerung als in den Mythen der Hopi-India-
ner. Ich will wissen: Was an meinem Denken ist religiös bestimmt? Das ist nicht der Wunsch nach Transzendenz, danach,
über sich hinauszugehen und Schutz zu suchen. Den hat jeder,
diesen Wunsch. Aber deshalb bin ich nicht auf der Suche nach
Gott – wie man anläßlich *Groß und klein* geschrieben hat. *Das
Prinzip Hoffnung* habe ich gelesen wie meine Bibel. Ich sehe
nicht, wie man heute etwas schreiben könnte, dem sich Zukunft prophezeien ließe.

Das Schreiben darf sich gar nicht danach richten, irgendwie
das Wort Öffentlichkeit auf sich zu lenken. Das ist meines Er-
achtens schreibverderbend.« *1980d*

Was soll man sagen zu der grundsätzlichen Abseitigkeit von Schreiber und Schrift? Wer sind wir denn gegenüber der Medienmasse und der Gewalt der Belanglosigkeit? Nichts und nie etwas. Nur indem ich sage, es gibt mich nicht und dich, Schrift, nur am Rand einer Wellenbewegung, die mein Abtauchen hervorruft, weise ich uns die eben noch angemessenen Plätze zu. Der kugelnde Kopf eines Betrunkenen in fortströmender Flut, der kurz vor der Schwelle zum Ruf gurgelnd zurück ins Gewässer sinkt – das ist das Fading des Kunstwerks, und das im Entwischen Erwischte bildet den Kern seines Realismus. Unwichtig: ohne Gewicht ist inzwischen jegliches Buch. Das erfüllte, komplexe, schwerdurchdringliche, sofern es der ›innere Markt‹ überhaupt noch entstehen läßt, findet ebensowenig einen Boden, um anzuwurzeln, wie das anschmiegsame und gerngesehene Werk der Saison. Wo nichts aufgebaut wird, kann auch das Widerstrebende sich nicht halten. Gemeinsam fallen alle Werke der Herrschaft der Geschwindigkeiten, der wachsenden Beschleunigung und der totalen Passage zum Opfer. In der Dromokratie (dem Machtsystem der Beschleunigungen), in der wir, wenn Paul Virilio recht hat, inzwischen leben bzw. uns die Zeit vertreiben, ist *Bestand* haben etwas Gesetzwidriges.

Hier ist selbst die gründlichste Wahrheit dazu verurteilt, nur eine »Welle« von kurzer Dauer zu sein. So wird zum Beispiel auch die seriöse ökologische Literatur (mitsamt der sie umflutenden freundlichen Alternativ-Presse) vom Kassentisch der Buchhandlungen wieder in die Spezialistenecke verschwinden, genauso wie das vor einigen Jahren mit dem verschwenderischen Schrifttum aus linken Seminaren geschehen ist. Binnen kürzester Zeit kriegen die Medien die Unkerei satt, die Bewegung kriegt sich selber satt, bevor nur das Geringste zur Verbesserung unserer Lage unternommen worden ist. Der Überdruß ist der absolute Souverän unserer Kultur. Wenn es je zu einer sogenannten Katastrophe kommen sollte, dann wird sie höchstwahrscheinlich zu einem Zeitpunkt stattfinden, wo sie überhaupt nicht mehr gefragt ist, und man wird sich den Luxus eines gähnenden Entsetzens gönnen.

Paradoxerweise wäre gerade dies, auf dem Höhepunkt der Unerheblichkeit seiner Existenz, die Stunde des Dichters. Nichts könnte jetzt vorbildlicher und nützlicher wirken als die Begabung, mit *seiner Zeit* zu brechen und die Fesseln der totalen Gegenwart zu sprengen.

Aber sind wir nicht in dieser Gesellschaft bloß eine Minderheit unter anderen, eine Gruppe von Behinderten unter andren, die längst auf die Allgemeingültigkeit ihrer Rede verzichtet hat? Hat uns die Macht des Vielfältigen, die Bunte Liste der tausend Spleens und Richtigkeiten nicht unfähig gemacht, einem wie auch immer imaginären *Ganzen* gegenüber die exzentrische oder avantgardistische Stellung zu beziehen, durch die es erst Gestalt gewinnt? Ich rede nicht von den Journalisten, die sich Schriftsteller nennen und die allemal das Bedürfnis ›dieser Tage‹ zu befriedigen verstehen. Ich rede einzig von den schwierigen Spielern, den Erben der Moderne, den unruhigen Traditionalisten, den pathetischen Manieristen und allen übrigen, die in den Augen der Mehrheit für überflüssige Spinner gelten. Und davon gibt es nur noch wenige, verschwindend wenige. *1981a*

DÄMMERN

Wie wenig kann uns noch gelegen sein an der allzu passablen Intelligenz; aber dafür an der sichtenden Benommenheit immer mehr.

Das schwermütige Denken oder das gelassene, Kierkegaard, Heidegger, Lévi-Strauss. Das Anti-Schnippische, wenn überhaupt noch von ›anti‹ die Rede sein darf, nach diesen letzten hundert jugendlichen Jahren, nach diesem »Anti«-Zeitalter Nietzsches.

101

Für Flaubert war das bloße Vor-sich-hin-Leben schon zu anstrengend. Seine Freunde berichten, daß er häufig mitten am Tag von Apathie, von Schlafsucht ergriffen wurde. Sartre nennt es seine ›pathetische Trägheit‹. Dämmern ist hingegen für jeden Künstler, den Erzähler zumal, ein unentbehrliches Mittel der Wahrnehmung und der Abwehr zugleich gegen das gestochen Konkrete der allzu nahen Umgebung. Sich konzentrieren, sich bannen einerseits; nachlässig sein bis zur Verblödung und Selbstaufgabe andererseits. (Auch Benn erwähnt seine krankhaften Müdigkeitszustände in Gesellschaften.) Gänse müssen sich erst in Flugstimmung bringen, bevor sie vom Boden abheben. Die Flugstimmung des Dichters wird wohl aus seiner Dummheit und Trägheit hervorgehen. *1981a*

SCHAFFEN SIE MIR ZUGANG ZUM THEATER!

Besuch von einem Mann aus Kassel, der viel redete und wirr, um doch nur eines zu sagen: »Wenn Sie mich, gerüttelter Künstler und politischer Mensch, der ich bin, nicht umgehend mit einem Theater in Verbindung bringen – ich will ja nur das Beste! – dann werde ich, muß ich den Bazillus der Gewalt, der in mir ist, austragen und in den immer enger zufluchtenden Korridor der Terrorkämpfe hineinrennen bis an sein blindes Ende, wo wir alle platzen...«
Er sprach immer wieder von 68, von der Politisierung. »Dann kam die Politisierung«, sagte er und es folgte eine seinsergebene Geste der Hand, so wie früher ältere Leute sagten: Dann kam die Inflation, dann kam der Krieg, dann kam die Vertreibung...
Er ließ nicht von seiner Urwunde – so geborgen einmal, so unsäglich entborgen, verwaist aber heute mit seinen bald vierzig Jahren. Ein Wirrkopf mit scharfer Sicht allein für *sein* Unglück und mit der unüberhörbaren Drohung, sich damit in den Dienst der Staatsbekämpfung zu begeben. »Dies ist mein letzter

Versuch. Bewahren Sie mich vor der Karriere eines Attentäters! Schaffen Sie mir Zugang zum Theater!« Nun, es handelte sich wie gesagt um einen Wirrkopf. Aber dürfte man denn einem Mann zur Bühne verhelfen, der einen anfleht: Lassen sie mich um des lieben Friedens willen doch nicht zum Revolutionär werden!? *1981a*

IM AUFSCHEIN-ABBLITZ

Niemand ist der Wahrnehmung größer beraubt worden, nicht durch Kirche, nicht durch Krieg, als wir matt Bestrahlten, die wir jetzt noch denken wollen und sehen wollen und können es nur im Aufschein-Abblitz, einsame Voyeure, deren Welt-Bild vom Schnitt beherrscht wird wie die Eine-Mark-Peep-Show von der Schlitzblende. Hätte Mörike einmal zwischen sechs TV-Kanälen hin und her geschaltet, immer auf der Suche nach was Neuem!, die Skala der Kurzwellensender auf- und abgefahren, nie wäre ihm eine entwickelte Form geglückt... Dagegen mag sich, wer jetzt schreibt, künstlich abschließen und es anders haben wollen, die Wahrheit seiner Schreibbedingung bleibt es aber doch. Die Tüchtigkeit der Moden, der Blicke, der Räusche und wie es sich beschleunigt, wie's sich überschlägt, aussichtslos steht da der Wunschbeladene gegen Sucht und Sog und möchte den eiligen Nebeln noch einmal die Gestalt abringen, die aller Sehnsucht wert... Aber nein, hinter der Uhr die Strömung, die Blut-Spur des Vergessens, das Fading: da, wo der Seinskopf unfaßlich sich erhebt, schrecklich blickt und wieder abtaucht, da ist jetzt noch das Unsere.
Ich weiß nicht, was Erinnerung ist, ja, es schwankt mir schon der Satz, wenn ein Verb in die Vergangenheitsform gesetzt werden soll. Braucht man aber nicht die Erinnerung zur Gesundheit des ganzen Organismus, wie man auch im Schlaf den Traum nötig braucht?

Lebt man nicht auch, um die Erinnerung stetig zu ergänzen? Daß dereinst das Gewesene nicht nichts sei, wenn eines Tages jede Erwartung geschwunden sein wird und das hohe Segel der Fahrt flau auf dem Gras liegt. Durchlöchert, zerfetzt selbst das teuerste, letzte Gut: das was war. *1981a*

EINE NEUE ALLEGORISCHE LUST

Für Cioran sind Gott und Engel und Teufel oft nicht mehr als Denkprobestücke, um sie auf den Menschen zu vergleichen. »Das Mißgeschick des Engels«, sagt er, »kommt daher, daß er sich nicht anstrengen braucht, um zum Ruhm zu gelangen.« Der Ruhm ist aber an sich kein Problem für den Engel. Cioran nimmt das Heilige nur als das Über-Menschliche an, sieht darin die besseren, höheren Konditionen des Menschseins erfüllt. Hier denkt der Philosoph wie ein Kind, das ohne Schauder den Engel zu sich herunterbestellt. Die Erde ist gleichermaßen bevölkert von Engeln, Teufeln und Göttern. Wahrscheinlich sind wir nicht allein. Zumindest Abkömmlinge der himmlischen und höllischen Horden durchkreuzen unsere Brust und unser Gemeinwesen. Und, könnte es nicht sein, daß uns bald eine neue allegorische Lust packte? Eine Lust zur großartigen Inkarnation, zur Fleischwerdung der vielen ausgeträumten Ideen unseres Jahrhunderts. Man kann doch nicht soviel denken und so abstrakt sich ausstrecken, wie wir es getan haben im wissenschaftlichen Zeitalter, ohne daß am Ende wieder etwas Ganzes, ein Balg, ein neuer Leib aus der Idee, aus Nebel und Licht, sich uns entgegenwölbte ... der wunderbare Arsch der Psychoanalyse, die Brüste der sozialen Gerechtigkeit, die gekreuzten Schenkel von Ökonomie und Ökologie, die Augen des Biologen, die Arme des Untergangs. *1981a*

Verwandlungen vollziehen sich – Vorwort zu »Der Park«

Man stelle sich vor: eine tüchtige Gesellschaft, beinahe gleich weit entfernt von den heiligen Dingen wie vom zeitlosen Gedicht (und ein wenig ermüdet schon), erläge statt einem Mythos oder einer Ideologie dem Genius eines großen Kunstwerks. So gesehen sind die Figuren und ist die Handlung dieses neuen Stücks besetzt und bewegt, erhoben und genarrt durch den *Geist* von Shakespeares *Sommernachtstraum*. Und so wie keiner von uns sein *eigenes* Leben führen kann, sondern immer nur ein eigenes, das tausenderlei übergeordneten und untergründigen Vorbedingungen, »Strukturen«, Überlieferungen gehorcht, sind auch jene Zeitgenossen, die hier auftreten, Abhängige und Ideologen unter der zauberischen Herrschaft einer alten, unergründlichen Komödie. Gleich wie der Blumensaft, den Puck und Oberon den Schläfern im Athenerwald verabreichen, ist nun ein Kunstwerk selbst dem hiesigen Personal, zu seiner Beirrung, in die Sinne geträufelt worden. Jedoch Verwandlungen vollziehen sich und wälzen Menschen, Geister, Handlung um – der *Sommernachtstraum* geht immer weiter, und niemand da, der wach geblieben wäre und jenes Gegenmittel brächte, um alle rasch von ihrem Irrtum zu befreien. *1983*

Form und Blick der Epoche

Was aber, wenn er dennoch ein empfindlicher Chronist bleiben möchte und dem Regime des totalen öffentlichen Bewußtseins, unter dem er seine Tage verbringt, weder entkommen noch gehorchen kann? Vielleicht wird er zunächst gut daran tun, sich in Form und Blick zunutze zu machen, worin ihn die Epoche erzogen hat, zum Beispiel in der Übung, die Dinge im Maß ihrer erhöhten Flüchtigkeit zu erwischen und erst recht scharfumrandet wahrzunehmen. Statt in gerader Fortsetzung zu erzählen, umschlossene Entwicklung anzustreben, wird er dem Diversen seine Zonen schaffen, statt Geschichte wird er den geschichteten Augenblick erfassen, die gleichzeitige Begebenheit. Er wird Schauplätze und Zeitwaben anlegen oder entstehen lassen anstelle von Epen und Novellen. Er wird sich also im Gegenteil der vorgegebenen Lage stärker noch anpassen, anstatt sich ihr verhalten entgegenzustellen. Er wird seine Mittel an ihr verbessern, denn nur die geglückte Anpassung verleiht ihm die nötige Souveränität und Freiheit, um den wahren Gestaltenreichtum, die Mannigfaltigkeit, das spielerische Vermögen seiner Realität zu erkennen. So arg es ihn auch in Bedrängnis bringt, so mächtig bewegt ihn zugleich das gesellschaftliche Pleroma, die Fülle des Wissens und Empfindens, der Begegnungen und der Lebensformen, der Pakte und der Unterschiede, wie er sie in einem politisch freien Gemeinwesen, in einer am Ende doch glücklichen Periode deutscher Geschichte vorfindet und miterlebt. Dies wird ihm bisweilen durch ein tiefes Gefühl von Genugtuung und Zugehörigkeit gewiß. Wo mancher nur den glitzernden Zerfall erkennt, da sieht er viele Übergänge und Verwandlungen, sieht er den verschwenderischen Markt der Differenz, der aus der wesentlichen Unsicherheit und Offenheit dieser Gesellschaft hervorgeht. Vielfalt und Differenz aber gewähren allem Seienden den besten Schutz vor Tod und Verwüstung. *1984a*

MYTHENUMSCHRIFT UND DEMOKRATISCHE INTUITION

Diese zweite deutsche Republik währt unterdessen immerhin länger als ein Menschenalter, hat bereits ihre eigene Vergangenheit geboren, Epoche gebildet und nimmt fortschreitend die Umrisse jenes leichten Reichs an, in dem sich uns alles Ruhe und Mäßige allmählich ins Schöne und Stattliche übersetzt. Denn wo es Erinnerung gibt, da gibt es Trübung. Und aus solcher Trübung flockten Partikel Goldner Zeit aus. Die Mythenumschrift auch einer ›Bundesrepublik‹ wird uns Deutschen noch gelingen, und sie hat wohl schon seit längerem begonnen.

Wenn ich nun aber sage, daß wir uns unserer Ordnung längst tiefer inne sind, als wir gewöhnlich wissen, daß sie ein Phantasma, ein inneres Anwesen in uns gebildet hat, so möchte ich dabei noch einmal an jene Erklärungsmodelle der Naturwissenschaften erinnern, in denen das plurale Beziehungsgeflecht die kausale Verkettung weitgehend aufgelöst hat. Ich vermute nämlich, daß es eine ganze Reihe neuerer Entdeckungen gerade im Bereich der Mikrophysik und der Molekulargenetik gibt, die ohne tiefere *demokratische Intuition* nicht gemacht und formuliert worden wären; zu denen ein von hierarchischen Leitbildern geprägtes Hirn niemals hingefunden hätte. Daher auch meine Skepsis gegen den gewaltigen Denker-Heros, den unsere Tage vor allem deshalb nicht hervorgebracht haben, weil sie ihn gar nicht gebrauchen können. Denn ein solcher könnte wohl kaum noch als die einsame Autorität, als der Zarathustra- und Gipfel-Wanderer vor uns hintreten und seine Verkündigungen herausschleudern; er müßte ja zwangsläufig in der Verfügung stehen und aus ihr hervorwachsen; er müßte diese bis ins Nervliche und Imaginäre reichende Gesellschaftsformung verspüren und anerkennen. Sein eigentliches geistiges Abenteuer begänne mit dem verzweifelten Eingeständnis (welches Sie vorhin selber anführten): Die Gesellschaft als solche ist ein intelligenteres ›Wesen‹ als ich. Hinter dieser Erkenntnis dürfte er wohl kaum zurückbleiben, wenn er zu einer erneuten ›Umwerthung aller Werthe‹ vorschreiten wollte. Die Materie, die er also zu durchdringen hätte, böte heute eine vielfache Dichte von jener, die einst Nietzsche einrannte. Vorausgesetzt freilich, ein solcher Bahnbrecher dächte nicht an den Wissenschaften seiner Zeit vorbei, aber dann wäre er wohl ohnehin nur eine tragikomische Figur, ein Nebenbahnbrecher. Im übrigen leben wir gegenwärtig gewiß nicht in jener besonderen Verwerfung von Epochenschichten, in der einer ›spät jung‹ werden könnte und zum großen Verführer aufstiege. Nein, keiner ist derzeit der Bessere. Dafür geht es zu bunt bewegt zu vor uns in der Ebene, zu vielseitig, zu weit versprengt. Deshalb bedeutet mir auch das Bild vom Eis-Gipfel und dem einsamen Wanderer wenig. Ich liebe das weite und gleichzeitige Terrain mit den vielen. Und das Gestolpere von Menschen über ihr Gerümpel. Es wird uns die nächsten Schritte lehren. *1984a*

DER TRAUM

Aller Stoff ist erotische Metamorphose. Das Gelüst selbst ist der Stoff, kurzlebig und sprunghaft.

Daher ist auch der Traum ein solch reizvolles Fleckchen Erde, insofern dort und nur dort alles Begehren die ihm angemessene Flüchtigkeit erhält. Erscheinung-Berührung-Erfüllung-Erübrigung. Hohe, fast zeitbereinigte Intensität. Der Traum schafft den Gegen-Stand ab. Er ist reine Einvernahme, Lösung. Die Geschichten der Verwandlung müssen eine Waschung sein, zur *reinen* Geschlechtlichkeit hin. *1984a*

ROMANTIKER DER ELEKTRONISCHEN REVOLUTION

Ich komme darauf zurück, und immer beschränkender empfinde ich es, daß wir für diese Geister-Zone, die jeden von uns umgibt, für dieses verdammte Fluidum weder Ausdrücke noch Handhabe besitzen. Nur Mystifikationen. Für das, worauf es wirklich ankommt, kraft dessen wir die wichtigsten Entscheidungen fällen, fehlen uns jegliche Daten und gesicherten Erkenntnisse. Und doch spüre ich immer deutlicher, daß hinter unserm Bewußtsein noch ein weiteres hockt. Es wird sich schon Bahn brechen. Es wird sich das Scheitel-Auge öffnen. Und eine künftige Physik der geistigen Teilchen wird dann auch die fluidalen Elemente erforschen.

Im Mittelalter galt der Augenaufschlag, der ictus oculi für das Zeit-Atom. Nun wiederum: die Stunde des Augenblicks. The universe of a glimpse, mit seinen hochintegrierten Bindungen, seiner Kompakt-Geschichte, seiner vernetzten Zeit. Romantiker der elektronischen Revolution. Neo-Fragmentarier. Funkenkundige. Reduziert in allem Äußeren, vervielfältigt im Kern. *1984a*

MYTHENCOLLAGEN

»In meinen Stücken gibt es fast keine wörtlichen Zitate. Ich würde sie also nicht als Zitatencollagen, sondern eher als Mythencollagen verstehen. Der Emanzenstreit in meinem Stück *Kalldewey, Farce* zum Beispiel ist kein Tonbandprotokoll aus einer Frauenbeiz, sondern eine stilisierend übertreibende Fiktion. Für mich ist das Politische privat und das Private politisch.« *1984b*

EIN WÄCHTER

Ich bin nur ein Wächter sagt er von schlafender Gesellschaft bestellt. Nicht geheißen, sie zu kränken oder zu stören. Sondern nur, wachsam zu sein und Ausschau zu halten. Nicht mitgerissen blieb ich sitzen, und mir vermehrt sich das Gewesene. Auch Ausschau nach den Sternen ist ja ein Blick zurück. Ihr Licht fällt uns aus fernen Zeiten zu. *1985*

Die Passanten gehen nach Haus –
Robinson Jeffers

»Es gibt eine Existenzform der Schrift, die ist komplett. Je älter man wird, desto mehr sieht man doch, wie groß die Heimat Schrift ist. Schreiben ist für mich eine Art Séance.

Was hat Achim von Arnim mit SDI zu tun – das zu fragen, ist für mich ein Antrieb. Aber wer kennt heute schon *Die Kronenwächter* von Achim von Arnim? Wer kennt Tieck? Diese Nach-Wilhelm-Meister-Romane mit ihrem Assoziationsreichtum wälzen einen großen nationalen Stoff immer weiter, freilich anders als es Fontane gemacht hat.

Überall Glätte und Kälte, es lohnt die Beschäftigung nicht. Meine Registriermaschine ist nicht mehr einsetzbar. Ich möchte anderen Schrecken begegnen. Ich muß! Die Passanten gehen nach Haus. Andere Leute sind im Aufbruch.

Ich habe die Augen aufgeschlagen als zum Bewußtsein kommender Mensch – und habe ein Blutbad vor mir gesehen. Es ließ sich im Grunde nicht begreifen. Also rettete man sich nach links. Dieses Mal ist auf uns gekommen, nicht auf diejenigen, die es fabriziert haben. Dieses Mal ist eingebrannt. Aber es wird mich nicht zur Erstarrung bringen.

Robinson Jeffers. Er hat eine wunderschöne Frau geheiratet, sich in Kalifornien an der Küste ein Turmhaus gebaut und dort völlig einsiedlerhaft gelebt. Ein Einzelgigant! Durchaus inhuman in seiner Abkehr. Der Dichter auf der Klippe – hier sitze ich, lausche nur Homer und dem Meer.« *1986b*

Formen sind das Plasma der Überlieferung –
Rudolf Borchardt

In den frühen *Gesprächen über Formen*, das den verdeutschten *Lysis* des Platon einführt, dem Werk des kaum Fünfundzwanzigjährigen, finden sich bereits die wichtigsten Operationen angeführt, die den Dichter als den Überbringer mit den

»schicklichen Händen« (Hölderlin) darstellen. Ja, das zwiegestalte Stück ist mit seinen heiteren, mehrfachen Symmetrien selbst der lebendigste Beweis für die gelungene Technik der Wiedergewinnung: der Frühdialog Platons, in dem sich eine neue literarische Form erst bildet, nämlich das Gespräch, das er der Welt dann als »sein schönstes Geschenk übergeben wird«, besetzt die fortzeugende Kraft des Anfänglichen und stiftet auch das *Gespräch der Formen*. Denn auch in ihm geht es um nichts anderes als um das Programm eines Wiederanfangs: um die Ankündigung einer neuen Zeit, einer neuen, traditionalen Kunst, als deren oberste Gattung eben die Übersetzung des literarischen Meisterwerks angesehen wird.

»Wer Formen fühlt, ist ein Liebender und darf den großen Liebenden aller Zeiten an den Saum des Mantels rühren.« Formen sind freilich nicht die Container des Kulturtransports, sie sind die Substanz der Sehnsucht selbst, das Plasma der Überlieferung. Formen schützen wohl die Gattung, die Spezies der Kunstwerke, nicht aber das künstlerische Individuum, das ihnen vielmehr innestehen, sich ihnen einheilen muß, um zu werden und zu überleben.

Der poetische Fundamentalist kehrt gegen Geschichte und Vergehendes die gedenkende Macht der Dichtung, dem Zeitenwandel enthoben wie Religion. »Denn Denken ist ein heimliches Gedenken, und wir sind nicht was wir sind, sondern was wir wieder werden können.« Und dies Werden geschieht im Gegensinn zur Evolutionsgeschichte, »denn dem Einen zu, das alle Abwandlung wieder erbt, geht der ewig nach Integration, nie nach Differenzierung strebende Weg der Menschheit...« Das Prozeßschema, das Linien des Fortschritts oder Verfalls entwirft, kann nicht das letztgründliche der Geschichte sein. Sie vollzieht sich vielmehr – für den Fundamentalisten – im langwierigen Wechsel von gottnahen und gottfernen Zeiten. Das Heilige geht in ihr so wenig verloren wie Energie im Weltraum. Sein Kommen und Schwinden, Mythennähe und Profanität unterscheidet die Epochen. *1987*

ENTTÄUSCHT GENUG

Die großen Desillusionskünstler von Flaubert bis Freud haben die fälligen Entblößungen am Menschen vorgenommen. Wer aber legt ihm jetzt die passenden Kleider an? Wie wunderbar gelang es der Ironie Flauberts, bis in das gesellschaftliche Herz eines Menschen vorzudringen! Wie hilflos steht die Ironie, die kritische Grazie aus vergangener, erzählbarer Zeit, nun vor den harten Schründen unserer Paradoxe! Gewiß, man kann hingehen und die Wissenschaftsgläubigen ebenso wie die Gesellschaftsgläubigen von heutzutage demaskieren. Stoff, Kraft, Mittel und Standpunkt könnte bei einem solchen Verfahren der Erzähler freilich nicht gewinnen. Unser Bewußtsein ist bereits eine einzige Maskerade von Entblößungen, von entblößten Ideen. Wir sind enttäuscht genug. *1987a*

STOFF DER NACHT GEWORDEN

Man kann das *Klingsohr* - und das Goethesche Märchen nicht behalten und nicht nacherzählen. Das Gedächtnis bildet hier die Schale, in der die Zeichen gelöscht werden, entsprechend der Tätigkeit des Schreibers bei Novalis, dem der Vater von Eros und Fabel etwas zuflüstert, und er schreibt es unablässig auf; dann gibt er das Blatt einer göttergleichen Frau (Sophie), die taucht es in eine dunkle Schale mit klarem Wasser (das Gedächtnis) und meistens ist, bis auf einige Schrift, die glänzend wurde, alles gelöscht. Verwandtschaft und Verwandlung tun ein übriges.

Wo habe ich gelernt in letzter Zeit? Scheler, Goethe, Prigogine, Gehlen, Teilhard, Lorenz, Popper, Gnosis und Stoa. Verträumte Bibliographie. Alles Stoff der Nacht geworden. *1987a*

Kein Mensch kann ohne Gesellschaft leben. Wohl aber sehr gut ohne soziozentristische Ideen. Jedermann weiß heute, wo es nötig ist, Widerstand zu leisten. Wenige nur wissen, wo es ebenso nötig wäre, standzuhalten. Der neue Gnostiker, der »strukturelle Mehrwisser«, ist kein Widerständler, sondern ein Standhalter. Seine Entlegenheit bedarf nicht der Weltflucht. Den Schlag des Sinns empfängt er in den Lichtungen des Allgemeinen. Sein Nunc stans entspringt dem dichtesten Alltagsallerlei. Die glitzernde und flunkernde Utopie erscheint ihm keineswegs anregender oder interessanter als die komplexen Zusammenwirkungen und Unvereinbarkeiten des Jetzt. Da sich die alten Ideologien über uns verzogen haben, aufgelöst wie Nebel in der Mittagssonne, haben wir zum Erkennen besseres Licht. *1987a*

REFLEXIONSPOESIE

Im Erklärungszeitalter kommen die intuitiven Begriffe in Bedrängnis. In allen Hintergründen sitzen Terminologien, die Kenner der Wissenssprache, die patenten Entschlüssler. Nur durch sie hindurch, nicht an ihnen vorbei kann sich der intuitive Begriff neu bilden. Novalis, lang vor dem Wissen, konnte es noch unbewußt fassen. Ahnungsvoll durcheinanderbringen. Heute sind alle Wissenssprachen ausgesprochen. Die Reflexionspoesie wird immer im tiefsten ihres alchemistischen Wesens an der Einheit der Diskurse festhalten – und die Einheit der Materie, die die neuere Physik als das Schönste menschlicher Wissenschaft preist, geht ihr mit großer Anziehungskraft voraus.
Es gibt zum Wissen – wie es so banal in der Politik heißt – keine Alternative (am wenigsten eine es verteufelnde Politik). Da alle moralischen Kräfte im Wissen allein (in keinem Mythos,

keiner Gesellschaftstheorie etc.) gebunden sind (und geschwächt werden), erliegen wir leicht der Gefahr, zwischen ungläubigem Fürchten und selbstherrlichem Forschen zerrissen zu werden. Wir haben aber dem Wissen nichts entgegenzusetzen – in keinem Land, in keiner Kultur, in keinem Bewußtsein. Es hat uns ethisch, philosophisch, poetisch in der Hand. Außer dem finstersten Rückfall, der erbitterten Ignoranz, dem kriegerischen Kulturschock (Schock vor uns selber) gibt es keinen denkbaren Einhalt – bis aller Eifer gestillt ist. Bis wir eines Tages vor uns haben ein Erkenntnis-Rund und hoffentlich so wie die theoretischen Griechen uns verhalten werden, die am Bernstein wohl die Elektrizität entdeckten, sich aber nicht weiter dafür interessierten. *1987a*

SIE SPRACHEN NICHT

Da hörte er Mann und Frau reden hinter sich. Zwei Junge, die sich kaum kannten. Es schienen nur zwei zu sein, aber wie viele waren es wirklich? So wie sie redeten, hörte man den ganzen Markt tönen. Sie sprachen eigentlich nicht, sie schalteten sich ein in die laufende Sprache. Sie sprachen nicht, sie tauschten Schibbolethe der Befindlichkeit. Panikfloskeln und fastfeed-Emphase. »Irgendwie finde ich das schizophren.« Sie sandten sich Zeitzeichen. »Was mir Madonna gibt, kann mir Klaus Hoffmann gar nicht geben.« Sie wollten voneinander nicht wissen, wer sie sind, sondern wann sie sind. »Ich finde irgendwie, daß der ein Chaot ist.« Sie sprachen nicht, ihre Stimmen wurden bewegt wie Puppen an den Schnüren einer Zentralrede. Gleichsam als bestünde Sprache nur noch als volksweite Absprache darüber, was verständlich und sagbar wäre. Sie sprachen nicht, sie streiften durch die verlassene Öde des ausgesprochenen Sprechens. Einsam und allgemein, zwei aussichtslos sich ansehende Irgendwies, und zwischen ihnen ein soziales Geräusch, durch das sie sich nicht näherkamen.

114

Und manchmal, kaum bemerklich, ein Versuch, ein Drang –
doch die Sprache, wenn sie sie wirklich brauchten, wich zurück wie das Wasser unter dem Kinn des Tantalos.
Keiner kann noch schreien. Die Öffentlichkeit ist allseits und
ausweglos. Ein geschlossenes System. Ihre Filter, Siebe,
Dämpfer sitzen jedem in der Gurgel.
Am Ende eine letzte Frage; herrenlos streut sie durch die leere Zeit; ob Ostern lieber zum Surfen nach Hammamet oder
zum Skilaufen nach Gastein? *1987a*

ACHSE DER MENGE

Ich bin wie die meisten Menschen nicht für die Gemeinschaft
geboren. Die Rücksichten, mit denen andere gesellschaftsfähig werden, das heißt: die zahllosen Infamien, die ihren Zusammenhalt garantieren, sind mir daher, als dem Ungeselligen,
aufs schärfste bemerkbar und unerträglich. Ist aber der Einzelne deshalb nur ein Privatmann, ein idiotes, ein Stümper am
Allgemeinen – oder ist er nicht vielmehr auch die Achse der
Menge? Der Blitzableiter für Blitze, die aus ihrem dunklen
Willen schlagen. Seine ganze Ausdehnung geht ja in die Senkrechte. Während die verbundenen Menschen sich in großer
Zahl gegen den Horizont erstrecken. Ja, die Stärkung des Einzelnen; des armen Kierkegaardschen Einzelnen. Vielleicht
geht es mir überhaupt nur darum. Vielleicht bin ich nur zur
Schrift gelangt, um der sozialen Aufgabe zu genügen, etwas
zur Empirie und zur Zuversicht des Einzelnen beizutragen.
Meine Auffassungen sind nicht unbeeinflußt geblieben vom
Elend so mancher Gemeinschaftsmenschen, das ich kennenlernte, nachdem sie ihren Verbund plötzlich verloren hatten
und völlig unberaten zurückblieben, da sie all ihr starkes Gewissen und ihre energische Richtung ausschließlich von dort
empfangen hatten.
Natürlich ist es eine Donquichotterie – es ist sogar ein großer

Unfug, Ich zu sein. Vermutlich das letzte Ich, das letzte Subjekt überhaupt: nach mir die Systeme, die Programme ... Aber dennoch. Was weiß man schon von unseren tragischen Progressionen? Es könnte alles auch anders kommen. Das Allgemeine wird funktionieren und seine Funktionen werden wesenlos lächeln. Der Einzelne aber wird einzelner sein als je zuvor in der Geschichte. *1987a*

MONTAIGNEISMUS HEISST DIE KRANKHEIT

Die Einsamkeit, sagt Montaigne, habe ihn zum Schreiben gebracht, der Mangel an anderem Stoff dazu, sich selber zum Gegenstand zu nehmen. Montaigne ist an allem schuld. Seitdem befinden wir uns. Seitdem wollen wir die Welt an uns und durch uns selbst bemerken und die Mitteilungen, die wir darüber zu machen haben, für die einzig aufrichtigen halten. Montaigneismus heißt die Krankheit, die die große Literatur der untröstlichen Tröster hervorgebracht hat. Ohne sie gäbe es keinen Rousseau, keinen Maine de Biran, keinen Senancour, Amiel, Rosanov, Ernst Jünger und so viele andere nicht. Sie entzündete die großen Subjektivisten, sie trieb die kleinen und mittleren Meister zu Spitzenleistungen des Ich. Und hinderte nicht wenige daran, ihre Kräfte zu sammeln für ein schöpferisches Werk. *1987a*

ERSCHÖPFUNG, ENTFERNUNG, HINFÄLLIGKEIT

Ich habe meine Gedanken nie über die des anderen hinaus entfalten können. Ich habe nie über die Augen des anderen hinausdenken können. Ich bin klug mit den Klugen, stumpf mit den Stumpfen, verspielt mit den Verspielten.
Ich bin am allerwenigsten in der Lage, jemanden der Lüge zu überführen, da ich allzu gebannt in die Wahrheit seiner Grün-

de hineinstarre. Wie könnte ich sagen: jetzt spricht er falsch? Er sagt mir, wer er ist. Das geht durch Hoch und Tief, durch Falsch und Wahr, bei jedem. Wir sehen Gründe, nichts als Gründe. Motive, berechtigte Interessen, tausend Glaubwürdigkeiten – das abgenagte Skelett einer Moral.

Deshalb muß man von der Erschöpfung sprechen, menschliche Sitten und Unsitten überhaupt noch zu betrachten. Von der Entfernung oder der Zurückgebliebenheit der moralischen Sphäre an sich. Von der Hinfälligkeit unserer Urteile über andere, von ihrer armseligen Bestechlichkeit und frivolen Anmaßung – solange der Urteilende sich nicht die Blöße einer standfesten Parteilichkeit zu geben vermag. Und wer wollte sich die wohl zubilligen? Wie oft hat man über jemanden ein endgültiges Verdikt gesprochen und mußte schon wenig später widerrufen oder bereuen; sei es, daß die betreffende Person uns unversehens mit besonderer Gewogenheit begegnete, sei es, daß wir unsere Selbstgerechtigkeit wieder einmal eines schweren Justizirrtums überführen konnten.

Verwerflicher aber als die Urteile, welche die intime Überempfindlichkeit fällt, sind die, die sich gesellschaftskritischer Überheblichkeit verdanken. Grausam, totalitär, ein großer Geistesschaden ist zum Beispiel der Gedankengang vom allgemein beschädigten Leben, das auch im Kleinen nur Beschädigtes zuläßt. So ausweglos kann nur ein Gedankengang selber sein, niemals das offene Leben.

Erst die Befreiung von der Ananke-Idee, daß die jeweils »bestehende« Ordnung – unser tägliches Leben – etwas übergänglich Schlechtes sei; die Befreiung von jeder Art gesellschaftlichen Jenseits, von politisierter Erwartungsmetaphysik, die jeden täglichen Gang mit unerfülltem Dasein beschwert – erst also die konsequente Restverweltlichung der Welt wird die wahre und endliche Aufklärung voranbringen. Das Jenseits zurück an seinen Platz!

Und wenn du unter Menschen gehst: sieh länger hin und hoffe kürzer. *1987a*

Wer vermöchte schon mit *einer* Stimme zu sprechen und in seinem Innern dem ständigen Wechsel der Regime zu widerstehen? Im Herzen schlummert der König, der wache Verstand wacht über die Demokratie, der Geist ist Theokrat und die Phantasie schließlich sucht nach der labyrinthischen Ordnung totalitärer Zentralen. *1989*

BEHERRSCHT FORT UND FORT

Ich sehe nicht, wie ich seiner gedenken könnte. Er, die Tragödie meiner Nachgeborenheit; die schwarze Sonne, um die sämtliche Wert-Planeten dieser Republik kreisen, der moralische, der intellektuelle, der ästhetische Planet, der soziale, psychologische, traditionale, der emanzipatorische ... Er, der Hüter der letzten Tabus, Herr über die letzten Tabus; der Unumwertbare, ganz gleich wie »differenziert« sein Bild von der jüngeren und vielleicht noch mehr von einer künftigen Zeitgeschichte gesehen wird. Der häßlichste Deutsche beherrscht fort und fort jeden leidenschaftlichen Gedanken über die Deutschen. Verdreht jede Rückbindung und viele gute Worte. Wirkt im reaktionären Vergessen und steuert die Selbsterregungszyklen des erwerbsmäßigen Antifaschismus. Wirkt auch in der universalen Moquerie und prahlerischen Bekenntnislosigkeit des *SPIEGEL* und seiner zahllosen kulturschaffenden Nachtöner.

Er: nicht verwendbar für die Phantasien der Wiederkehr oder zur Denunziation irgendeiner mißliebigen Politik von heute. Dieser mächtigste Nachzehrer unter den Deutschen ist ohnehin immerzu anwesend in der endlosen Verkettung ihrer Negationen, Radikalismen, Nichtungsgelüste, Gesinnungsfieber. In meinem Zeitlebens bleibt alles von innen und außen durch Vergangenheit erpreßt. Es gibt kein von ihm verschontes

Schreiben und Meinen. Geboren zu nah dem Epizentrum des Bösen, um nicht von ihm noch erfaßt zu werden und Existenz zu erfahren als Hin- und Hergeworfensein.

Dies die Ödnis, die Ätze des Gedenkens ... Erinnerung aber ist es nicht. Erinnerung wäre nur das ganz und gar Meine.

Unser zivilisatorischer Optimismus, unsere Aufklärungshybris ist nicht der Erinnerung günstig; wären wir im Stand einer tragischen Weltsicht, könnten wir's eher bewältigen.

Doch wir leben in einer redenden Nachwelt: Unbedenklich und wüst verströmt das Reden sogar über Shoa und Holocaust; ein Sprechen ohne den mindesten Argwohn, ob Sprache hier der Scham nicht widerspreche, Meinen grundsätzlich frevelhaft sein. Am Ende aller Ausgesprochenheit »nach Auschwitz« ahnt man vielleicht, daß eben doch einzig das Gedicht es vermocht hätte, anstelle des Ritus Scham und Schweigen zu bezeugen.

So kennen wir eigentlich nur ein Gewissen der Öffentlichkeit und sehen, wie es sich verbraucht. Ihre Nazivergangenheit dient den jetzigen Deutschen als das sicherste, vielleicht letzte moralische Belebungsmittel, neben dem kein anderes recht wirkt. Es wird von den Vertretern der verschiedensten Interessenverbände »Moral« um so geschäftiger verabreicht, je näher die innere Verjährung, die endgültige Versandung, die biologische Ablösung rückt. Auch das ist nicht Erinnerung und geschieht bisweilen so ideopathisch-schrill, daß man glaubt, den vereinten Geifer von damals und heute zu hören. Und schon wird es Reklamewelt. Den Jüngeren zumal, die im dicksten Haben aufwuchsen, enthüllen die von uns verlachten Bilder von falscher Heimat und chargierter Größe ihre vorkritischen, authentischen Reize, deren historischer Erfolg uns immer schleierhaft blieb. In den Gründen des Unrühmlichen beginnt es zu summen. Die Seele aber fürchtet sich vor der Reklamewelt, die sie vollkommen ausraubt. *1989c*

Vom Erbe des großen Dramatikers zehrt jeder deutsche Theaterautor bis heute; seiner grundsätzlichen Jugend danken wir über die Zeiten hin die neuen Formen, Tendenzen, Sprechweisen der Bühne. Diesen Einfluß verspürt auch der noch, der sich selbst nicht zum Typus des Dichter-Rebellen, als der Büchner in der Literaturgeschichte hervorragt, zählen darf oder möchte. Selbstverständlich bin ich bereit, davon in meiner Dankesrede ausführlicher zu handeln. Nur bitte ich gleichzeitig darum, mir den öffentlichen Auftritt und Vortrag zu ersparen. Meine Arbeit ist seit jeher und ursprünglich mit der Entscheidung verknüpft, als Schriftsteller niemand zu sein als der, der schrieb. Dieses für viele sicher ärgerliche Tabu dient mir zum Schutz der Schrift, und ich würde es um keinen Preis der Welt verletzen. *1989e*

VON REALER GEGENWART

Gegenwärtig beim Abendmahl ist der reale Leib des Christus passus (d.i. im Zustand seines Todesopfers) *unter der Gestalt* des Brotes. Das Gedenken im Sinne des Stiftungsbefehls (»Solches tuet aber zu meinem Gedächtnis«) wird dann zur Feier der Gleichzeitigkeit, es ist nicht gemeint ein Sich-Erinnern-an-Etwas.

Pascal wunderte sich, daß jemand nachts schlafen könne, wenn ihm einfiele, daß Christus für ihn am Kreuz gestorben sei. Für Kierkegaard war Christus so gegenwärtig, daß die 2000 Jahre seit seinem Tod wie ungültig daneben schienen. In der hebräischen Tradition führt der rituelle Nachvollzug eines einmaligen historischen Geschehens (die »Wachenacht«) den Gläubigen in die Zeitraumvergessenheit: »In jedem Zeitalter ist jeder verpflichtet, sich so anzusehen, als sei er selbst aus Ägypten ausgezogen.«

Der englische Malerdichter David Jones, wie Pound und Eliot Schöpfer einer der großen epischen Gedichte des Jahrhunderts, der *Anathémata*, erlebte in jeder Messe Golgatha. Für ihn ist der Mensch ein sakramentales Wesen, ein Zeichensetzer in allen seinen Werken, gleich, ob es sich um die Kunst des Schiffbaus oder eines walisischen Feenmärchens handelt. Alles was er schafft, ist Darbringung, Opfergabe. Zuerst geben wir etwas ab, dann einander, dann weiter. Die erste Richtung des Werks ist die Vertikale, seine Menhirgestalt. Die *Anathémata* sammeln und erbringen in tausend Benennungen und Anrufen Votive einer abendländischen Poiesis. Und der heutige Leser wiederum sammelt diese Benennungen selbst als kostbare Gedächtnisstücke (deren Bedeutung ihm oft nur des Dichters Kommentar erschlüsseln kann). Jedes Opus ist Opfer, alle Dichtkunst die Magd der *anámnesis*, im ursprünglichen Wortsinn des Alten und Neuen Testaments: »sich vor Gott ein Ereignis der Vergangenheit so in Erinnerung zu bringen oder zu ›repräsentieren‹, daß es hier und jetzt wirksam wird.« Hierin feiern Gedicht und Eucharistie dasselbe; im Versklang tönt noch der »Brotbrechlaut« (Jones).

Die Kunstlehre von der realen Gegenwart oder: die um die Kunst erweiterte Sakramentenlehre ist davon überzeugt, daß das Bildnis des Mädchens nicht ein Mädchen zeigt, sondern daß es das Mädchen *ist* unter der Gestalt von Farbe und Leinwand.

Die Unangemessenheit der sprachlichen Explikation, die Armut der »Antwort«, die wir auf die Fülle des Empfangs geben, wenn wir zum Beispiel aufmerksam Musik hören, ist eine erste Erfahrung des Unmittelbaren und der Andersheit, die im Kunstwerk Asyl genießen.

Das unerklärlich Schöne verbleibt in der *complicatio*, in der Eingefaßtheit aller Bedeutungen, es wird unverletzt, unenthüllt erlebt. Es bringt uns in Berührung »mit dem Stoff, der *unerträumt* ist in unserer Stofflichkeit«. Weder ist es ein utopisches Humanum noch ein höherer ästhetischer Gemütsreflex noch überhaupt etwas vom Menschen Vermochtes, das sich in der Schönheit verbirgt. Vielmehr klingt in ihr an oder schimmert durch: Realpräsenz, Anwesenheit; und zwar unabhängig davon, welchen historischen oder biografischen Interessen sich die Entstehung eines Roman oder eines Gemäldes verdankt. Ob man einem Kunstwerk begegnet sei, meinte der metaphysisch nicht leicht erregbare Paul Valéry, erkenne man daran, ob es einen im Zustand der Inspiriertheit zurückläßt. Wir antworten mit Widerschein.

Die Kunstwerke sind da. Ihre Heterophanie ist unabweislich, unwandelbar. Verborgen, verhindert, verlegen ist allein der Empfänger, der Beschenkte, der Angesprochene. Er hat sich aus der Verantwortung gestohlen und in ein methodisches Drumherumreden geflüchtet. Nichts ist unmittelbarer mit dem Schicksal der Erde verbunden als die Sprache. Verläßt sie uns oder lösen wir uns von ihr, dann braucht man sich nicht weiter um den (inzwischen zur politischen Floskel dienenden) »Schöpfungsauftrag« zu kümmern. Die Sprache verläßt uns nicht im Schweigen, sondern nur im A-Logos, in der Entbundenheit von Form, Sinn, *auctoritas* der Bedeutung. *1990*

DENKFORMEN

DER SCHLIESSER Warum? Warum Weisheit? Wozu der Aufwand? Warum Gut und Böse? Ist am Ende doch von einem Stamm? Nicht zu trennen. Helldunkel wie der Mensch. Woher kommt die künstliche Teilungssucht: oben – unten, gut – böse, Himmel – Hölle?

ULRICH Darum, zu wissen, was rettet, was Ordnung schafft, Ruhe und Gerechtigkeit.

DER SCHLIESSER Wozu Ordnung? Wozu der Gerechtigkeitswahn? Das ganze Leben ist abströmende Wärme. Ablaufendes Blut. Alles gerät mit der Zeit in Unordnung. Was man erlebt hat, das gewesene, ist Chaos. Und was einem bevorsteht, das Ungewisse, ist Chaos. Warum d e n k e n wir aber in so lebenswidrigen, unorganischen Formen? In Gegensätzen! Was rettet es schon, daß wir die Stunden säuberlich teilen in Tag und Nacht? Warum stellen wir uns sogar das Jenseits, die Vollkommenheit, in unnatürlicher Begradigung als einen himmlischen Zentralstaat vor?

ULRICH Was wäre denn lebensförmig statt dessen?

DER SCHLIESSER Das endlose Ornament. Welches Chaos und Ordnung verbindet und umschließt. Die Linie des Ornaments, die Gestalt schafft und Gestalt wieder auflöst. Schönheit besitzt und Schönheit aufgibt. Die ständig zu neuen Formen findet und alles je Erfundene weiterführt. Und die das Böse in das gute hinüberwindet.

ULRICH Das Böse – das Gute ... das gute Böse ... Oh diese Übernächtigung! *1991a*

AUGE UND AUGENBLICK

Sehr verehrte Gräfin Dönhoff,
nun schreibe ich diese sonderbaren Stücke, in denen nichts klar ist, die Unschärfe selbst der Held, wie es meiner Meinung nach gar nicht anders sein kann, will man der Schwankungsbreite des Realen, einschließlich Gesinnung, Gesittung, Gefühl, nur annähernd Wahrnehmungsgerechtigkeit widerfahren lassen. Dies ist noch nicht die Optik aller Theaterzuschauer, aber doch, man darf sagen, schon eine recht geläufige, keineswegs exzentrische Anschauung.

Hinter diesem pflichtgetreuen Porträtisten furchtbarer Ambivalenzen, überstürzter Paradoxe befindet sich zugleich aber ein Zeitgenosse mit ziemlich altmodisch festen Überzeugungen, zu denen zählt zum Beispiel, daß wir den Männern vom 20. Juli nichts als Ehrerbietung schuldig sind. (Daß dieser Widerstand innerhalb einer linkskritischen politischen Erziehung zeitweilig skeptisch betrachtet, wo nicht verpönt wurde, ist als Irritation nach wie vor Bestandteil eines aufgeklärten deutschen Gewissens und gehört mithin zu der erwähnten Schwankungsbreite, mit der ich es beruflich zu tun habe.)

Es geht freilich in *Schlußchor* nirgends um den engeren Kreis der Stauffenberg-Leute, vielmehr um einen äußeren Rand, um die romantisch-ultrakonservativen Brechungen dieses ja ziemlich diffusen und weitläufigen Spektrums des Anti-Hitlerismus. Und diese Brechung wird um ein weiteres Mal gesplittert durch das seltsame Seelenerbe, das die Tochter, eine Frau von heute, wenn auch ein spätes Mädchen, von ihrem »königstreuen« Vater übernimmt. Die Figuren sind Fiktion, wenn auch angeregt durch persönliche Begegnungen, die Tagebücher von Horst Lange, Reck-Malleczewen, den leidenschaftlichen politischen Anachronismus eines Rudolf Borchardt (der übrigens tatsächlich seine politische Hoffnung gegen Hitler zeitweise mit Rupprecht von Bayern verband). Dies erscheint uns demokratischen Besserwissern heute alles sehr verschroben und märchenhaft, ist aber als eine Substanz, eine Leidenschaft und ein Gewicht des Deutschen zumindest in der Literatur, mit der wir ja leben wollen, immer wieder gegenwärtig.

Schlußchor gibt von der Wiedervereinigung lediglich einen Ereigniszeitraum, den Ruck, den Schrei, den Augenblick, der Seele und Sozietät – für kurz nur – geschichtlich erhebt, erregt und auch verwirrt. Es handelt in allen drei Teilen vom Auge und vom Augenblick, den man nicht gewärtigen, nicht »sehen« kann. Plumper kann man es eigentlich nicht machen, es sei denn, man ist ein Knecht der Fernsehästhetik; in deren Rahmen würde freilich heute auch ein Stück von Hebbel wegen aggressiver Unverständlichkeit abgelehnt.

Die Verehrung, die ich für Sie als Autorin, Zeitungsmacherin hege, hat mich leider verführt, so umständliche Einlassungen zu machen – zu einem klaren und hellen Menschen als ein etwas undeutlicher. Mit bestem Gruß, Botho Strauß *1991c*

124

DIE METHODE DES GEWÄRTIGENS

Das gegenwärtig Allgemeine zu erfassen, das man im Haar einer Frau lesen kann, nur für die Zeit, da man miteinander an einer Ampel wartet, beansprucht eine ebenso gewaltige Ausdehnung von Gemüt und Geist wie die Suche nach der verlorenen Zeit. Es verlangte einen Proust der Vergegenwärtigung, um den ganzen Umfang der Anwesenheit zu erspüren, festzuhalten, was nie war und nur für die Dauer der Erkenntnis ist. Es setzte voraus: das verlorene Bewußtsein der verlorenen Zeit. Und wenn das Werk beendet wäre, so läge das Beschriebene in einem verlorenen Zeitraum, weder der Vergangenheit noch der Gegenwart angehörend, nur die Methode des *Gewärtigens* selbst, die absolute Nicht-Erinnerung wäre dann für alle Zeiten in die Welt gesetzt. *1992*

GEGENWART ALS MYSTERIUM

Gegenwart als Mysterium. Man ist der Eingeweihte einer Passage, die man nicht überblickt. Man versteht alles um sich herum in etwas zu alten Begriffen. Gegenwart ist immer unentschiedene Totale, Meer. Nur die Vergangenheit läßt sich in Bahnen verfolgen, Flüssen. *1992*

AUS VERSEHEN

Jede Frau kann zur Heiligen des Begehrens werden, wenn die Flüchtigkeit, mit der wir sie erblickten, eine hochauflösende, scharfumrissene Imagination hinterläßt. Wenn sie uns für den einen Augenblick überaus gegenwärtig wurde, in gewisser Weise sogar absolut gegenwärtig, so daß in diesem einzigen Zeitpunkt jedes Abenteuer, jede Geschichte, jedes Wort verschwindet wie Materie jenseits des Ereignishorizonts.

Es ist im übrigen dieselbe Kraft, die auch im Banalsten wirkt und unsere Sinne verwirrt, wenn im Hotel das Zimmermädchen plötzlich, d.i. aus VERSEHEN, die Tür aufreißt, uns in unserer Stille, Abgewandtheit erblickt (was in jedem Fall eine Form der Nacktheit ist), sich entschuldigt und wieder umkehrt.

Jede Begierde ist derart auf ein schnelles und gewaltiges Versehen zurückzuführen. Jede aufgenommene Liebesbeziehung ist dann aber auch der Beginn einer Entgegenwärtigung. Das Versehen kämpft mit allen Mitteln *blinder* Leidenschaft um seine Selbsterhaltung, kämpft gegen die aufklärenden Tendenzen, die sich in der Liebes-*Geschichte* zwangsläufig entfalten. *1992*

BEWEGUNGSMUSTER

Menschen, Handlungen und Gegenstände verloren ihre festen Umrisse, er sah nur noch Flecken und Hupfer, und statt einer Gestalt oder eines Charakters, in zeitliche oder biografische Kontinuität gefaßt, bemerkte er ein Bewegungsmuster von ziellosen, sprunghaften Veränderungen sowohl seiner Umgebung wie seiner inneren Konzepte. Jede Fähigkeit, eine stetige Abfolge zu begreifen, war ihm zerstört. Aber war es eine Zerstörung? War es nicht vielmehr das Vordrängen eines anderen, unterdrückten Sinnesvermögens, das keine Erklärungen, Zusammenfassungen, Schlüsse erlaubte und das ihn zu einer Station für ein unausgesetztes Gewärtigen umrüstet? *1992*

DAS VERSPRENGTE IN JEDER SACHE UND HANDLUNG

Jede Stunde besitzt derart eine Lücke, durch die – bei unglücklichem Verlauf – die ganze Zeit abstürzen könnte. Das Gewärtigen begleitet eine konstante Bereitschaft für das Entsetzen; es ist etwas, das man das selbständige, der Angst entwendete Haarsträuben nennen könnte, ein andauernd elektrisierter Schopf; etwas, das angstlos empfunden wird, da es stetig im Anzug ist, das Bevorstehende kurz vor Beendigung seiner Ungewißheit, das sich in fruchtbarer Fülle bis auf den Scheitel hinabwölbt und mit unbekannter Geschwindigkeit seinen Vorrat an Aufschub verzehrt.

Selbstverständlich gibt es keine *bloße* Gegenwart, und selbst der reinste oder mystische Augenblick bricht aus der Tiefe der Vergangenheit hervor, der geschichtlichen Erfahrungswelt, aber eben als versprengter Klumpen, nicht als logische Kette, und sein Verglühen im Jetzt ist sein Einleuchten.

Es ist daher wichtig, auf das Versprengte in jeder Sache oder Handlung zu achten, auch wenn sie scheinbar noch so kausal, zusammenhängend, schlüssig sich darbietet. Ein wesentlicher Trug unserer Erfahrungs- und Sinneswelt besteht darin, daß sie eine kreatürliche Tendenz besitzt, stets mehr Ordnung, auf Anhieb größere Schlüssigkeit und Kontinuität herzustellen, als tatsächlich vorhanden ist. Eine Prägnanztendenz hat man diesen ausgeprägten Ordnungssinn oder Ordnungswahn unserer Kognition genannt. Das Bewußtsein will sich etwas merkbar machen und überzieht ein gestaltloses oder ein gestaltoffenes Ding mit schnellen, festen Umrissen. Das Gewärtigen hingegen, das allein dem Vergessen zuliefert, beläßt es bei dem Gespür für das vorereignishafte diffuse Geschehen, für die unfertige Gestalt. Für Nebel und Wolken in allen Erscheinungen, den festen wie den flüchtigen. *1992*

TSCHECHOW, MUSIL, FLAUBERT
UND DIE AUFLÖSUNG DANACH

Man darf sich eingestehen, daß man trotz aller Wissensvermehrung von seinen Mitmenschen heute keinen Deut mehr in Erfahrung bringt, als schon ein Tschechow, ein Musil oder

Flaubert zu ihrer Zeit beobachtet haben. Nur daß in dieser selben Sphäre (des geselligen Menschen) der empfindliche Beobachter/Erdulder inzwischen mit seinem Gegenstand ein gemeinsames Feld der flüchtigsten Vibrationen und Schattierungen aufbaut, dessen exakte Beschreibung alle charakteristischen Grenzen einer Person auflösen muß. Doch bleibt die Menschenkenntnis der früheren Künstler unübertroffen, und jeder weiß, daß ihrem Blick nichts Helleres hinzuzufügen ist, gewisse Differenzierungen nicht feiner, gewisse Schwingungen nicht genauer erfaßt werden können, sondern, daß alles noch Feinere, noch Genauere eben an ein technisches, an ein lebloses Bemerken grenzte – an das *Kleinliche*, das sowohl für das Wort wie den Blick des Mensch ein Unheil ist.

Gleichwohl gibt es unbeschriebene Fälle, die originalen Komplikationen unserer Tage entsprechen. *1992*

DER MYTHOS UND SEINE UMLAUFBAHNEN

Der Mythos webt sein Wissen über unseren Köpfen fort – jedem gehört eine Herkunft aus Dunkelheit. Irgendwo ist deine Sage schon, und schon beendet. Das selbstbestimmte Individuum ist die frechste Lüge der Vernunft. Alles besondere ist Abspaltung, Ausfällung von Typen und Mustern.

Die Geschichte ist offen, der Mythos geschlossen. Man sagt, er endet mit Göttersturz, mit Geschichtsbeginn. Er endet aber nicht, er ging nur zu Bruch. Überall in der Noosphäre treiben seine Trümmer auf verschiedenen Ringbahnen. Man muß die Orbits wählen. Die Dinge sind zerkleinert, doch auf ihrer Umlaufbahn kreisen sie in kleiner Ewigkeit. *1992*

Sobald Chaos und Unheil heraufziehen, fahren die ersten Wirbel unter die Vernunft und lösen sie aus ihren geschickten Verhaftungen ... Irgendein Strom, der durch alle geht, aus allen kommt und sie heimlich abzieht aus den Räumen ihres gewohnten Bewußtseins. Aus dem Menschenraum im ganzen, dem All aller, werden seltsame Töne, wie Bocksgesang, empfangen.

Von der Gestalt der künftigen Tragödie wissen wir nichts. Wir hören nur den lauter werdenden Mysterienlärm, den Bocksgesang in der Tiefe unseres Handelns. Die Opfergesänge, die im Inneren des Angerichteten schwellen. Die Tragödie gab ein Maß zum Erfahren des Unheils wie auch dazu, es ertragen zu lernen. Sie schloß die Möglichkeit aus, es zu leugnen, es zu politisieren oder gesellschaftlich zu entsorgen. Denn es ist Unheil wie eh und je; die es trifft, haben nur die Arten gewechselt, es wahrzunehmen, es anzunehmen, es zu nennen mit abgetönten Namen.

Wir haben von jeder nur möglichen Katastrophe ein Bild, lange bevor sie eintritt (heute, hörig der Abstraktion, haben wir sie sogar bereits analysiert und ihren wahrscheinlichen Umfang ermittelt). Das Weltbild im Wechsel von Dante zum Computerszenario gleicht sich doch darin, daß es im Durchschein des Künftigen leuchtet und Licht verteilt. In den Grundbildern ist kein Raum für das Unbekannte. Hier ist alles vorausgesehen. Im Hort der Symbole, im gedichteten Zusammengefaßten, erschöpft sich die menschliche Vorstellungskraft wie aber auch die weltliche Ereignispotenz.

Wir fürchten es, wir wollen es mit aller verbleibender Macht verhindern und haben doch kein sicheres Mittel zur Abwehr, wenn in unsere abstrakte Welt Bromios, der laute Schrecken, einschlägt und das angeblich so wirklichkeitsbezwingende Gefüge von Simulacren und Simulatoren von einem Tag zum

anderen ins Wanken gerät. Die Wirklichkeit blutet wirklich
jetzt. *1993*

DER NIETZSCHE UNSERER ZEIT

Der *Bocksgesang* selbst ist ein Zeugnis der Antwortlosigkeit,
mit der das negationsgeschulte intellektuelle Deutschland auf
die Erschütterung durch das Positive (der Wiedervereinigung)
reagierte. Er suchte in diesen leeren Augenblick alles Frag-
würdige unseres kulturellen Befindens zu versammeln und
auf die Spitze seiner Fragwürdigkeit zu treiben. Damit hatte
zugleich jene Form der Kulturkritik, wie ich sie erlernte, für
mich ihr Ende gefunden. Ich habe dem Text weder etwas
hinzuzufügen noch etwas abzustreichen. Nur seinen Impuls
empfinde ich als vergangen.
Man hat mich schon viele Male geächtet und verpönt, lange
bevor der *Bocksgesang* erschien, jetzt kann als Steigerung nur
noch die damnatio memoriae folgen: diesen Mann hat es als
Schriftsteller nie gegeben; er ist von Anfang an immer eine
Nichtswürdigkeit gewesen.
Der Ketzer, der gefeierte, ist nach wie vor jemand, der die ungeheure Tapferkeit besitzt, die Jungfrauengeburt zu leugnen.
Verglichen damit ist Kardinal Ratzinger der Nietzsche des aus-
gehenden 20. Jahrhunderts.
In diesen seltsamen Verkehrungen hat man heute sein intellek-
tuell risikoreiches Leben zu führen. *1994b*

DIE ÄHNLICHEN (I)

Daß sich alles vom Schlechten zum Schlimmeren entwickle,
ist die Torheit des Weisen, seit es Geschichte gibt. Offenbar
durchdringt dies obstinate Motiv, dies anthropologische Ressentiment mit Vorliebe den kritischsten und rationalsten Geist,

sobald er altert und mehr Vergehen spürt als Werden. Er verweigert sich der widersinnigen, doch unbezweifelbaren Tatsache, daß auch viele Generationen nach ihm noch immer das gleiche tiefempfundene Credo verkündet werden wird und die Geschichte mithin ihren Lauf als eine unendliche Annäherung an das Schlimmste nehmen müßte. Gleichzeitig ist es dieselbe unauslöschliche Trugregung, die so erhabene Gegenbilder wie Goldenes Zeitalter, Paradies und klassenlose Gesellschaft hervorbrachte. Doch gibt es den mutierten Typus heute schon und wird ihn bald in Massen geben: den Ähnlichen, der ohne Erinnerung an den Beginn, ohne schmerzliche Entfernung von der Frühzeit, ohne Fallbewußtsein, ohne Erwartung einer Erlösung leben und äußerlich dennoch ganz unverändert Mensch sein wird mit seinen traurigen und seinen ausgelassenen Stunden, seinen hellen und seinen dumpfen Begabungen, ganz genauso und zum Verwechseln ähnlich dem geschichtlichen Menschen, der sich mit soviel Fleiß, mit soviel Nutzen und Schaden sein falsches Bild machte. *1995a*

ITHAKA – DER HELD BLEIBT DER HELD

Der SPIEGEL hat sich zu einem noch unveröffentlichten Stück von mir geäußert und behauptet, es handele »von den mächtigen Fremden in einem von Überfremdung bedrohten Land«. Dies kann unmöglich auf *Ithaka* zutreffen. Ganz im Gegenteil sind es dort, getreu dem Homer, die fürstlichen Freier der Penelope, die gegen den »Fremden« stänkern und auch dem unerkannten Heimkehrer Odysseus das Gastrecht verweigern wollen. Wenn man schon im heutigen Politjargon berichtet, so wäre es schließlich Odysseus, der sein Haus von der fremdenfeindlichen Meute befreit. Hierzu verleiht ihm die anmutige und kriegslüsterne Göttin Athene die nötige »Wehrkraft«. Es verhält sich alles ein wenig paradoxer, als es zu meiner Verleumdung taugt. Im Drama vertreten mehrere Personen unterschiedliche Positionen. Jede ist ein Sprachrohr des Autors. Es spielt auch nicht heute, sondern bietet unverfälscht das Finalabenteuer unserer Urdichtung, in deren Mittelpunkt bekanntlich eine unfaßliche Liebesgeschichte steht. Wie im Buch, so auf der Bühne. Das Unverfälschte mag vielleicht zur Provokation werden: Der Held bleibt der Held. Daß Helmut Griem davor zurückschreckte, war für den Autor eine Erleichterung. Er hatte von Anfang an auf Bruno Ganz gesetzt. *1996a*

AUSDEHNUNG UND FLUCHTUNG

Wie Montaigne für jedes häusliche Vorkommnis ein historisches, heroisches, poetisches Vorbild namhaft macht, so könnte ja heute jeder Häusliche seinem Ort mehr Raum schaffen durch Ausdehnung in die vernetzte Fläche. Dabei verliert er jedoch die Perspektive. Nur in der Fluchtung des Kommens und des Gehens tritt die lebendige Person plastisch hervor. Jeder gelebte Augenblick hat einen Vorfahren in der Literatur. *1997a*

DIE ÄHNLICHEN (II)

Der Gedanke, den ich am meisten hasse: daß die Ähnlichen, die Menschenähnlichen es schaffen werden. Daß eine technische Geistigkeit, sehr hochstehend, sehr sublim, alles ablösen wird, was der Mensch mit Würde als sein Dilemma durch die Jahrtausende schleppte. Was ihm Anlaß zu Trost und Verzweiflung, zum Nachdenken und zur Besinnungslosigkeit bot. Die Unglücklichen sind dann alle umsonst unglücklich gewesen. Nicht Auflösung sondern Ablösung ohne Rest, ohne Mangel oder Mangelgefühle zu hinterlassen.

Die künstlerische und intellektuelle Kultur beherrscht in der heutigen Öffentlichkeit ein Majoritätsrest, die Mehrheit sind

Übriggebliebene einer verfallenden Betrachtungsweise. Kein Wunder, daß ihrem Aussterben eine giftige Wut entweicht, die sich nicht gegen die Ähnlichen richtet, die unvermeidlich sind, sondern gegen den militanten Anachronisten, der in der Revolte des Abschieds (für den sie nicht das geringste Gespür besitzen) seinen Stand sucht. Vergeblich, zweifellos, und doch nach Art der Rhapsoden seit jeher, die das Vergangene, Verlorene als einziges Hab und Gut mit sich führen, Davonziehende immer, nichts anderes im Sinn als die Sonne und daß nichts Neues unter ihr. *1997a*

PATHOS

Das Leben hängt von großen Worten ab und wird meist unter Wert verhandelt. Es kann nur Übertreibungsversuche und gescheiterte Übertreibungsversuche geben.

Das Pathos sucht sein Subjekt. Es gibt große Regungen in jedem, die an den Normen der Kommunikation zugrunde gehen. Die Affekte stehen dann in keinem Verhältnis zu dem albernen Ausdruck, den sie finden.

»Ich besaß die höchste Erlebnisfähigkeit«, sagt jemand, »aber mein Leben, so wie es nun einmal verlief, hat sie nie gebraucht, nie ganz gefordert.«

Das Pathos gelangt im übrigen viel seltener zu jenem Geräusch, hohltönend, das heute vernehmlicher vom öffentlichen Verstand erzeugt wird.

Demokratisches Pathos: Solidarität, Apokalypse der Natur, ziviler Ungehorsam, die Schmerzgrenze ist erreicht. *1997a*

Gilles de Rais, das sind heute neunzehn mündige Bürger, Männer und Frauen, die sich per Suchanzeige versammeln, um Unzucht mit den eigenen oder entführten Kindern zu treiben, sich obendrein dabei zu filmen und filmen zu lassen, offensichtlich in dem Bestreben jeder Perversion, irgendeine Einzigartigkeit des Verruchten zu erreichen und zu dokumentieren.

Naiv, wenn nicht gar bigott mutet es nun an, wenn erst Kinderschändungen geschehen müssen, um die große moralische Entrüstung hervorzurufen. Denn die kumulative Enthemmung, die mit der libertären Tabuverletzung begann und inzwischen zur pornografischen Rundumbetreuung des Bürgers führte, wird zwangsläufig zu den jeweils letzten Reservaten des Verbotenen streben.

Wir besitzen das Vokabular der marxistischen Klassenbeschimpfung. Wir kennen bis in die infamste Nuance bei Brecht: die Kritik des Herrn aus der Sicht eines zu ihrem Zweck erfundenen Knechts. Wer liefert das Vokabular zu einer gräßlichen Kritik der demokratischen Sinnenwelt? Ihre Übel gilt es anzuführen als Grundübel, ohne süßliche Relativismen, ohne jede Illusion der Reformier- und Veränderbarkeit, erzählt und bezeugt von einem Juvenal-Standort, von einem imaginären extrademokratischen point of view. *1997a*

GRABESHAUCH

Es ist auf verlorenem Posten möglich zu sehen, was die »Wächter der Demokratie« in ihrer Mitte offenbar nicht sehen können: zwei Drittel Wüste das bewachte Gebiet.

In unserem Land: alle kritische Macht für immer den Häretikern, auch wenn seit langem Kanon und Dogma keine Bedeutung mehr besitzen. Der Dichter als Durcheinanderwerfer, als Prophet des selbstgefertigten Eschatons, der Ja-Sager zu

Zerstörung und Entropie (natürlich, um *kenntlich* zu machen den Schmutz der Geschichte), der Dichter als Medienwurmfortsatz, wie jene allseits verehrte Artaud-Brecht-Chimäre, die ihren deftigen Grabeshauch schon zu Lebzeiten über Land und Kunst dünstete; deren zynisches Frohlocken, deren menschenverächtliche Gesellschaftsbegriffe mit beifälligem Nikken, zuletzt mit allen Ehrenzeichen des Staatsdichters belohnt wurden. In ihm erkannte das häßliche, sich selbst hassende, ewig spätexpressionistische Deutschland seinen ungeniertesten Repräsentanten. *1997a*

I CAN NOT MAKE IT COHERE

Das Subjekt ist außerstande, das maßlos Disparate, das ihm zugespielt und eingeblendet wird, als ein A u t o r zu ordnen, als ein Autor des Verstehens. I can not make it cohere, das tiefste Wort des Zeitalters, wird überliefert vom Dichter vor seinem Verstummen, von Pound. Nicht weil ihm sein spätes Canto zerbrach, sondern weil der Satz als die Wurzel unseres verlorenen Bewußtseins gelten muß. Auf der Höhe seiner Zeit kann niemand mehr existieren. Seitdem die Illusion verloren ist, bei fließender Kenntnis des Vielen dennoch die ansteigende Tendenz, d e n Fortschritt zu ermitteln, gibt es nur noch das schlanke und zweckmäßige Begreifen und den Mammut des Unbegreiflichen. Kein Subjekt, nicht einmal ein Musil, wäre fähig, die ziellosen Bewegungen innerhalb des umfassenden Nichtfortschritts zu *erzählen*, in ein Präteritum zu ordnen, als stiegen und fielen die Zeitalter noch. Das unerfindliche Viele, das mal als ein schlechter Witz erscheint, mal als ein blühendes Pluriversum, das machtvoll durch sich selber herrscht, duldet kein anderes Autorbewußtsein neben sich. Wir haben lediglich mittelbare Instanzen, interne Medien, etwa die galoppierende Zunge oder das desultorische Gedächtnis, in denen sich das unbegriffene Wissen der Zeit bemerkbar macht, dies Wissen ohne Wissende.

Wenn früher ein Mensch in Ohnmacht fiel, weil er einen großen Affekt nicht bei klarem Bewußtsein meistern konnte, so
ist heute das Bewußtsein vom G a n z e n der Welt in Ohnmacht gefallen, und diese Ohnmacht entläßt noch Seufzer wie
»Worldwideweb«, »Apokalypse der Natur« oder »Werte-
zerfall«. Dies wird nicht von bleichen Wangen und Lippen
angezeigt, sondern vom ohnmächtigen Gerede, das viel glaub-
würdiger das verlorene Bewußtsein vom G a n z e n der Welt
bezeugt, als es die sinnliche Belästigung, die es zweifellos darstellt, vermuten ließe. Es kommt nicht darauf an, die
Lächerlichkeit der Mitteilungen zu bewerten, sondern ihnen
das Realissimum und zugleich also das Verheißende der Ohnmacht zu entnehmen. *1997a*

DER HOHE TON

Es gibt eine neue, klar markierte Trennlinie, die zwischen dem
(abfällig so genannten) »Metaphysischen« und allen übrigen
bunten Kunstfreuden unserer Tage verläuft. Hier genügt der
Geruch, man braucht gar nicht erst hinzusehen, die Verdam-
mung folgt auf dem Fuß, gleichgültig übrigens, ob es sich um
einen Film von Kieslowski, eine Aufführung mit Edith Clever
oder eine Oper von Stockhausen handelt. »Das mystische Wa-
bern«, »der hohe Ton« (der nur deshalb stetig an Höhe gewinnt, weil das Niveau der Berichterstatter seine endgültige
Niederung noch immer nicht erreichte), sie markieren gegenwärtig die eine Grenze, die noch feste Parteiung schafft und
antagonistische Qualität besitzt. In dem Moment, da eine
Sprache bereit ist für das Unvermittelbare, für An-spruch und
An-klang, wird sie unverzüglich auf den erbitterten Widerstand der Kommunikationsangestellten stoßen. Doch daß diese
Bereitschaft, diese Öffnung nicht mit gefälliger Ironie und
sprachlicher Geschicklichkeit zu bestreiten ist, müßte sich
eigentlich von selbst verstehen. Ich vergesse aber, daß ich es nur
mit Neuerscheinungs-Exegeten zu tun habe, die den Namen

Hamann oder Franz von Baader oder Hugo Ball vielleicht gar nicht zur deutschen Literatur zählen. I c h aber bin ihr Medium, durch mich leben sie und leben besser als im Hauche gelegentlicher Gedenkartikel zu Geburts- und Todestagen. *1997a*

DIE ALLMACHT DER STIFTER SPÜREN

Schließlich liegt, um sich in der Welt zurechtzufinden oder an seiner Stätte genug zu haben, jede Menge von Anleitung bereit. Man muß sie nur ein wenig sortieren und neu begreifen, um die eigenen Lebensstränge den vielen abgebrochenen, losen Enden wiederanzuknüpfen.

Klüger als Platon ist nie ein späterer Mensch geworden. Auch bei reichster Entfaltung von künstlicher Intelligenz wird das menschliche Denken nie Wissenswerteres erkunden, als seine Dialoge es taten.

Unwahrscheinlicher als Jesus Christus ist nichts.

Einen tieferen Glauben als den christlichen kann auch heute kein Mensch erlangen.

Warum die unsteten Elementarkräfte auf einmal Fundamente nennen? Elemente sind vage, ortlos, sogar, nur unscharf zu bestimmen, aber sie sind aller Wesen Baustoff und nichts kann ohne sie existieren.

Warum nicht täglich die Allmacht der Stifter verspüren? Und dennoch seine große Freude an der üppigen Kultur der Abkömmlinge und Variationen hegen, indem man niemals vergißt, sie auf das Original rückzubeziehen. Damit wird täglich ein geschlossener Prozeßkreis des Gedenkens erreicht, der keine Illusion von Fortschritt mehr zuläßt.

Ich verliere plötzlich jede Distanz zu Baudelaire. Ich sehe keine Notwendigkeit, an der Differenz von Zeitpunkt und Individualität festzuhalten und so zu tun, als habe er nicht eine poetische Weise für immer und alle eröffnet, in die jeder einzelne zu seiner Zeit einstimmen kann, wenn er es vermag.

So erscheint mir unter gegebenen Umständen bisweilen eine orientalische Literaturpassion erstrebeswert, bei der die Meisterschaft sich darin zeigt, wie nahe jemand seinem Vorbild kommt, und nicht so sehr darin, wie eigentümlich er sich unterscheidet. Es ginge dann nicht darum, einen Stil w i e jener zu schreiben, sondern zu schreiben a u s einem überragenden Geist, einer mächtigen Poesie, welche alle zeitlichen und individuellen Ansprüche der Scheinbarkeit preisgibt. *1997a*

ICH BLEIBE EIN PROTESTANTISCHER MYSTIKER

»Ich bin einfach kein reiner Künstler, ich bin ein poetologischer Theoretiker. Ich kann nie ein unbelasteter Autor sein und mich einem Flusse überlassen, und es erfüllt mich bisweilen ein erbarmungsloser Neid gegenüber denen, die das können.

Natürlich fasziniert mich George. Mich faszinieren Denkbewegungen jenseits oder oberhalb des Kritischen. Mich fasziniert auch die katholische Kirche. Da gibt es eine Attraktion durch die tiefe Verwurzelung von Autorität. Doch das fasziniert mich, weil es mir fremd ist, nicht weil ich mich identifikatorisch darin spiegeln könnte. Ich werde nicht konvertieren. Ich bleibe ein protestantischer Mystiker. Als Katholik müßte ich beichten, kommunizieren.« *1997b*

RÜCKENWIND VOM PARADIES

Die Dinge verwirklichen ihr fading. Kaum etwas, das nicht schwände.

Vom Finger bleibt nichts als der Fingerzeig. Der Körper verflüchtigt sich zum Digital, der Sozialkörper zum Medial. Ein geschlossener Austausch von Täuschungen ... Was ist das Blau des Himmels anderes als eine Lichtbrechung, was der Kummer mehr als ein Mangel an Serotonin...? Die Erde mehr als ein Ort immer höher steigender Abstraktion? Der Wissenswille ist als Fluch nicht einschränkbar, der ewige Rückenwind vom Paradies. *1998b*

Das Theater als Modell und die Modelle des Theaters

Wie Büchner mußte auch Horváth erst von einer anderen Wirklichkeit an die Zeit gebracht werden. So haben Horváths Stücke und die Filme von Jean-Luc Godard miteinander zu tun. Beide sind inspiriert von jener Uneigentlichkeit unseres Bewußtseins, bei beiden hat sich das originelle Leben hart zu behaupten gegen den Terror der »Außen-Lenkung«, den Fetischismus der Leitbilder. Verfestigt sich für die Personen aus Godards Filmen die erfahrene Welt zur Galerie von Abziehbildern und Reklame-Klischees, zum Gerümpel subkultureller Fabrikate, so sprechen die Horváth-Figuren gleichsam präformulierte Inschriften auf Transparent und Panier. Die Sprache verhärtet sich zum Zitat, das Gefühl verfällt zu Kitsch und Sentimentalität. Die Theaterstücke Ödön von Horváths sind Gesellschafts-Bilder, nie mit politischen Plakaten verhängt, aber sie zeigen inwendig Miseren des Privaten eben als solche einer plakativen, geborgten, unkommunikablen Sprache. Was intim mitgeteilt wird, ist allemal schon »veröffentlichtes« Reden, zitierte Floskel aus einer gebilligten Sprachkonvention. Natürlich ist Horváth vor allem ein realistischer Stückeschreiber. Dabei sind die Figuren jedoch in solch auffälliger Weise »autochthon«, daß gerade daran die Skepsis wach wird; die Sprache ist nicht montiert, sondern genau abgelauscht, und erst jener Prozeß, mit Schrecken dem wahren Abbild zu begegnen, schafft die Distanz, macht den Realismus Horváths zu einem kritischen, zeigenden. Wilhelm Emrich, einer der wenigen Literaturprofessoren, die den hohen Rang Horváths begriffen haben, zuckt ein wenig verzagt die Schultern: »Ob Horváths Werk einmal ins Bewußtsein der Öffentlichkeit eindringen wird, wir wissen es nicht.« (*Geist und Widergeist*, S. 196)

Vielleicht fällt aber gerade das schwer, weil Horváth ein so komplizierter Dichter des »veröffentlichten« Bewußtseins ist und eben in seiner Volkstümlichkeit so irritierend ungefällig bleibt. Doch vieles zeigt an, daß er beginnt, zeitgenössisch zu werden. In einer anwachsenden, ratlosen Nostalgie zu kulturellem Schund und Untergrund, der Regressionslust eines überstrapazierten Bewußtseins nach vorn, ist das Theater tatsächlich geheißen, neue Formen und Demonstrationen für die »Drückeberger des modernen Denkens« (Emrich) zu schaffen, die Horváth noch mit Mitteln des veränderten Illusionstheaters herstellen konnte. Jedenfalls wird man für ein Theater der »Bewußtseinsvorgänge« (Ernst Wendt) die Auspizien ablösen können im dramatischen Werk Ödön von Horváths. *1967*

BRECHT HEUTE

Nein, sagt der Mitreisende. Ist *Leonce und Lena* formalistisch, ist es die *Trauung* von Gombrowicz? *Dickicht* beweist nur, daß, je offener es die Arbeit an der eigenen Form, dem Kampf, zur Schau trägt, um so mehr Bedeutungen sich einstellen, daß es Formalismus auf der Bühne nicht gibt, so wenig wie der leibhaftige Kampf zwischen Garga und Shlink zustande kommt. Die Machtverhältnisse schlagen unterhalb eines erklärten, rationalen Kampfstatuts um, weil es keine geregelten Positionen der Kämpfenden gibt, sondern nur Verwandlungen und Tausch untereinander, ohne Berührung. Der reinen Körperlichkeit der Sporthalle entsprechen die Abstraktionen des Theaters, die Leiber gehen verloren, der Kampf verlegt sich ins Innere der Nervensysteme. Die Sprache ist kompliziert montiert aus konkreten Fabelmitteilungen und verdeckten, aufeinander verweisenden Symbolen; nicht Physik, wohl aber die Chemie der Vorgänge bildet sie nach. Daß diese Vorgänge Bedeutung haben, kommt hinzu; es handelt sich um Prozesse der kapitalistischen Wirtschaftsordnung, aber nicht dialektisch beobachtet, sondern merkwürdig eingefangen in den scheinbar ungesellschaftlichen Magnetismus zwischen zwei Vertretern unterschiedlicher Klassen.

Der Mitreisende schien kaum berührt davon zu sein, daß ich

ihn wissen ließ, wie heftig mich meine Reise auf den Spuren des jungen Brecht enttäuscht hatte. Er begann wieder von vorne zu räsonieren. »Das Theater«, sagte er, »ist noch immer beherrscht von der Sucht, tagesaktuell zu sein.«

Dazu betreibt es, so unbesorgt in den Tag hineinproduzierend, Geschichtsklitterung. Daß man ein Stück wie *Trommeln in der Nacht* zeigt, läßt sich nur darauf zurückführen, daß es kein besseres Stück eines namhaften Autors gibt, das sich zum Anlaß des fünfzigsten Jahrestags der Novemberrevolution damit auseinandersetzt, warum es zu dieser nicht gekommen ist. Und es wird nicht deswegen aufgeführt, weil man es nunmehr für an der Zeit hält, unser Brecht-Verständnis mit den frühen Werken zu erneuern, zu korrigieren, zu erschüttern.

Mehr und mehr erfüllen wir im Theater Erinnerungspflichten. Da wir jedoch seit einiger Zeit eine ausgesprochen reminiszente Passage unseres politischen Bewußtseins durchleben, da über Revolution und Anarchie im Geist und in den Wörtern der Väter und in Begriffen des voratomaren Zeitalters gehandelt wird, ist es verständlich, daß zuerst das Theater zur Erinnerung einlädt, um von heute zu sein. Der im Kampf das Chaos aufbrauchende Garga ist als legendäre Figur zur Zeit aufregend. Der Amerikanismus des jungen Brechts wird gleichzeitig als Frühform des heutigen Amerikanismus in der pop culture empfunden. Gut. Ich meinerseits muß gestehen, daß mir die Beschäftigung mit der subversiven Tätigkeit, wie sie in den possierlichen Prosastücken Günther Eichs stattfindet, dem Stand der Dinge angemessener vorkommt. *1969*

FREMDKÖRPER STATT VERFREMDUNG

Die Polizisten pfiffen auf der Straße auf Trillerpfeifen, und mit einem solchen Pfiff, als Startsignal, begann auch die Aufführung. Dann aber setzte sich ein MODELL in Gang, und es zeigte sich, daß ihm die Historie davongeeilt war.

Es gilt zwei Künste zu entwickeln: die Schauspielkunst und die Zuschaukunst. (Bertolt Brecht)
Indem wir das Modell nunmehr als beobachtenswerten Fremdkörper beurteilen, das uns nur unter anderem, ungefähr, irgendwann einmal, gerade jetzt nicht betrifft, entwickelt die Aufführung des *Philoktet* ein ganz anderes Modell, in der Beziehung von Publikum und Veranstaltung, jenes nämlich von der Teilung von Wirklichkeits-Empirie und Kunst-Empirie, von der wachsenden Einsamkeit der Symbole, von der Unlust und der Unfähigkeit, zu vergleichen, zu interpretieren, Modelle anzuwenden. Dem Kunstwerk, das nicht mehr Wirklichkeit verfremdet, sondern selbst ein Fremdkörper in unserer Wirklichkeit geworden ist, sehen wir mit relativer Beteiligung, aber mit besonderer Konzentration zu. Das Zuschauen wird zum Metier, zu einer bewußten, möglicherweise künstlerischen Verhaltensweise. *1969b*

PETER STEINS »TASSO«

Steins Umgang mit dem Stück ist keinesfalls denunziatorisch, aggressiv oder parodistisch. In der idyllischen Verinselung, in die er das Kunstwerk evakuiert, entfalten sich die Poesie, die Kostbarkeiten der Sprache und der Gesten, vielleicht als Reminiszenz, als Widerschein, jedenfalls auf verblüffend dialektische Weise aufs neue. Nicht der unmittelbare rhetorische Glanz, nicht die manierierte Seelen- und Stimmungskomposition werden wiederentdeckt, vielmehr finden sich neue ästhetische Valeurs etwa in der verströmenden Langsamkeit der Gliederbewegung, der illustrierenden und zierenden Gebärden, in manchem wie fantasierend gesprochenen Monolog, in den bildhaften Arrangements der Figuren, die zuweilen wie nach klassizistischen Gemälden, aber auch nach den Klischees aus Salonstücken und Kostümfilmen geformt sind, und die allesamt doch nichts weniger produzieren als baren Kitsch, weil sie einerseits einen sehr bewußten stilistischen Kanon niemals durchbrechen und andererseits niemals ihre eigentliche FUNKTION einbüßen: Verhaltensweisen einer Überflußgesellschaft in ihrer sonderbarsten Reinkultur zu designieren. Im Gegensatz zu manch anderen Regisseuren, die sich in eine sogenannte kritische Konfrontation mit einem Stück begeben, benutzt Stein an der Stelle der hämischen Entlarvung das Verfahren der übergenauen Verdeutlichung, der klärenden Übertreibung (so wie er das von Kortner gelernt hat) von offenbar unerhörten, paradoxen oder idiotischen Zuständen.

Die symmetrische Bauform des *Tasso*, die die Germanisten so erfreute, weil sie das lauernde Chaos im Hirn des Helden in der »äußeren Form« gebannt fühlten, wird hier aufgegeben zugunsten eines flexiblen musikalischen Gefüges und synchronisierter Beziehungen zwischen szenischer Handlung und Dialog. Nicht der literarische Spannungsbogen des Dramas herrscht vor, obschon er nicht unterbrochen wird; vielmehr entsteht ein in der Fläche verspanntes Netz von sich bindenden, sich wieder lösenden, sich spiegelnden und kontrastierenden Arrangements und Dialogbegegnungen. *1969c*

EINE MYTHOLOGISCHE INTERPRETATION
DES THEATERS SELBST

Gombrowicz' Stücke sind allesamt an naive Fabeln gebunden, die freilich aus Reminiszenzen an alte Stücke, an alte Formkonventionen verfaßt sind, doch niemals diese in offener »Collage«, als Fragmente aufreihen. Auf Shakespeare, auf *Hamlet* im besonderen sind *Yvonne* und *Trauung* fixiert, geradezu wie auf ein Urbild des Theaters der Neuzeit, und in dieser Wahlverwandtschaft zu *Hamlet* überträgt sich auf die *Trauung* auch dessen spannungsvolle Enigmatik. Der König, die Königin, der Prinz und der Hofstaat treten in *Yvonne* auf wie zu einem Märchen, wenngleich etwas schräg, etwas demoliert

und lächerlich, ein wenig an die bizarre Heiterkeit Offenbach-
scher Operette erinnernd. Die Figuren in diesen Stücken ent-
äußern nicht ihr Inneres, formulieren keine psychologischen
Konflikte, sie reden daher in einer lockeren Allerweltssprache
(die in der deutschen Übersetzung zuweilen kindlich albern
klingt), und doch steckt, was sie sagen, voller verschlüsselter
Zusammenhänge, in einer umfassenden Syntax der Anspielungen. Sie repräsentieren keine Persönlichkeiten, sondern
Mythologismen des Theaters, sie sind die Spielfiguren einer
Theaterphilosophie. Die einfachen Themen dieser Stücke
(oder auch ihre Struktur wie bei *Operette*) verlängern sich stets
in die mythologische Interpretation des Theaters selbst: die
sinnlich-sprachlose, anarchistische Formlosigkeit und das geordnete Zeremoniell, der Konflikt also, in den die häßliche
Yvonne und der burgundische Hofstaat eintreten, den *Gombrowicz* lieber als biologisch denn als soziologisch verstanden
wissen will, deutet zugleich elementare Fähigkeiten des Theaters, Ritual und Sensualität; oder der Mythos der Präsenz, der
leibhaftigen Gegenwart des Theaters, er wird im Augenblick
der sich selbst FABRIZIERENDEN Szene, in der »genetisch«
sich entfaltenden Struktur der *Trauung* ins Bild gefaßt; oder
schließlich, der Mythos des Kostüms in der Verkleidungs- und
Maskeradensucht einer herrschenden Gesellschaft und deren
Gegenteil, der innige Wunsch, nackt und nur Körper zu sein,
den Albertinchen, ein weiteres jener skurril-außerweltlichen
Mädchengeschöpfe des Gombrowicz, so innig hegt. Die Ma-
gie des Gombrowicz'schen Theaters rührt vor allem daher,
daß ein jedes äußeres Zeichen auf solche Mythen hinführt.
Gombrowicz sagte zu Piero Sanavio: »Man könnte sich die
Menschheit vorstellen wie die griechische Mythologie, eine
Welt der Menschen und eine Welt der ›anderen Menschen‹,
›Übermenschen‹, wenn das nicht ein so abscheuliches Wort
wäre, die in der *Trauung* die ›Form‹ wäre, die sich unter den
Menschen unvorhergesehenerweise konsolidiert und ihre
Richtungen, Eröffnungen bestimmt...« Die Form, mit der

Gombrowicz die private Vision in die öffentliche Anschaubarkeit überführte, bestand darin, daß er alles Darzustellende
nicht nur den »Mitteln« des Theaters überantwortete, sondern
daß er dessen Wesen darin auszudrücken suchte.

Nicht zuletzt kehrt hier ein Anliegen der Romantik wieder,
ein Theater im Kontinuum der Selbstreflexion, um Friedrich
Schlegel abzuwandeln, dem wir eigentlich ein intimeres Ver-
ständnis als bisher entgegenbringen sollten. *1969c*

BEWUSSTSEINSTHEATER

Ohne nur mit einem Wort auf die Studentenunruhen, politischen Ereignisse der zurückliegenden Monate einzugehen,
hatte Martin Walser im November 1967 ein Manifest gegen das
illusionistische Abbildungstheater veröffentlicht, in dem er fest-
stellte, daß der ausgezehrte Theater-Realismus nicht nur die
tatsächliche Wirklichkeit, sondern auch unsere subjektiven Erfahrungen mit ihr nurmehr in den biedersten Vereinfachungen
wiedergebe. Dieser Wirklichkeit – und das hatte zu bedeuten:
der im erhöhten Maße politisch polarisierten – sei ebensowenig
noch mit den Brechtschen Parabeln und Fabel-Modellen
beizukommen. Walser träumte, angeregt von Handkes ersten
Sprechstücken, jedoch mit ihrer rigorosen Handlungsverwei-
gerung nicht einverstanden, von der Anschaubarkeit eines
komplexeren Beziehungssystems, als es Fabel, Rolle und
Imitation zu evozieren vermöchten: »Die Selbständigkeit der
Theateraufführung gegenüber allem realen Vorkommen sollte
angestrebt werden. Das heißt: was auf der Bühne gespielt wird,
ist selber Wirklichkeit; eine Wirklichkeit aber, die nur auf der
Bühne vorkommt. Also kein Abbild mehr aus anderem
Material ... Welches Licht dies Bewußtseinstheater nach draußen wirft, wird man sehen: es kann ein ungleich schärferes Licht
sein als das, das aus dem Abglanz kommt, aus der zielstrebigen
Imitation.« Ein erster, experimenteller Versuch, öffentlich

149

Bewußtsein agieren zu lassen, mißlang durchaus: Keine Spiel-
geste, die nicht eine unberechenbare Fiktion, keine Hüftbe-
wegung, die nicht billige Imitation gewesen wäre – das Innerste
kam über den Weg der eingelebten Formkonventionen nicht
unbeschadet ins Äußere. Dennoch hatte der Walsersche
Aufsatz, der ja nicht eigentlich als Anleitung zur Praxis verfaßt
wurde, einen symptomatischen Wert: diese Fantasie über ein
Theater des Bewußtseins, die die natürliche Kompetenz von
Theater glattweg überforderte, brachte ja nicht bloß einen
Denkfehler zum Vorschein – als hätte man sich unter Bewußtsein ein Kontinuum von inkohärenten Innenszenen und nicht
eine komplexe, geformte Totalität des Denkens vorzustellen,
welcher sehr wohl auch eine angemessene Kunstform des realistischen Theaters entsprechen kann –, sie gab zumindest doch
auch eine verbreitete »Stimmung« wieder: die Beschäftigung
mit der sich plötzlich unumgänglich aufdrängenden Gegenwart, die, wenig früher noch, allenfalls eine Satire wert war,
hatte zunächst einmal nur den Wunsch zur Folge, die alten
Formen zu zersetzen: Bewußtsein, gegen Illusionismus und
Realismus, die Imperfektformen der szenischen Darstellung,
war das Synonym für eine Bühne der unentwegt passierenden
Zeitläufte. *1970*

EINE PROVISORISCHE, DURCHLÄSSIGE ORDNUNG

Zum Beispiel Peter Handkes neues Stück, *Der Ritt über den
Bodensee*, enthält eine Unmenge solcher Fabel-Vorsätze und
Fabel-Konklusionen, deren Mittelstück aber fehlt, auftau-
chender und wieder entschwindender Eventualitäten einer
Fabel, deren äußerer Strukturzusammenhang in der Unbere-
chenbarkeit einer ziellos geführten Konversation, deren innerer Strukturzusammenhang in der unaufhörlichen Bedrohung
und Unterwanderung dieser Konversation durch Un-Sinn,
Sinnestäuschung und Traumfantasie begründet liegt. Dem

150

Ritt über den Bodensee – und der Titel spielt an auf die Schwabsche Ballade vom Reiter, der, ohne es zu wissen, über den zugefrorenen See galoppiert und, am Ufer angelangt, sieht, wie hinter ihm die dünne Eisdecke zerbricht und darüber im BEWUSSTSEIN der überstandenen Gefahr zu leibhaftigem Tode erschrickt – diesem Ritt gleicht das Funktionieren unserer sprachlichen und sinnlichen Vernunft, der Grammatik und des Zuordnungssystems von Wahrnehmungen und Bedeutungen; es ist nur eine provisorische, durchlässige Ordnung, die, zumal da, wo sie sich selber zu Bewußtsein kommt, wie in Handkes Stück, von Schizophrenie, Wahnsinn und Somnambulismus bedrängt wird: »Vom Wasser und vom Wahnsinn, von den Narrenschiffen auf den großen Flüssen, wo...«, träumt lächelnd die als Henny Porten bezeichnete Dame. Dieses Zitat ist offensichtlich einer eindrucksvollen Passage in Michel Foucaults Buch *Wahnsinn und Gesellschaft* entlehnt, die jene Schwelle zwischen Imagination und Realität beschreibt, auf der auch die sonderbar hypochondrische Sinnlichkeit des Stücks angesiedelt ist: »Die Schiffahrt überläßt den Menschen der Unsicherheit des Schicksals. Jeder ist auf dem Wasser seinem eigenen Schicksal anvertraut, jede Fahrt mit einem Schiff ist möglicherweise die letzte. Der Irre mit seinem Narrenschiff fährt in die andere Welt, und aus der anderen kommt er, wenn er an Land geht. Diese Reise des Irren ist zugleich rigorose Trennung und Überfahrt. In gewissem Sinne entwickelt sie lediglich vor einer halb realen, halb imaginären Geographie die LIMINAR-SITUATION des Irren am Horizont der Sorgen des mittelalterlichen Menschen, die symbolisiert und zugleich realisiert wird durch das ihm eingeräumte Privileg, vor den TOREN der Stadt EINGESCHLOSSEN zu sein; sein Ausschluß muß ihn einschließen; wenn er kein anderes GEFÄNGNIS haben kann und soll als die SCHWELLE selbst, hält man ihn an der Stelle des Übergangs fest. ER wird in das Innere des Äußeren gesperrt und umgekehrt. Diese Position hat große Symbolkraft, die ihr gewiß bis heute geblieben ist, wenn wir bereit sind, zuzugeben, daß das, was einst eine sichtbare Festung der Ordnung war, inzwischen ein Schloß in unserem Bewußtsein geworden ist.«

Foucaults *Historie de la Folie* verfolgt ihr Thema bis ins 18. Jahrhundert. Zur Zeit ist das Irresein, so scheint es, eine ganz gewöhnliche Metapher für das Befinden des Individuums überhaupt, für die internierten Kräfte seiner Fantasie, inmitten einer Gesellschaft, welche nur zur Raison zu bringen versteht, welche im Namen der Vernunft eine perverse Unterdrückungsherrschaft ausübt. Handkes Stück, eben jenes »Innere des Äußeren« ausführlich entfaltend, ist selber ein poetischer Ausdruck, ist ein unmittelbares Produkt dieser Zwangslage, und nicht etwa deren zurechtgerücktes, wiederum in Ordnung gebrachtes Abbildungs-Modell. *1970*

DIE ZEITSTRUKTUR DES THEATERS

Wir haben uns daran gewöhnt, in Theaterstücken historische, gesellschaftliche, politische und humanistische MODELLE zu erkennen, und es darin soweit gebracht, daß die Methode mechanistisch, also fruchtlos zu werden droht. Schon schreibt man aus Gewöhnung und Bequemlichkeit in eine Rezension den großspurigen Satz: »Er macht den vergangenen Fall als gegenwärtig anwendbares Modell durchsichtig«, ohne auch nur zu bedenken, welch enorme Praktikabilität sich das Theaterspiel in der Tat anmaßen dürfte, träfe die Phrase nur zu.

Statt dessen erscheint es reizvoll, einmal von der vergleichsweise komplizierten Zeitstruktur, über die Theater verfügt, auszugehen, um, ganz allmählich, anhand von verschiedenen Stücken und Aufführungen herauszubekommen, welche Art von SPEZIFISCHEN GESCHICHTLICHEN ERFAHRUNGEN diese Struktur ermöglicht.

Wie Becketts Film *Film* heißt und Handkes Hörspiel *Hörspiel,* so heißt Gombrowicz' Operette *Operette*. Diese Titel weisen darauf hin, daß in ihren Werken subjektive Eigenschaften eines Mediums, eines Genres anstelle irgendwelcher »fremder«, vermittelter Formen, hervorgehoben werden. Es ist dann, als würden Formen, Genres, Medien zu ihrem Selbstbewußtsein gebracht, also auf einen Punkt, wo ihre Geschichte und ihre Struktur identisch sind. Der Inhalt von Becketts *Film* ist ein grundlegendes Verfahren des Filmens: Verfolgen und Beobachtetwerden; der Inhalt von Gombrowicz's *Operette* ist eine grundlegende Eigenschaft des Genres Operette: die Sklerose der Formen – »der monumentale Operetten-Idiotismus, Hand in Hand gehend mit einem monumentalen Geschichts-Pathos«.

Die Zeichensetzung in der Handlung der *Operette* ist auf eine dem Genre angemessene Weise banal und albern, niemand wird ernsthaft die einzelnen Vorgänge und Metaphern für etwas in sich erschöpfend BEDEUTENDES halten. Tatsächlich bekommt die Handlung nur einen Sinn aufgrund zweier aufeinander eingerichteter Bedeutungskomplexe. Zunächst einmal ist die *Operette* selbst ein Kleidungsstück des Witold Gombrowicz, eine Camouflage seiner Ideologie, welche die, sagen wir, eines »mythischen Konservatismus« ist. »Meine Politik ist die Schmähung der Formen – ganz gleich, ob von rechts oder von links her«: die Formzerstörung (Abschaffung der Mode, Mode-Geschichte) versteht sich nicht etwa als gesellschaftlicher Befreiungsprozeß, im Gegenteil, gerade dessen Vergeblichkeit gegenüber der Liquidierung aller Geschichte will sie beweisen, dessen Gebundenheit an eine invariante, allgegenwärtige und geschichtslose Zeit, Natur-Zeit oder auch »nackte« Zeit. Zum zweiten Bedeutungskomplex: die Operette ist ein abgelebtes, nicht mehr produktives Genre; daß es gleichwohl im Theaterbereich das populärste ist, hängt, wie bekannt, gerade mit seiner Derivat-Form zusammen (die vorgespielten Melodien erklingen von vornherein als Wiedererkennungsmelodien, die vorgeführten Geschichten sind

153

geschichtslos). Die lebendige Ideologie der toten Operette ist strukturell mit der lebendigen Ideologie der nackten, geschichtslosen Zeit identisch. Beide leugnen die geschichtlichen Bedeutungen ästhetischer Formen. Daß aber eine jede ästhetische Form eine gesellschaftliche Geschichte hat, kann man um so eher an der Operette und der *Operette* studieren, als sie das strikte Gegenteil davon behaupten. *1970a*

REALISTISCHE IMMANENZ

Noeltes *Kirschgarten*-Inszenierung erreicht ihren Grad an Vollkommenheit und realistischer Immanenz, indem sie sich dem Umkreis jener geschichtslosen Offenbarungs-Wörter wie Objektivität, Komplexität und Wahrheit entzieht, in welche die kritische Vernunft der gegenwärtigen Tschechow-Interpretation immer wieder auszumünden droht. Noeltes Inszenierung ist entschieden subjektiv, monistisch und – wahr oder unwahr? Wer will das entscheiden?

Indem Noelte aber diese inwendigen, gewissermaßen episodischen Widersprüche entfallen läßt, einen einzigen, einheitlichen Empfindungszustand kreiert, der auch die komischeren und leichtlebigeren Personen (Charlotta, Simenow) berührt, forciert und verschärft er die im Stück angelegte Tendenz der Negation um jene Wendung ins Endgültige, mit der unsere historische Erfahrung der von Tschechow um 1903 voraus ist: jenes unversöhnliche Finale kann nur zu einem radikalen Neubeginn transzendieren.

Kortners *Clavigo* und Noeltes *Kirschgarten* bleiben als überragende Schauspielinszenierungen der vergangenen Saison in Erinnerung – und für einen Augenblick möchte es scheinen, als erfülle und begrenze sich überhaupt die ästhetische Kompetenz von Theater in seiner realistischen Tradition – für einen Augenblick! in diesem Zustand von Desorientiertheit und übertriebener Reizbarkeit! – wo die kritische Darstellungs-

weise auf das Niveau von Hollmanns plakativen Kraftmeierei-
en herabgekommen ist; wo Steins analytischer Manierismus
unmerklich ins Hermetische sich verschob; wo formale Herausforderungen, die es ohnedies kaum noch gibt, immer
gleich »modernistisch« und irgendwie seinsvergessen wirken;
wo das politische Theater als »Diskussions-Theater« sich mit
einem eindrucksvollen Votum für den Dilettantismus aus der
ästhetischen Debatte gestohlen hat – da entdeckt man, daß allein das altmodische realistische Theater, wenn es auf Kortners
expandierende Dringlichkeit, wenn es auf Noeltes unerbittlichen Diskretionszwang stößt, Aufführungen hervorbringt, die
einen nicht in einen Migräneanfall stürzen, sondern, im Gegenteil, die einen erhellen und anregen: über Tradition, Realismus und Theater gründlicher nachzudenken als bisher.
1970b

Die poetischen und emphatischen Formen

So ein Festival macht einen ganz hilflos und arrogant, treibt
einen hinein in einen Vorstellungswahn von Theater: wie es
sein könnte! Welch fantastische und zeitgemäße Ausdrucks-
form!
Die wirklichen Darbietungen aber mußte man, mit wenigen
Ausnahmen, vergeben und vergessen sein lassen. Wer sich
dennoch durch sie zu theoriebildenden Gedanken über das
Theater und seine Ästhetik anregen ließ, der mußte zwangsläufig der allgemeinen Verdrehtheit der Hirne zum Opfer
fallen. Der Titel von Helmuth Costards vorletztem Film ist
immer wieder zitierenswert: »*Und niemand in Hollywood, der
versteht, daß schon viel zu viele Gehirne umgedreht wurden.*«
Oh, und dann Luzi Kryn und Dietmar Kracht, die in Praun-
heims Film *Die Bettwurst* eine so innige und so entstellte Liebe
leben. Der schöne Dietmar leidet mitunter an einem kleinen
Nervenreißen im Gesicht, vor Schüchternheit, sagt er, weil er

nie gesellschaftsfähig war, aus den Heimen entlaufen ist zu den »schweren Jungs und leichten Mädchen«. Hastig und emphatisch, im Mannheimer Dialekt und in verwirrter Grammatik, schüttelt er Luzi sein Herz aus und gelobt ihr, daß er sie »unwahrscheinlich sehr« liebe. Ist es eine grausame Komödie oder eine verdrehte Tragödie? Luzi, ein älteres Mädchen in solidem Angestelltenverhältnis, gewährt ihm inmitten ihrer unmenschlichen Versandhaus-Einrichtung die erste Heimstatt seines Lebens.

Kleinbürger-Kultur, Sensibilität der kleinen Verbraucher, Sentimentalität und Pathos im unteren Angestellten-Milieu. Die poetischen und emphatischen Formen schaffen es vielleicht, die betrügerischen Bilder des Fernsehspiel-Verismus zu unterlaufen und wieder eine reichhaltige Anschauung von der Empfindungswelt einer unfreien Klasse zu vermitteln. Das ist vor allem auch ein Chance für die Theaterkunst. *1971*

HYPOCHONDRISCHER IDEALISMUS – KLEISTS »PRINZ VON HOMBURG«

TRAUM ... alles Traum in diesem Schauspiel. Der Traum des armen Heinrich von Kleist vom glücklichen Prinzen Homburg, der, zart und mächtig, unter der Gefahr des Todes, seine großen Sehnsüchte und Wunschbilder gegen die herrschenden engen Lebensbedingungen durchsetzt und schließlich, wie im Wunder, ihre paradiesische Erfüllung erlebt. Und gleichzeitig verwandelt sich die kalte, schwache, weil nurmehr formal funktionierende Staatsordnung in eine lebenskräftige, menschenwürdige politische Gemeinschaft, in der der Außenseiter, Verurteilte, gesellschaftlich »Kranke« zum ersten Helden aufsteigt.

Kein Traum aus dem tiefen Nachtschlaf – auch keine Dramaturgie der »entstellten« Visionen des Unbewußten –, sondern eine helle, logische, schwebend-stabilisierte Traum-Konstruk-

156

tion, die alle Bezeichnungen von Realität – der historischen Situation der Kurmark Brandenburg von 1675 ebenso wie jener des Preußenstaats von 1810 – entwirklicht und transformiert in Bezeichnungen der Wunsch- und Projektions-Fantasie des Autors Kleist. Daher rührt die immanente Unwirklichkeit der handelnden Personen in diesem Schauspiel: sie sind montiert aus einem »Real«-Bild (das der Erfahrungswirklichkeit Kleists entspricht) und einem Ideal-Bild (dem Traum-Teil, aus dem sie gemacht sind) – und beide Bilder verkörpern sie zur gleichen Zeit: der Prinz ist ein nervöser, psychisch labiler und zudem recht ungeschickter Mensch und wird dennoch als Held angesehen und zum fahrenden militärischen Befehlshaber berufen; der Kurfürst repräsentiert das absolutistische Staats- und Rechtssystem und handelt doch mit einer geradezu bürgerlich-intimen Einfühlsamkeit und Vorsicht. Diese Figuren leben aus den widersprüchlichen politischen und psychologischen Empfindungsweisen ihres Autors – sie sind nicht aus den tatsächlichen Widerspruchsverhältnissen, die das politische und soziale Preußen vor den Befreiungskriegen bewegte, beobachtet und entwickelt worden.

Dementsprechend wird man dem Schauspiel und seinen Figuren wohl nur gerecht, wenn man sie in Beziehung zur realen Biografie Kleists verstehen lernt, wenn man die inneren und äußeren Tatbestände dieses Lebens »das allerqualvollste, das je ein Mensch geführt hat« – als realistische Opposition gegenüber der Traum- und Desideratform des *Homburg* berücksichtigt.

Dabei lassen sich Transformationen sowohl psychologischer wie politischer Motive verfolgen, wie z. B.: Kleists quälendes Verlangen nach Anerkennung, nach gesellschaftlicher Achtung als Schriftsteller (im speziellen auch: nach Protektion durch das preußische Herrscherhaus) ist in die Figur des Prinzen eingeschrieben und erfüllt sich in ihr; oder, das Stück gedeutet als Ausdruck der politischen Hoffnungen Kleists, die hier ebenfalls, anders als in Wirklichkeit, in Erfüllung gehen:

157

so wie das brandenburgische Militär dadurch zu neuer Kampfstärke gelangte, daß die alte Ordnung von einem jungen Genie beseelt wurde – so muß sich auch die schwache preußische Führung von den Ideen des nationalen Befreiungskampfs und deren Vertretern beseelen lassen, um die napoleonische Fremdherrschaft abzuschütteln. Der Traum des Prinzen Homburg nimmt also auch die Gestalt einer politischen Legende an: einer prospektiven Legende, die nicht nacherzählt, sondern verheißt und danach drängt, sich zu bewahrheiten.

SCHREIBEN Kleist trat zuweilen tagelang nicht aus seinem Zimmer und hielt jedermann von sich und seiner Arbeit fern. Dann wieder sahen ihn Freunde spazierengehen, inständig deklamierend und erregt die Arme um sich werfend. Auch ließ er sich gern von einem Freund, den er als besonders ungeschickten Vorleser schätzte, eine eben entstandene Szene zu Gehör bringen, weil ihm dabei die in Sprache und Rhythmus verbliebenen Fehler sogleich auffielen. Er ging unerbittlich gewissenhaft ans Werk und verbesserte und variierte den Text noch bis in die Schreiberkopien hinein. Tieck berichtete, daß er eine Szene oft zehnmal umgeschrieben hat. Auf den *Robert Guiskard*, so schrieb Kleist an seine Schwester Ulrike, habe er »ein Halbtausend hintereinander folgender Tage, die Nächte der meisten miteingerechnet« verwendet – bevor er aufgab und das Manuskript verbrannte. Offenbar hat es eine solche Schreibkatastrophe wie beim *Guiskard* später nicht wieder gegeben – einmal hoffte er sogar, es könnte ihm gelingen, wenn er sein Handwerk nur erst geläufig und professionell genug betriebe, Trauer- und Lustspiele ineinemfort zu schreiben und dabei sein Auskommen zu finden. Doch blieb, beim Verfassen der Stücke, wohl unvermindert die langwierige Anstrengung, aus der gewohnten Literatur- und Theatersprache und ihrem Bildmaterial die komplizierten, neuartigen Sprechsituationen seiner Figuren zu formen.

IDEENMAGAZIN Es klingt sehr pragmatisch, eine Berufswahl wird getroffen: Dichter werden; nicht weil er das eigentlich schon immer vorhatte, auch nicht aufgrund einer speziellen, durch umfangreiche Lektüre ausgebildeten Leidenschaft für Literatur oder poetische Sprache, sondern eher weil ihm nun nichts anderes mehr übrig blieb, um jene rücksichtslose Selbstentfaltung, zu der Kleist entschlossen war, weiter zu verfolgen. Seine wissenschaftliche Bildung, von der er zunächst alles erhoffte, hatte er abrupt aufgegeben, das Wissen überhaupt war ihm ganz unerträglich und fremd geworden. Das Schreiben hingegen schien einen viel wahrheitsgemäßeren Ausdruck der eigenen Interessen und Erfahrungen zu gestatten. Allerdings, es war auch ein Fach, ein Metier, das es erst zu erlernen galt. Das Schreiben scheint ihn zunächst als technisch-kompositorischer Vorgang zu beschäftigen: das schriftstellerische Werk ist gemacht aus den verschiedensten Bestandteilen, deren wichtigste die Ideen und die (Sprach-)Bilder sind; also beginnt man damit, diese Bestandteile, erfundene und aufgefundene, zu sammeln und zu reservieren. Leider ist dieses dabei entstandene »Ideenmagazin« uns nicht überliefert. Aber man kann sich von Inhalt und Aufbau dieser Sammlung einen Eindruck verschaffen, wenn man verfolgt, welche Gedankengänge in seinen Briefen an die verschiedenen Adressaten im gleichen Wortlaut mitgeteilt werden, welche Lieblingsmetaphern in seinen Dramen und Prosaschriften immer wiederkehren. Und es ist, als sei die Kleistsche Verssprache mitunter auch so aus einzelnen, vorgefundenen poetischen Materialien strukturiert. Jedenfalls scheint es, als habe sich Kleist mit dem »Ideenmagazin« ordentlich und planmäßig auf die Praxis des Dichters vorbereiten wollen, die sich dann freilich gleich beim ersten Versuch, bei der Arbeit am *Robert Guiskard*, mit all ihren lebenszerstörenden Kräften gegen ihn richtete.

MUSIK Kleists natürliche, leidenschaftliche Musikalität entwickelte sich über das praktische Musizieren hinaus – er spielte während der Militärzeit in einem Quartett die Flöte und die Klarinette – zu einem seine ästhetisch-sinnlichen Interessen bestimmenden Talent: alles, was Hören und Sprechen, Rhythmus und Zeitmaß ausmacht, hat ihn intensiver in Anspruch genommen und ist in seiner Schreibweise reicher und »realistischer« reproduziert als die Anschauung, die Bilder der Außenwelt. In einem der späten Briefe an seine Kusine Marie von Kleist spricht er von den widerwärtigen Verhältnissen, in denen er lebe, wie von einer anhaltenden schmerzhaften Dissonanz, die ein »recht heiterer Genuß des Lebens, wenn er mir einmal zuteil würde, vielleicht ganz leicht harmonisch auflösen würde«. Er fährt fort, daß er gern für einige Zeit seine poetische Produktion einstellen würde, um sich ausschließlich mit der Musik zu beschäftigen. Und zwar gedenkt er dabei eine umfassendere ästhetische Theorie zu gewinnen – in den Gesetzen der Tonkunst vermutet er die wichtigsten Aufschlüsse auch über das Dichten zu finden. Wie Goethe bei seinen Arbeiten über die Farbenlehre, so hoffe er beim Studium des Generalbasses die Struktur der Poesie zu ergründen. (Zu einem entsprechenden theoretischen Entwurf ist es aber nicht gekommen oder er ist uns nicht überliefert.)

Musik bedeutet für Kleist offensichtlich mehr als nur Hör-Erlebnis oder Kenntnis der Harmonielehre; sie ist ein lebenswichtiges Desiderat – so wie die Utopie der Marionette und die Traum-Erfüllung des Prinzen von Homburg lebenswichtige Sehnsuchts-Konstruktionen sind. Musik als ein Ausdrucksprinzip jenseits von gesprochener Sprache, das auf unmittelbare Weise auf die Empfindungen einwirkt; ein auf die Sicherheit von algebraischen Zeichen gegründetes System von Regeln, Ordnungen, Konventionen, von bildlosen, bedeutungsfreien Symbolen. Das Bedürfnis nach Abstraktion und formaler Kombinatorik, dem Kleist in der Musik, Mathematik und Logik nachging, entstand gewiß auch aufgrund der komplizierten, ihn quälenden Arbeit, die er sich mit dem Sprechen und noch mehr mit der poetischen Sprache machte.

160

Denn Sprache, für welche entlegenen Erfindungen und Fabeln man sie auch verwenden mag, besteht immer aus Bedeutungen, Bezeichnungen für Reales – und wenn jemand wie Kleist einer unerträglichen Wirklichkeit entkommen will, so ist es verständlich, daß er zuerst aus der Sprache sich wegsehnt.

TASSO Goethes *Torquato Tasso* hat Kleist gewiß mit ganz unwillkürlicher Bereitschaft in sich aufgenommen. Nicht nur in seinen Briefen tauchen wortgetreue Zitate aus diesem Stück auf, auch der *Prinz von Homburg* enthält Szenen und Sprachwendungen (vgl. Vers 835–841), die, bewußt oder unbewußt, dem *Tasso* nachgebildet sind. Man hat dementsprechend darauf hingewiesen, daß z. B. die erste Szene des *Prinzen* weit eher einen Kleistschen Tasso als einen brandenburgischen Befehlshaber vorführe, und daraus den Schluß gezogen, das Schauspiel als ein »Parabelstück vom bürgerlichen Künstler und seiner Umwelt« anzusehen (vgl. Hans Mayer in seinem Kleist-Essay *Heinrich von Kleist – Der geschichtliche Augenblick*).

Nun stehen aber der Prinz und sein Autor, anders als Goethe und seine Dichter-Figur, nicht in einer einheitlich identifizierbaren oder analogischen Beziehung. Der Prinz verkörpert vom tatsächlichen Kleist dessen besondere Empfindungsart: traumhaftes Sehen, Angstzustände, Glückssucht, Todeserlebnis, allgemeine Nervosität – aber alles übrige an ihm, seine Chancen und sein Schicksal, ist gerade das, was Kleist im wirklichen Leben nicht zuteil wurde. Dieser Wunsch- und Märchenprinz ist also eine aus der Qual am wirklichen Leben hervorgegangene Projektion und keine Selbstdarstellung seines Autors.

Auch liegt dem »Parabelstück« nicht die Selbstreflexion des Dichters und seiner gesellschaftlichen Position zugrunde; Kleists Traum über den Prinzen von Homburg verheißt etwas viel Umfassenderes: erst wenn das Dichterische (der Traum) selbst zum beherrschenden Prinzip des politischen und gesellschaftlichen Lebens erhoben wird, kann eine menschenwürdige Zeit anbrechen, in der jedermann, der einzelne sowohl wie die gesamte Nation, sein Glück findet.

Eine solche Fantasie entsprang keineswegs speziell dem absonderlichen Eigensinn eines Dichters – sie wurde als Argument von den fortschrittlichen Kräften in die politischen Auseinandersetzungen über die preußische Reformpolitik hineingetragen. Die in Erstarrung, Borniertheit und Korruption verfahrene Politik des preußischen Hofes, die Kleist erlebte – jene Epoche, die später von Marx und Engels als »Deutsche Misere« bezeichnet wurde, weil die notwendige Emanzipation des Bürgertums und mit ihr die Entstehung eines deutschen Nationalstaats nicht erfolgte – sie schienen geradezu herauszufordern, daß man mit Begriffen und Idealen wie Poesie und Traum bewegend in sie einzuwirken versuchte.

TOD Kleist hat im Laufe seines Lebens verschiedene Menschen, denen er sich verbunden fühlte, dazu aufgefordert, gemeinsam mit ihm zu sterben.

Dies geschah, so scheint es, nicht durchweg wie beim letzten Mal, am Wannsee, um ein unerträglich miserables Leben zu beenden, sondern eher aus dem Verlangen, diesen allerexaltiertesten Empfindungszustand, der dem Menschen erfahrbar ist, den Tod im Leben selbst zu überstehen, um es damit von Grund auf zu verändern. Nicht eine kranke Sehnsucht nach dem Tod, vielmehr eine willensstarke nach besserem Leben scheint diese Selbstmord-Angebote bewegt zu haben. Im *Prinzen von Homburg* schreibt Kleist die Geschichte dieser seiner Sehnsucht, mit dem Ende, daß sie in Erfüllung geht. Die Traum-Konstruktion des Stücks bezieht in die zauberische, endgültige Auflösung aller Widersprüche auch jenen von Leben und Tod mit ein. Und wie es nur dem Träumenden geschieht, daß er einem Bild oder einem Gefühl von seinem Tod begegnet, ohne wirklich zu sterben, so erlebt der Prinz zu Beginn der letzten Szene diesen Empfindungszustand »Nach dem Tod« (»Lieber, was für ein Glanz verbreitet sich ... Schlug meiner Leiden letzte Stunde?«).

Das Wort »Unsterblichkeit« am Anfang des letzten Monologs bezeichnet nun sowohl das subjektive, gefühlte Entschwinden der irdischen Existenz in eine jenseitige wie auch den politischen Mythos vom Heldenruhm, der, gegründet auf einen freiwilligen Opfertod, das persönliche physische Leben überdauern wird und sich im Kampf-Geist der nächsten Eroberungsfeldzüge objektiviert: »Geh und bekrieg, o Herr, und überwinde / Den Weltkreis, der dir trotzt ...«

Diese dialektische Zuordnung von hoher egozentrischer Empfindsamkeit zu ihrer politischen Verwertbarkeit, wie sie im Finale des Schauspiels entsteht, findet dann später in der Rezeptionsgeschichte des Kleistschen Werks in Deutschland die ihr entsprechenden Auswirkungen.

Die Bearbeitung des Stück-Textes versucht, mit Hilfe von Umstellungen und Montage, die Gefahr, daß der Prinz am Ende doch erschossen wird, länger und drohender als es von Kleist vorgesehen ist, hinauszuzögern. Denn gäbe es nur das mythologische (politisch-militärische) Interesse am Helden-Idol – und dies Interesse bewegt in der Tat alle: den Kurfürsten ebenso wie die Natalie und die Offiziersfreunde – so wär ihnen der tote Prinz ungleich wertvoller als der überlebende. Es gibt aber, dem entgegengerichtet, ein ganz unmittelbares, in der emotionalen und psychologischen Struktur des Stückes entfaltetes Interesse am körperlich lebendigen Vorhandensein des Prinzen, das ebenfalls und mit gleicher Stärke alle an ihn bindet und das ihn um jeden Preis vorm Tode bewahren will (notfalls um den Preis von Rebellion und Staatsstreich, den die Offiziere riskieren). Diese beiden, durchaus gleichwertigen Interessenskräfte halten einander bis zum letztmöglichen Augenblick in empfindlicher Balance, so daß es scheint, als fiele des Kurfürsten Entscheidung schließlich nahezu unwillkürlich, spontan; vergleichbar der Nervenentscheidung, welche, nach Kleists kurioser Vorstellung, zum Ausbruch der Französischen Revolution geführt hat: »Vielleicht, daß es auf diese Art zuletzt das Zucken einer Oberlippe war, oder ein zweideutiges Spiel an der Manschette, was in Frankreich den Umsturz der Ordnung der Dinge bewirkte.«

RUHM, HELD, ETC. Wenn man den *Prinzen von Homburg* mag und wenn man dann nach einer Methode sucht, sich das Stück anzueignen, d. h. ein subjektives Interesse daran entwickelt und es auf eine grundlegende Eigenschaft des Textes konzentriert, so gewinnt man am ehesten einen Zugang zu den emotionalen und psychologischen, den nervösen und irrationalen Bewegkräften dieses Schauspiels. Dabei entdeckt man die historisch-spezifischen Errungenschaften Kleists, das, was er an Neuem und Erstmaligen in die deutsche Theaterliteratur eingeführt hat: Grunderkenntnisse der bürgerlichen Individual-Psychologie, bevor sie noch in wissenschaftliche Begriffe gefaßt wurden. (Georg Lukacs: »Kleist ist also der erste bedeutende Dramatiker des 19. Jahrhunderts, der das Drama, diese gesellschaftliche Form der Dichtung par excellence, zu *privatisieren* beginnt.«)
Nun besteht der *Prinz von Homburg* nicht nur aus dem äußerst angespannten Zusammenhalt von innigen und exzentrischen Gemütsbewegungen der Einzelpersonen; es gibt daneben eine, wie man sagen könnte, mythische Struktur, die Kleist mit derselben Leidenschaft besetzt und in der alles das verzeichnet ist, was einen allgemeinen und gemeinschaftlichen emotionalen und zugleich politischen Wert besitzt: Held, Schlachtenruhm, Ehre usw. Was Traum und Todesangst bedeuten, kann man unter Umständen nachfühlen. Um hingegen die heiligenhafte Erscheinung eines Helden, um überhaupt ein patriotisches Ereignis aus der deutschen Geschichte empfindbar zu machen, ernst und ohne Spott, dazu müßte man über die unermeßliche Güte und das Pathos eines John Ford verfügen ... Für Kleist jedoch ergänzen sich die inwendigen Leidenschaf-

ten (Traum, Liebe) und die äußeren mythischen Bilder (vom Helden) zu einem Gefühlskomplex, zu einer umfassenden Glücksvorstellung. Die Vorbilder, die Wunschbilder, die jemand im Kopf hat, sind für ihn *lebenswichtig* – für die Natalie zum Beispiel ist der Prinz als Idol zuweilen lebenswichtiger als dessen körperlich reales Vorhandensein; und es ist ihr lieber, er stirbt und erfüllt damit dieses Ideal-Bild, als daß er auf eine Weise überlebt, die diesem Bild nicht entspricht.

Man könnte also eine besondere Kleistsche Form des *Idealismus* beschreiben: das mythische Denken, das Denken von Nicht-Wirklichem, das sich verkörpert, das ihm, das seinen Figuren in alle Glieder und Nerven fährt, das sie vorantreibt, aber auch zerstört, krank macht am Körper und im Kopf. Es ist – nach Goethes Bezeichnung – ein »hypochondrischer« Idealismus, wenn jemand seine besseren Vorstellungen und Empfindungen gegen die wirkliche Welt mit Gewalt durchsetzen will und schließlich diese Wirklichkeit nur noch unter unerträglichen Schmerzen erdulden kann.

»Meine Seele ist so wund, daß mir, ich möchte fast sagen, wenn ich die Nase aus dem Fenster stecke, das Tageslicht wehe tut, das mir darauf schimmert...«, Kleist, in einem seiner letzten Briefe. *1972a*

EINRICHTUNG EINER GRUPPENTOTALE – LABICHES »DAS SPARSCHWEIN«

Das besondere Interesse an der Vaudeville-Komödie *La cagnotte,* gerade diesem Labiche-Stück aus dem Jahre 1864, entwickelte sich aus den folgenden Beobachtungen, die auch die Richtlinien der Bearbeitung bestimmen.

ERSTENS. *La cagnotte* ist keine Salon-Komödie, die sich ausschließlich auf eine amouröse Verwicklungsgeschichte konzentriert. (Zu diesem Genre, mit dem der Name des Autors am engsten verknüpft ist, dem er seinen Ruhm verdankt, gehören etwa Stücke wie *Das Glück zu dritt, Célimare, Der Viel-geliebte oder Der Prix Martin*.) *La cagnotte* erzählt dagegen eine sich offen vorwärts entwickelnde Geschichte, die sich über mehrere Stationen und Schauplätze erstreckt (und erinnert dabei eher an die dramaturgische Struktur des *Florentinerhuts*). Konstruktion und Mechanik der Farce stehen nicht im Vordergrund und sind nicht so hermetisch und perfekt, als daß sie nicht Eingriffe und Akzentverschiebungen gestatteten. Statt dessen gibt es eine Reihe von großen realistischen Situationen und Tableaus (die Kartenspieler-Runde, das Mittagessen in einem Pariser Lokal, eine Baustelle als letzter Fluchtort), die sehr viel reichhaltigere und anschaulichere Eindrücke von der gesellschaftlichen Wirklichkeit des Autors und seiner Zeit vermitteln, als es die erotischen Salon-Komödien vermögen (von deren Frivolität ist im übrigen in der *Cagnotte* nahezu nichts zu spüren). Dementsprechend stellte sich der Bearbeitung die Aufgabe: die Mittel und Techniken des Vaudeville vernachlässigen oder sogar eliminieren, die Ansätze zur ›sozialen Komödie‹ verstärken und ausbauen. Der französische Surrealist Philippe Soupault erinnert in einem Essay über Labiche daran, daß »zu keiner Zeit ... eine so zahlreiche Klasse soviel Geld gehäuft und angesammelt [hat] wie die Bourgeoisie des Second Empire« in Frankreich zwischen 1851 und 1870. Dieser Epoche und dieser Klasse, zumindest ihren mittleren und unteren Schichten, entstammt das Personal von *La cagnotte*, was, wörtlich übersetzt, etwa heißt: die Spielkasse, der Pott. Für die deutsche Bearbeitung wurde der Titel *Das Sparschwein* gewählt. Dies häuslich-banale Ding-Symbol beschirmt, die Existenz einer Gruppe von honorigen Provinzbürgern: ihre auf kleine, private Formen begrenzte Geldakkumulation mit dem Ziel größtmöglicher finanzieller Sicherheit. Allerdings leben diese Herrschaften in Wirklichkeit keineswegs vom Spargroschen – sie sind allesamt recht wohlhabend, beziehen auskömmliche Renten aus Aktien oder Staatsanleihen, aus verpachteten Landgütern usw.

Aber das Abenteuer der Komödie wird doch ausschließlich von diesem Sonderfonds, dem Sparschwein-Kapital, das sich aus Abgaben beim Kartenspiel angesammelt hat, in Bewegung gesetzt. Eine Vergnügungsreise nach Paris, in die ›Hauptstadt der Welt‹, wird mit diesen Mitteln bestritten – und sie endet mit der Schreckens-Vision eines finanziellen Ruins von katastrophalen Ausmaßen... Dabei hebt die Bearbeitung gen Schluß die potentiellen Kräfte zu Kriminalität und Anarchie hervor, die in den rechtschaffenen Bürgern geweckt werden, wenn sie sich im Zustand der vollkommenen Mittellosigkeit befinden.

ZWEITENS. Held des *Sparschweins* ist nicht eine Einzelperson, sondern eine Gruppe – die Bouillotte-Spieler aus La Ferté-sous-Jouarre. Sechs Personen, ein Teil davon verwandtschaftlich, allesamt durch regelmäßiges jahrzehntelanges Beisammensein untereinander verbunden. Die Bearbeitung dankt dieser dramaturgischen Vorgabe die stärkste Anregung; es erschien besonders reizvoll, einen Theaterabend lang die äußere und innere Erlebnisgeschichte einer merkwürdigen Gruppe vorzuführen, einer Gruppe von sehr eigensinnigen, bor_nierten, vitalen und doch sehr zusammengehörigen Individuen. Gegenüber dem Original wurden dabei die psychologischen Binnenbeziehungen, die unterschiedlichen Animositäten, Streit- und Zuneigungsverhältnisse, die dauernd wechselnden ›Bündnisse‹ und ›Fronten‹ innerhalb der Gruppe stärker herausgearbeitet und zum Teil um hinzuerfundene Dialoge und kleine Szenen erweitert.

Die Bemühungen um eine psychologische Einrichtung dieser Gruppen-Totale, die sich durch das ganze Stück bewegt, hatte zur Folge, daß das Gemütsleben dieser Figuren mit uneingeschränktem, gewichtigem Ernst zu behandeln war. Auf der Grundlage ihrer heiligen, unantastbaren Borniertheit entwikkeln sie eine bewundernswerte Willensstärke und eine große Leidenschaftlichkeit; inmitten der nichtigsten Zänkereien ereifern sie sich mit pathetischem Zorn, und wenn ihre trivialen Sehnsüchte fehlschlagen, so erleiden sie es mit tragödienhaftem Schmerz. Es sind Kleinbürger, jedoch in ihrem urtümlichsten, gleichsam naturhaften Zustand, als sie noch Original-Figuren der Geschichte waren...

DRITTENS. Es konnte selbstverständlich nicht das Ziel der Bearbeitung sein, *La cagnotte* in ein gehobenes Drama des psychologischen Realismus zu stilisieren. (Immerhin hat die gleichzeitige Lektüre von Flaubert, insbesondere der *Education sentimentale,* die Annäherung an das Stück, den Autor und seine Zeit sehr befördert.) Auch wenn Francisque Sarcey, der verständige zeitgenössische Kritiker, gleich nach dem Erscheinen der *Cagnotte* ihre außergewöhnliche ästhetische ›Modernität‹ gepriesen hat – »*La cagnotte,* das ist zwar immer noch der *Florentinerhut,* aber es ist *der Florentinerhut* nach der *Kameliendame,* nach der *Madame Bovary,* nach den experimentellen Studien Taines...« – Labiche bleibt trotz allem der konventionsbewußte Vaudeville-Autor, der für einen hübschen Witz, ein geschicktes Beiseite oder einen farcenhaften Szeneneinfall bereitwillig auf psychologische Plausibilität und realistische Wahrscheinlichkeit verzichtet. Das hatte die Bearbeitung zu berücksichtigen. Da durch den bloßen Verzicht auf einige typische, aber schwer übertragbare Mittel des französischen Vaudeville nicht nur am spielerischen Instrumentarium, sondern auch an der notwendigen Unvernunft der Komödie Schaden entstanden wäre, wurde der Versuch unternommen, diesen Mangel mit einem andersartigen Zeichen von Irrationalität auszugleichen: mit der – pointiert eingesetzten – grotesken, überlebensgroßen Metapher. Ein Beispiel dafür gibt die Figur des jungen, von Labiche nicht besonders stark profilierten Notars Félix. Er wurde, gleichsam die Wortbedeutung des Namens verkörpernd, zu einer Emblem-Figur der Komödie, denn nur so ein unwahrscheinlicher Wunderknabe kann die zerrütteten Bürger am Ende aus ihrem grenzenlosen finanziellen Bankrott er-

lösen, aus dem sie mit eigenen Kräften niemals wieder herausgefunden hätten. *1973*

Wie sich Kommunikation bewegt –
Gorkis »Sommergäste«

Gorki hat die *Sommergäste* nicht Drama oder Schauspiel oder
Komödie genannt, sondern »Szenen«. Von dieser Bezeichnung ließ sich die Bearbeitung anregen. Szenen – nicht so sehr
im Sinne einer dramaturgischen Kompositionstechnik, lose
aufeinanderfolgende, nicht zu einem Ganzen geführte Fragmente – sondern Szenen als Synonym für ein komplexes
Gebilde der Beziehungen und Begegnungen einer Schar von
Leuten auf einem begrenzten Schauplatz; weniger ein Nach-
einander, eine Fabelentfaltung, sondern eher eine Involvie-
rung von inneren und äußeren Zuständen...
Viele verschiedenartige und auch einander ähnliche Menschen auf einem Theaterplatz zusammenlaufen und es
wimmeln lassen von Biografien, Verhältnissen, Ansichten,
Gefühlen, und von alledem nur ein paar Splitter, wie im Vorübergehen, erwischen...
Dies ist das eine. Aber *Sommergäste* breitet sich nicht aus in einer einzigen statischen Spielsituation. Es wird eine Emanzipa-
tionsgeschichte motiviert und zu einem Ende geführt. Beide
Bewegungen, die deskriptive und die prozessive, greifen in-
einander.
Die Bearbeitung versucht nun, zuerst die Gruppe, die »Verhältnisse« in ihrer Gesamtheit zu situieren, aus der sich dann
der Entwicklungsprozeß herauslösen wird und muß. Das erfordert, dramaturgisch gesprochen, eine andere Art der Expo-
sition als sie Gorki vorsieht. Alle Personen des Stücks sollen zu
Beginn der Handlung am verabredeten Ort versammelt sein.
Bei Gorki hingegen gibt es eine allmähliche Einführung der
Figuren im Ersten Akt, der mit dem coupartigen Auftritt des

Dichters Schalimow endet, und erst im zweiten Akt erscheint eine so wichtige Figur wie Doppelpunkt, und eine zusammengehörige Gruppe bildet sich eigentlich erst im dritten, dem Picknick-Akt. Die Handlung, zumal im Zweiten Akt, ist voll von Kommen und Gehen, voll von angeschnittenen Szenen, die auftauchen und wieder verschwinden. In der Bearbeitung aber entstehen die kleinen Szenen und lösen sich wieder auf inmitten eines dauerhafteren Beisammenseins; manchmal genügt ein bohrender Blick, ein Hustenanfall, und eine Szene beginnt.

IN DEN ERSTEN MINUTEN DER AUFFÜHRUNG... Ein Schriftsteller reist zu einer einsamen Insel, auf der seit Jahren an einem großen technischen Forschungsprojekt gearbeitet wird. Zu seinem Entsetzen findet er die Station verlassen, die ganze Insel menschenleer vor. Eines Tages aber sieht er sich plötzlich von lebendigen Menschen umgeben, unmittelbar vor seinen Augen, sie benehmen sich ganz normal, streiten und lieben sich. Es kommt ihm alles bekannt vor, was er da sieht, und doch bliebt er ein Fremder, Außenstehender: er kann sich nicht einmischen, denn die Leute sind unansprechbar, ihre Handlungen nicht aufhaltbar, nicht zu beeinflussen. Sie sind in vollständig sinnlicher Gestalt anwesend, doch sie wiederholen Szenen aus einem vergangenen Leben. Die Erscheinung taucht auf und verschwindet wieder. Schließlich kommt er dem Geheimnis auf die Spur: in der Forschungsstation entdeckt er eine mörderische Maschine, die menschliches Leben komplett speichern und wieder ausstrahlen kann, und zwar in allen sinnlichen Dimensionen. Das also ist Morels Erfindung ... (dessen Geschichte der argentinische Dichter Bioy Casares in dem gleichnamigen Roman erzählt).

In den ersten Minuten dieser Aufführung von Gorkis *Sommergästen* sieht sich der Zuschauer mit einem Mal dreizehn fremden Menschen gegenüber, ziemlich in seine Nähe gerückt und doch alles andere als ihm zugewandt: ohne jede Umschweife beginnen alle sich in ihre privaten Auseinandersetzungen und Annäherungen zu vertiefen, und der Zuschauer weiß eigentlich nicht so recht, worum es geht... Die Aufführung bietet an, eine Reihe von Menschen kennenzulernen, ebenso wie man wirkliche Menschen kennenlernt in einer Gesellschaft, wo die flüchtigsten Kontakte die hartnäckigsten Mutmaßungen und Fantasien über die betreffenden Personen wachrufen. Und in diesem Durcheinander von Beobachtung und Einbildung entstehen bald Augenblicke der Entkräftung, in denen man jeden sicheren Wahrnehmungshalt verliert und die nächste Umgebung wie eine ferne Erscheinung empfindet.

Auf der Bühne erscheinen Leute aus einer vergangenen Zeit – der älteste von ihnen muß ungefähr um die Mitte des vorigen Jahrhunderts geboren sein –, sie gehören in ein fremdes Land, ihre moralischen und intellektuellen Anschauungen scheinen völlig überholt zu sein, und selbst ihre politisch-radikalen Äußerungen klingen für den heutigen Sprachgebrauch verschwärmt. Aber so, wie ihre Kommunikation sich bewegt, das ist plötzlich auf unmittelbare Weise bekannt. Es entsteht eine Art Realismus, der sich eher aus dem Diskurs als aus der Psychologie der einzelnen Figuren entwickelt.

Eine solche Methode ließ sich an keinem anderen Stück Gorkis besser ausprobieren als an *Sommergäste*, dessen Dramaturgie vielleicht unvollkommen sein mag, sich allzu oft mit Tschechow-Mitteln herumplagt und doch in ihrer unebenmäßigen Gestalt eine große Kühnheit gewinnt: Ein Stück, das eigentlich aus einem unablässigen Kommen und Gehen, einem einzigen großen Stimmenwirrwarr hervorgeht. *1974*

»TEATRAUMA«

»Teatrauma«? Wie? Was hatte das zu bedeuten? Teatrauma ... befragte ich vollkommen verständnislos diesen dunklen Begriffsmeteor, und doch stand da irgendwo in meinem Ge-

171

dächtnis, weit, weit entfernt, das erloschene Gestirn einer Ausdrucksweise, deren ich mich mit S. bedient hatte und dem ein solch künstliches Fremdwort wie »Teatrauma« entsprungen sein konnte. Aus dem Griechischen übersetzt stellte ich mir darunter so etwas vor wie: Verletztwerden bei dem Anschauen von Theateraufführungen ...

Lea half mir sogleich über meine Begriffsstutzigkeit hinweg: Teatrauma, so nannten wir eine noch unerforschte Sinnesverwirrung, die seinerzeit, im Jahre 1774, den kleinen Kreis der maßgeblichen Herrschaften am Hofe der Herzogin Anna Amalia erfaßt und sich wie eine ansteckende Krankheit von einem zum anderen übertragen hatte. Sei's aus Übermüdung, sei's aus überspannter Erwartung, plötzlich erschraken diese Leute vor ihren eigenen Verkehrsformen. Die wohl feudalherrschaftlich geordnete, jedoch äußerst begrenzte Öffentlichkeit, die ein paar Dutzend Beamte und Militärs verkörperten und in der sie ihre – ziemlich bedeutungslosen – Geschäfte, ihre – ziemlich bedeutungslose – Machtausübung regelten, diese etwas fantastisch gewordene Öffentlichkeit löste eines Tages in den nur mittelmäßig aufgeklärten Köpfen ihrer Repräsentanten eine ernste Krise aus. Sie wurde nämlich von der grotesken Schreckensvorstellung geplagt, nichts mehr, auch die abgeschiedenste und intimste ihrer Verrichtungen nicht, sei vor den Augen der anderen, vor dem Blick einer total und in sich grenzenlos gewordenen Öffentlichkeit geschützt. Sie fühlten sich immerzu und überall auf einem Theater agieren, unablässig beobachtet nicht nur von ihresgleichen, sondern darüberhinaus von einer unübersehbaren Menge von unbekannten Zuschauern, die sie selbst nicht erkennen konnten, deren böses Gelächter ihnen aber in den Ohren schallte, wenn sie zur Bonbonniere griffen oder den Federkiel in die Hand nahmen. Sie selbst verachteten sich bei diesen einfachsten, doch stets aus dem Dunklen verhöhnten Vorgängen am allermeisten und vermochten bald keinen Gruß und keinen Schriftzug mehr unverstört auszuführen.

Wir beide wissen nur durch einen glücklichen Zufall von dieser spätfeudalen Zwangsneurose, – gewissermaßen eine barocke Regression kurz vor Anbruch des bürgerlichen Zeitalters – denn in Weimar wurde diese Gemütskatastrophe völlig unter den Bann des schweigenden Erduldens gestellt. So existiert wohl nur das einzig uns beiden bekannte Quellenzeugnis; jener denkwürdige Brief der Madame de Lanctut, die bei ihrem Geliebten, einem jungen Feldmarschall der herzoglichen Armee, zu Besuch weilte und ihrem Gatten nach Paris von der »angoisse incompréhensible« berichtete, die sie an ihren deutschen Freunden beobachten mußte, und die, wie sie schreibt, »fait du plaisir le plus délicieux du monde une pitrerie tant amère qu'épouvantable. Tremblant et s'agrippant á moi comme à un réclif, mon amant, imaginez-vous, au suprème instant de la joissance, s'abandonna et emplót de sa pisse mon con!«

Dieses einzigartige Dokument geriet auf kaum verfolgbaren Irrwegen in die Hände des flämischen Großreeders Jan Hendrik Mykebusch, dem dessen Sohn Conrad eine zweibändige Lebensbeschreibung widmete und 1857 in Antwerpen veröffentlichte. Im Anhang zu diesem Werk findet sich, gewissermaßen als frivoles Kuriosum, der Brief der Madame de Lanctut wiedergegeben, den Conrad Mykebusch in der Hinterlassenschaft seines Vaters entdeckt hatte. Der allzu abseitige Ort der Veröffentlichung mag schuld daran sein, daß dieses für die Geschichte der deutschen Gefühlskultur so bedeutsame Zeugnis bis heute keinem der zuständigen wissenschaftlichen Fachgebiete bekannt geworden ist... Übrigens ist es wahrscheinlich, fügte Lena hinzu, daß das Erscheinen Goethes in Weimar dem Spuk augenblicklich ein Ende bereitet hat. Man darf sich vorstellen, daß der junge bürgerliche Dichter gleichsam eine Übertragungsautorität darstellte und die kleine höfische Gesellschaft vom Trauma der bürgerlichen Bedrohungen entlastet hat, von diesem seltsamen Teatrauma, wie wir es genannt haben... *1975a*

Freunde, und ich konnte beobachten,
daß meine Frau im Theater gern ihren eigenen Gedanken
nachgeht.
Für sich, auf ihre Kniee lächelnd, schielt sie
verbotener Handlung nach, den dunklen Waffengängen der
Verkörper

Es bleibt bei jenen seltnen Seitenblicken, die ihr erlauben,
wie ein entsprungenes Verlieben, das unwesentlich Poetische
in seinem Schutz zu überraschen.

Wir anderen sind nicht leicht zu interessieren.
Doch abgewandt zusammensitzen, dasselbe sehn und
das seltsam Bekannte geschehen lassen, das tut jedem von uns
wohl.

(Wir glauben allerdings, daß sich die Gedanken meiner Frau
im Theater nicht wirklich frei bewegen können.
Bleibt doch im Theater die Nähe zur Bühne unüberwindlich.)
1976a

Ihr intimes Drama vergessen machen

»Alles scheint geheime Filiation zu sein«, höre ich eben noch,
im Ausschalten, einen Literaten Goethe zitieren im Radio...
Wenn das wahr wäre!
Wie wenn am Ende eines Theaterstücks, eines jener amerika-
nischen Psycho-Boulevardstücke – eine Dame, ein Herr, eine
Dekoration – viele, viele Leute der verschiedensten Berufe
und Klassen aufträten, aus allen Bühnenwinkeln hervorkä-
men, immer mehr Menschen, die gewissermaßen die unmittelbare soziale Filiation der beiden Hauptfiguren darstellen,

174

der Hauswirt, der Tankwart, der Neffe, der Steuerberater, die Masseuse und viele mehr, mit denen die beiden in Berührung stehen, und die nun ihr intimes Drama auswischen, überlaufen, ausmurmeln, vergessen *machen*. *1977*

Wie immer im Theater

Du gleichst dem memorierenden Schauspieler, der schreiend über die Felder rennt, verfolgt von unzähligen Gespenstern, Wüstenschlangen, Gläubigern, lauten Rachegeistern des Geistes, der Schauspieler, der durch die Flure des Theaters hetzt, seinen Mantel dem Inspizienten zuwirft und sich auf die Bühne stürzt, in den hellen bergenden Scheinwerferkegel, hinter sich das schwere Kulissenportal schließt, verriegelt, sich dagegenstemmt, einen Schrank, einen Stuhl, eine Siegessäule und was dem Bühnenbild sonst noch zu entreißen ist, vor die Tür schiebt, gegen die von außen die Geister poltern und drücken, der sich niedersinken läßt auf der Bühne, tief ausatmet, vor ihm die Zuschauer: gerettet. Eben noch ein Ort der Zuflucht, wendet sich da die Bühne in einen Ort des Grauens. An der hinteren Wand der geschlossenen, schweren Kulisse geht eine weit größere Tür auf, als sie der Schauspieler eben verbarrikadierte, ein hohes eichenhölzernes Tor, in dessen Täfelung die versperrte Tür nur ein unteres Pförtchen ist und als Durchgang für Kleine und Schwache dient, und die Hand eines Kolosses, eine riesige, eine mit dunklem, nicht zugeknöpftem Lederhandschuh überzogene Hand reicht durch den Torspalt, und in der Kuhle dieser Hand krabbelt ein Häufchen Menschen, ein furchtbarer Wind strömt dazu aus der Öffnung, die Hand schüttelt die Insassen ab, und sie purzeln aus ziemlicher Höhe hinunter auf den Bühnenboden, das Tor geht knarrend zu bis auf einen ganz geringen Spalt, aus dem weiterhin Luft auf die Bühne faucht. Die Ausgeworfenen laufen kopflos durcheinander und schreien. Der aber, der eben noch auf der Bühne ausatmete, wird vom Wind ergriffen und in die Herumirrenden hineingeschleudert, die alle nichts als Namen schreien wie Schiffbrüchige nach ihren Angehörigen, und wirklich findet er unter ihnen eine, die sich an ihn und nur an ihn klammert; sie umarmen sich im gewaltigen Sturm gerade neben dem Torspalt und geben sich einige Versprechen ... Dann plötzlich wird es, wie immer im Theater, plötzlich dunkel und still. Es ist nichts gewesen. Die Leute können nach Hause gehen. Zwei, die sich umhalten und gegen den Wind sträuben, sahen sie. Die Frau schrie gegen den Wind. Der Mann, mit dem Wind, durfte flüstern. Dann trennte ein jäher Wirbel die beiden, wehte sie in die Höhe wie Laub und riß sie auseinander, zuletzt die Hände. Nicht zu vergessen: ihre Hand und seine ausgestreckt, und nur dies Bild des Risses bleibt zu betrachten, auf dem man später nicht mehr erkennen wird, auf welchem Weg die Hände sind: nähern sie oder trennen sie sich? Ist es Langen oder Lassen? Abschied oder Beginn? Ununterscheidbar, nicht zu vergessen. *1980*

SIE MACHEN DAS DAMALS

DER MANN Da gab es einmal einen Rattenfänger, dem sind wir hinterher.

Mit seiner Flöte zog er uns das Ungeziefer von der Seele und ertränkte es im Vergessensfluß. Doch dann glaubte er sich um seinen gerechten Lohn betrogen, und er entführte uns, die kleine Schar, wie in Hameln einst die Kinder, er schloß uns ein in diesen Berg. Dort auf vorgeschobenem Fels, du siehst, über steiler Wand und leerem Grund, hält einer uns gefangen und bleiben wir erhalten, verflucht in eine ewige Komödie, verbannt ins Grauen heftiger Belustigung. So überleben wir und wiederholen uns und werden's wohl für alle Zeiten tun.

DIE FRAU Ich nicht. Ich bin hier nur
  aufs Wochenende zu Besuch.
DER MANN Nur zu Besuch, soso.

Sie sehen beide durch den Schlitz.

DER MANN Und wie sie spielen!
  Sie wiederholen und wiederholen sich.
  Sie machen das Damals, sie lassen nicht nach. Und wieder-
  um von vorn und noch einmal das Ganze. Du siehst: der
  Rest ist Theater. Der letzte unserer magischen Versuche,
  die Angst uns auszutreiben.
DIE FRAU Ich weiß gar nicht: bin ich die oder die?
  Lynn, die Hexe oder Lynn, das Goldstück?
DER MANN Und ich: bin ich der oder der?
  Hans, der Esel oder Hans, der Herzensbrecher?
DIE FRAU Was sagst du da gerade?
DER MANN Weiß nicht mehr, was ich damals sagte.
DIE FRAU Mir kommt es so vor, als sei's gestern gewesen.
  Was wir da sehen, Hans, ist fürchterlich.
  Da zappelt jeder mit der Schlinge um den Hals –
  wie sind wir da bloß lebend rausgekommen?
DER MANN Sind wir das?

Er sieht wieder durch den Schlitz.

DIE FRAU Oh Fehler der Geschichte! Die Herzen sind hin.
  Nichts geht mehr. Nur auseinander noch.

Sie weicht zurück.

DIE FRAU Ist das alles wirklich geschehen?
DER MANN Das ist – das Geschehen.
DIE FRAU Aber daß es so etwas überhaupt noch gibt!
DER MANN Ha! alles gibt es noch, so ist das nicht.

Diese Zeit, die sammelt viele Zeiten ein;
da gibt's ein Riesensammelsurium,
unendlich groß ist das Archiv: Alles da,
und ist zuhanden. Viele brauchbare Stoffe
noch in den Beständen, im Fundus der Epochen.
Das Beste freilich können wir nicht
mehr halten in unseren Armen, nicht mehr
tragen in den Köpfen – aber verschwunden,
wirklich verschwunden ist in Wahrheit nichts, kein Reich
und keine noch winzige Gebärde

Er ruft durch den Vorhangschlitz.

DER MANN Los, los, ihr Überlebenskünstler! Nehmt euch,
was ihr gebrauchen könnt!
Schafft und schleppt euch ab, überliefert
was noch zu überliefern ist! Für wen?
Das fragt jetzt nicht. Worüber verfügt der Mensch?
Über viel, sehr viel Vergangenheit.
Die allein ist reich, und die bleibt immer
unerschöpflich. Und was da fällt und abgetan wird,
fangt alles auf, bewahrt es gut,
denn dies Finale muß noch lange halten
Zur Frau Willst du hinein? Willst du das Spiel von nahem
sehen?
Die Frau nickt, sie gehen nach rechts ab.

DIE FRAU Stellt sich heraus: ich täuschte mich,
ich hatt'ne Vision /
laß ich mich krankschreiben

DER MANN Es war dies nur ein Spiel mit tieferen Spielen
Nicht wirkliche Magie: Nach Katalog bestellte Therapie
Ein Wühlen in der Krabbelkiste namens Seele
Restposten, alte Wünsche grün und blau

178

Spottbillig der Krempel, man wühlt sich
Durch Gelegenheiten, halb gierig, halb interesselos
Und bringt bestimmt was Überflüssiges nach Haus.
Dennoch hab ich viel dazugewonnen.
Die Kur war schlimme, die Regeln wirr.
Doch hätt ich niemals bessere Partner finden können
Als ihr es wart, ihr drei, ihr wart fantastisch
Ich dank euch vielmals, große Könner!
1981

AUFSTAND DER NAIVEN

Der Busfahrer, der eine Ladung Theaterfreunde vor einem
Zirkuszelt abgesetzt hat, in dem ein kritisches Zeitstück aufgeführt wird, der sich selbst mit dazu setzt, aber nur für eine
Weile, dann erregt, doch ohne ein Wort zu verlieren, das Zelt
verläßt, sich in seinen leeren Bus hinter das Steuerrad setzt und
mit dem Bus aufgebracht und ziellos durch die Straßen fährt.
Warum? Weil in diesem Stück von Beginn an der »übliche
Kleinbürgermief« ein Ziel des Spottes war, weil *sein* Zuhaus,
seine *Einrichtung*, seine Kleidung, seine Ansichten und seine
Familie der Lächerlichkeit preisgegeben wurden, weil er selbst
öffentlich beleidigt worden war.
Wenn schon das Publikum nicht mehr gewillt und gewohnt
ist, die symbolische Sprache eines Stücks zu verstehen, wenn
es Ort und Stoff der Handlung in einer unumwundenen 1:1-
Dimension auf die eigene Erlebnissphäre und Realität bezieht,
warum sollte es da nicht einmal zu einem solchen Aufstand des
Naiven, des Wilden der Kunst kommen, der seine Identität an
das Theater zu verlieren fürchtet? *1981a*

Was die Arbeit am Drama erschwert, das uns doch in die großen Konflikte und Fallhöhen hineinreißen soll, die wir sonst nirgends zu spüren bekommen: solche Konflikte und Antithesen lassen sich heute nicht einmal mehr im Gedanklichen auseinandersetzen. Unsere Erlebniswelt ist voll von Ambivalenzen und Doppelbindung, voll auch von sinnlicher »Meinungsvielfalt« und von einem ungeheuerlichen medialen Quidproquo. Das läßt ein schieres Gegenüber zweier widersprüchlicher Positionen auf dem Theater zu einer extrem künstlichen und wirklichkeitsfremden Herausforderung werden. Und doch wäre gerade hierin, wenn es gelänge, dem uralten Paradigma des Theaters Genüge getan; denn es kommt immer darauf an zu beweisen, daß die Modelle des Theaters älter, stärker und überlebensfähiger sind als alles, was wir ihnen aus unserer Gegenwart zutragen können. *1981a*

Realität neben der anerkannten Wirklichkeit

Welch undurchdringliche Mattheit rückt von der Bühne vor in unsere Herzen und Köpfe! Welch törichter, hilfloser und dreister Umgang mit »Realität« verödet die Theaterbühnen! Es müßte einer kommen, der eine ganz andere Sprache spricht. Einer, der aus wohlerwogener Ferne, von weit jenseits der uns bekannten Kunstkontinente herüber kommt und wirklich etwas sucht auf dem Theater, das sonst nirgendwo zu finden ist. Ein Pirat nach langer, viele Jahre währender Schatzsuche, die überall in der Wirklichkeit vergeblich blieb, und das Theater in das letzte Gestade, dem er zutreibt, die letzte Hoffnung für ihn, in dessen Nähe seine innere Stimme plötzlich aufschreit: »heiß!...heißer!« ... und er umkreist das Versteck, den sichern Schatz immer enger, kommt ihm näher und näher ... und der Schatz, den er hebt, ist von solch eigener

Substanz, daß sie stolz, spiegelnd und funkelnd, neben der anerkannten Wirklichkeit zu bestehen vermag. Er sagt: »Ich suche etwas, das unter Menschen nicht zu finden war.« *1981a*

»LEAR« – ERLÖSUNG VON ERLÖSUNGSIDEEN

In einer spröden, abweisenden Aufführung des *Lear* waren die Figuren hüllenlos in ihrer Häßlichkeit und Einsamkeit zu sehen. Unbewegt und hart zusammenstehend, nur zu ihren Auftritten rasch über die Riesenöde der Bühne trippelnd, in schäbiger, auswegloser Verfügung. Am sinnfälligsten wurde die undurchdringliche Sphäre, die unter Menschen besteht, durch den Kind-Narren. Der so überdeutlich sprach und doch ganz unverständlich blieb, da er mehr und anderes wußte als alle übrigen handelnden Personen. Der für seine treue Begleitung geliebt wurde, aber mit dem man kein Wort wechseln konnte. Wie sehr gefiele mir ein solcher Kumpan, der unbestechlich bliebe für Kommunikation, mir nicht mit meinen eigenen Worten heimzahlte, sondern stets aus jener »anderen Sphäre« Antwort gäbe!

Die monotone Szene ließ mehr spüren von der Welttrostlosigkeit, von der Tragödie vor jeder Tragödie (auch dieser Shakespeares), vom Urstoff des Menschengeschicks als jedes der fürchterlichen Untergangsszenarios, mit denen wir heute überschüttet werden. Welche Größe gewinnt gerade jetzt die Tragödie gegenüber der Humanduselei, mit der wir im Anblick des Endes uns selber bedauern! Die Alten hatten die Tragödie noch zum Leiden-Lernen. Wir Jungen könnten nie soviel ertragen. So ließe sich das Epilog-Wort auf uns abwandeln.

Lear scheint Angst zu haben vor dem Wahn. Wie vor einem bösen Infekt. Und so geschieht es auch: eine Spermie, eine Keimzelle des Schöpfungswahns trifft ihn, das genügt. Das schäbige Familiengeschehen ist nicht der Grund seines Wahns,

181

sondern nur ein Mittel in der lückenlosen Beweisführung, daß die Welt ein Unding ist. Und der dies Erkennende ganz und gar mit ihr eins. Nichts *Besonderes* ist es daher mit der Menschennatur. Nichts erst recht mit der natürlichen Natur. Nichts, gar nichts mit der Über-Natur. Eine solch tolle Allverneinung ist aus der Kunst sonst nie entstanden. Aber man spürt doch zugleich: es ist auch nur eine große Stimmung unter anderen möglich. Der Dichter und sein Werk sprechen an sich schon gegen jeden Syllogismus der Gesamtschwärze. Die Welt ist radikal schlecht für den, der diesen Beweis führen will und muß. Aber selbstverständlich interessiert sich die Welt nicht für diesen Beweis und richtet sich nicht danach.

Wie unausweichlich sie auch scheinen mögen, das Ende, der Untergang, die Kahlheit – es kann jederzeit auch anders kommen. Oder, wenn man mit Heidegger der Überzeugung ist: die Bombe ist schon längst gefallen, dann ermißt man den Grad des Menschlichen und seiner Zerstörung eben nicht am physischen Existieren. Es ist dann jeweils die Frage des Weltbilds, ob wir vor oder nach der Katastrophe leben. Das Menschliche indes verhält sich gleichgültig gegenüber jeder seiner Bestimmungen. Es verkraftet jedes Urteil und frißt sich weiter durch den Brei von Glorie und Barbarei.

Unsere Unglücke und schlechten Aussichten, Bedrohungen und Kämpfe sind auf schmerzliche, beinahe brutale Weise untragisch. Daher, und so war es immer, dies urtümliche Verlangen, die Tragöde zu schauen und vor der Unermeßlichkeit des Leids berührt und gestärkt zu werden. Der Mensch, selbst nur ein Wurm im Leidwesen, ein kleiner Kriecher des Unglücks, ist der Tragödie bedürftig. Durch sie will er sich zusprechen, daß Menschen eigentlich großartige Leid-Wesen sind – unser Stolz vor den leicht lebenden Göttern. Jede Tragödie ist daher eine aufsässige Handlung, ein kaum verhohlener Frevel. Sie findet nur auf dem Theater statt. In keiner anderen Kunst. Und schon gar nicht in den Wirklichkeiten. Deren Katastrophen streifen nicht einmal unser kultisches Bedürfnis nach

Tragödie, die erlöst von allen zwanghaften Erlösungsideen. Wir werden nicht tapferer dadurch, daß wir die Tragödie nicht zu sehen kriegen. *1987a*

Von Ibsen bis Heute

Was die Welt im Innersten zusammenhält, ist Raserei. Es gibt kaum ein erkennbares Ende der Materie. Das Elementare gleicht der Zwiebel des Peer Gynt – es besitzt keinen letzten Kern. Im Grunde der Dinge herrscht das Grenzenlose in ewiger Beschleunigung. Sein Verlangen nach Unvergänglichkeit mag nun der Menschengeist an der spurenhaften Materie stillen. Müßte nicht das Wissen um die Auflösung des Elementaren, des Letztgründlichen irgendeine Wirkung tun auch auf unseren Symbolverstand?

Wir leben konillusionär. Einer von des anderen Illusionen, niemals in Täuschung allein. Auch die Lebenslüge ist keine autonome Leistung des Einzelnen. Von Ibsen bis heute haben wir Fortschritte in der Erfahrung dramatischer Ursachen gemacht. Wir kennen jetzt das unanfängliche Verhängnis als den »komplexen Zusammenhang«. Dieser kommt ohne Urversagen und prima causa über uns. *1987a*

Wirklichkeit sieht allemal anders aus

Der Zuschauer Was für ein Abend! Ich gehe ins Theater, um mir die Sorgen zu vertreiben. Was sehe ich aber auf der Bühne: haargenau meine Sorgen. Ein Stück, wie es alltäglicher nicht sein könnte. Man kommt von der Garderobe und betritt den Zuschauerraum. Man nimmt Platz. Der Vorhang öffnet sich, und man sieht vor sich wiederum die Garderobe. Ein Mensch tritt auf, einem selbst zum Verwechseln ähnlich, jemand, der offenbar überstürzt ein

183

Schauspiel verlassen hat und sich nun bei der Garderobenfrau darüber beschwert, daß ihm das Theater zu alltäglich, zu
gegenwärtig, zu wirklichkeitsnah und persönlich nur allzu
bekannt vorkommt. Womit ich mir meine eigenen Worte
des Abscheus sparen kann.

GARDEROBENFRAU Die Leute amüsieren sich. Sie hören es.

DER ZUSCHAUER Natürlich. Sie amüsieren sich. Sie amüsieren sich über mich. Das ist mir nichts Neues. Das erlebe ich
jeden Tag bei mir zu Hause. Dafür brauche ich nicht ins
Theater zu gehen und 32 Mark Eintritt zu bezahlen. Man
will doch den idealen Menschen sehen, den es nur auf der
Bühne, in angemessener Entfernung, gibt. Idole will man
sehen für sein Geld. Ich halte das ganze Stück im Grunde
für eine Anspielung auf meine Person. Genauso stehe ich
da, Sie sehen es selbst, wie auf der Bühne. Wie heißt denn
der Autor? *Er sieht ins Programmheft.* Bertrand Vobis. Hm.
Ist mir nie begegnet. Aber er muß mich kennen, und zwar
auf eine ungeheuerliche Weise. Bertrand Vobis. Wahrscheinlich ein Pseudonym. Ich habe das Gefühl, er könnte
ein Neffe von mir sein. Oder ein Freund meines Bruders.
Nein, der ist ein Kretin. Der weiß nichts über mich. Ich gehe da nicht wieder hinein.

GARDEROBENFRAU Warum gefällt Ihnen das Stück nicht?
Es ist ein schönes Stück. Die Schauspieler sind sehr gut.

DER ZUSCHAUER Wenn das ein schönes Stück ist, so wäre
mein Leben schön. Wenn das gute Schauspieler sind, wäre
ich ein Naturtalent. Stünde ich selbst auf der Bühne und
brauchte mich nicht als Zuschauer über einen Zuschauer
auf der Bühne zu ärgern. Ich habe letztlich keinen Schauspieler gesehen, sondern einen glücklosen Mann, den es auf
die Bühne verschlagen hat. Letztlich mich selbst, darf ich
wohl sagen. Was tut er übrigens, dieser Mann, nachdem er
das Schauspiel verließ und sich mit der Garderobenfrau un-
terhalten hat?

GARDEROBENFRAU Er geht wieder hinein. Er läßt sich von

ihr überzeugen, daß es sich lohnt, das Stück bis zum Ende anzusehen. Sie sagt, daß sie nach der Vorstellung gern mit ihm darüber diskutieren würde. Daraus ergibt sich dann eben die berühmte Liebesgeschichte.

DER ZUSCHAUER Die berühmte Liebesgeschichte? Berühmt, hm, hm. Na ja. Das ist eben so auf dem Theater. Die Wirklichkeit sieht allemal anders aus. *1988*

MEDEA HAT RECHT

MARIE STEUBER *steht mit dem Rücken gegen die Wand.* Recht! Recht! Recht! Medea hat recht!

RUDOLF Du hast keinen Grund, dich auf Medea zu berufen. Wir haben keine Kinder, ich habe dich nicht um einer Kreusa willen, einer Königstocher, verlassen, und doch, scheint mir, steigerst du dich hinein in dieses Ungeheuer.

MARIE STEUBER Sie ist kein Ungeheuer. Sie leidet sich kaputt.

RUDOLF Tust du das etwa auch?

MARIE STEUBER Medea ist ganz einfach. Ganz kreatürlich. Ganz ursprünglich. Und ihre Umwelt ist verdorben.

RUDOLF Das gibt ihr noch lange nicht das Recht, ihre eigenen Kinder zu opfern!

MARIE STEUBER Das gibt ihr nicht das Recht? Was weißt denn du?! Das gibt ihr nicht das Recht! Aber natürlich! Sie liebt den Jason, er ist ihr mehr als alles auf der Welt. Was haben sie nicht alles durchgemacht und gemeinsam erlitten, die beiden! Und wie gemein hat er sie dann betrogen.

RUDOLF Wo ist die Parallele? Ich frage dich: Wo ist die Parallele zwischen dir und mir einerseits, zwischen Medea und Jason andererseits, wo, bitte? Es fängt doch langsam an fürchterlich zu werden, wie dir diese Dichtung zu Kopf steigt. Du hast noch niemals etwas gelesen. Du kennst nur diese Medea, das ist das einzige, was du überhaupt je gelesen hast.

MARIE STEUBER Ich brauche nichts anderes zu lesen.

RUDOLF Lies doch Anna Karenina oder die Kameliendame oder sonst irgendein rührendes Frauenschicksal.

MARIE STEUBER Medea versucht ja alles zu tun, um das Unglück abzuwenden. Aber Jason hört nicht auf sie.

RUDOLF Wie soll er denn auf sie hören? Sie sind mitten in einer Tragödie! Da ist gar nichts zu machen. Wir befinden uns dagegen keineswegs in einer Tragödie. In unserem Leben gibt es keinen Raum für Medea. Es gibt für sie keinen Platz, verstehst du?

MARIE STEUBER Medea begeht die größte Liebestat, die je eine Frau begangen hat.

RUDOLF Aus Eifersucht, aus purer Selbstsucht. Mord- und Vernichtungssucht. Das nennst du Größe?

MARIE STEUBER Du bist nämlich noch viel kleiner als Jason. Wie kannst du so etwas sagen? Wie kommst du darauf?

RUDOLF Ich weiß nicht, ich hatte es so in Erinnerung. Ich glaube nicht, daß ich mich täusche.

MARIE STEUBER Das Drama zeigt –

RUDOLF Du solltest Literaturunterricht nehmen. Damit du lernst, wie man ein Drama liest. Es ist offensichtlich gefährlich ein Drama zu lesen, eine Tragödie, wenn man nicht richtig damit umgehen kann. In einem Drama haben immer zwei Leute recht, sonst wäre es keins. Das haben wir alle auf der Schule gelernt.

MARIE STEUBER Ich möchte wissen, wo Jason recht hat, bitte? Wo hat er recht? Ausrotten, zerstören, verbrennen, schlachten, Blut, Blut! Wenn er doch ein Verräter ist!

RUDOLF Ich bin anderer Meinung –

MARIE STEUBER Meinung? Keine Meinung! Es geht um das Gefühl, das unendlich große, so königlich, so königlich, stolz und schwarz und fremd und alles!

186

RUDOLF Du bist eine fanatische Anhängerin dieser Medea aus Kolchis.

MARIE STEUBER Ja. Das bin ich. Das bin ich.

RUDOLF Gut. Es gibt religiöse Fanatiker, politische Fanatiker, Sportfanatiker etcetera. Alle Fanatiker sind für mich Idioten. Das sag ich dir ganz deutlich.

MARIE STEUBER Auch wenn dich jemand fanatisch liebt?

RUDOLF Fanatisch braucht mich niemand zu lieben, das verlange ich gar nicht.

MARIE STEUBER Das ist es eben, was Medea nicht versteht. Diese Haltung versteht sie nicht. Unmöglich. Aus. Tod und Feuer.

RUDOLF Ich werde dir das Buch fortnehmen. Weg mit der Tragödie. Ich schmeiße sie auf die Straße.

MARIE STEUBER Du scheinst nicht zu begreifen, daß Medea da ist. Daß sie ihr Recht fordert. Daß wir nicht einfach so tun können, als gäbe es sie nicht. Wage nicht, sie zu verstoßen. Spiel nicht mit dem Gedanken. Sei klüger als Jason. *1988a*

NUR IN GEBÜHRENDEM ABSTAND

Irgend etwas würde sich nun zwischen ihnen ereignen und zweifellos würde dies im Hintergrund wie auf einer Bühne geschehen, denn wenn sich etwas ereignet, dann ist es nur auf Theatergerüsten erkennbar, nur in gebührendem Abstand und unter einem szenischen Leuchten, das wie ein Polarlicht über das nördliche Steppenbraun unserer Erwartung fegt. *1989a*

Auf der Szene ist eine Schar Brecht-Kulis, alle im gleichen weißen Kostüm (unter ihnen: Melanie) mit langem schwarzen Schopf, damit beschäftigt, weiße Kanalröhren aus dem Bühnenboden zu ziehen. Sie bewegen sich rhythmisch und singen zur Arbeit ein Chorlied aus »Die Maßnahme«. An einer Seite der Szene ist wie vor Gedenkstätten eine Kordel gehängt. Ulrich und der Schließer treten vor die Absperrung und kommentieren halb belustigt, halb verärgert die Szene.

DIE KULIS *singen* Im Kahn ist Reis. Der Bauer, der
    Ihn geerntet hat, bekam
    Eine Handvoll Münzen, wir
    Kriegen noch weniger. Ein Ochse
    Wäre teurer. Wir sind zu viele.

Einer der Kulis rutscht aus, der junge Genosse legt ihm den Stein hin, der Kuli kommt wieder hoch.

DIE KULIS Zieht rascher, die Mäuler
    Warten auf Essen.
    Zieht gleichmäßig. Stoßt nicht den Nebenmann.
ULRICH Ja schämt ihr euch nicht?
    He! Habt ihr denn gar nichts dazugelernt?

Der Chor unterbricht sein Lied und verharrt unbewegt auf der Stelle.

ULRICH Wißt ihr denn nicht, was die Stunde geschlagen hat?
DER SCHLIESSER Hantiert ihr denn ewig unbelehrbar mit
    diesem klobigen, zu keiner Pforte der Wirklichkeit passen-
    den Schlüssel einer verschlagenen Einfalt herum?
ULRICH Ist denn die Kunst für immer in ein Gespensterhaus
    eingesperrt?

Die beiden debattieren leise untereinander, und der Chor setzt zaghaft sein Lied fort.

DIE KULIS Wenn der Reis in der Stadt ankommt
Und die Kinder fragen, wer den
Schweren Kahn geschleppt hat, heißt es:
Er ist geschleppt –
ULRICH Halt! Seid ihr wohl Untote und Wiedergänger, die
ihre Arbeit in ewiger Trance verrichten?
DER SCHLIESSER In Schönheit arbeiten – in Schönheit dia-
lektisieren – in Schönheit liquidieren: ist es das, was euch
immer noch vorschwebt?
ULRICH Ist denn die Bühne ein Recyclingbetrieb, um uner-
träglich stinkende Ideen zu sauberem Singsang aufzuberei-
ten?
DIE KULIS Zieht rascher, die Mäuler
Warten auf Essen
Zieht gleichmäßig. Stoßt nicht
Den Nebenmann.
DER SCHLIESSER Das Kapital wandert dorthin, wo es geliebt
wird. Die Menschen gehen weg, wo sie nie einen Fisch
zum Reis bekommen!
DIE KULIS *versuchen den Schließer zu übertönen.*
Das Essen von unten kommt
Zu den Essern oben. Die
Es schleppen, haben
Nichts gegessen.
ULRICH Der Kommunismus kommt wieder, wenn wir ihn
wirklich gebrauchen können: im Gottesstaat!
DER SCHLIESSER Das halte ich nun Ihrerseits für übertrieben.
Eine überflüssige Prophezeiung, eine ärgerliche.
ULRICH Sie wissen doch: gegen Eiferer muß man sich mit al-
lem Eifer zur Wehr setzen.
DER SCHLIESSER Die da sind keine Eiferer, mein Herr. Un-
gerührte sind es –
ULRICH Besessene Ungerührte, ja, insofern gefährlich.
DER SCHLIESSER Nur sich selbst gefährlich. *1991a*

Maß für Maß: Wie im *Homburg* kommt aus Todesschauder Fügung. Alles verschlimmert sich Wende um Wende, jede Verheißung zum Besseren wird säuberlich enttäuscht, und nur der Ergänzer, der Fürst, erlangt, indem er sich selbst drein gibt, den Ausgleich der Verfehlungen, so daß jeder einzelne, der im Umfallen begriffen ist, nur ihn und an ihm zuletzt aufsteigt, gefügt. Nur »die Fürsten schmähen«, wie Lucius es tut, ein neuer Thersites, das ist das verwerflichste Gebaren, schlimmer als Notzucht und Ehrschändung, und es entgeht der Strafe nicht, auch wenn sie angemessen mild und parodierend bleibt. Es ist die ernst- und zauberhafteste Apologie der Macht, die überhaupt nachvollziehbar ist. Jedes Gut ist nur durch Aufgabe seiner selbst zu retten. Man sieht: solange in der Kunst die Ordnung unter Menschen verhandelt wird, ist Dialektik ihre ergreifendste Bewegungsform – ergreifend wegen ihrer Nähe zum Ritus der Passage und zur Initiation, deren Gang, kleine Tode zu sterben, dann zur Negation abstrahiert wird. *1992*

DAS PROBLEM DER ATRIDEN, DES ÖDIPUS

Welches der ursprüngliche Fehler ist, den jemand beging, woraufhin er sich weiter in Unheil verstrickte, das Problem der Atriden, des Ödipus, der Psychoanalyse, des Dramatikers Ibsen, der Kriminalliteratur, es verschwindet mit dem Reduktionismus im Weltbild der Kybernetik. Dies alles gibt es nicht in der erkennbaren Wirklichkeit: prima causa, Urschuld, Erstes an sich. Bevor also aus Urgründen überhaupt ein Grund geboren wird, gehen zahllose zufallsgesteuerte Entscheidungsprozesse voraus. Was wir Anfang nennen, ist bereits das Resultat langwieriger vor- und zurückfragender Selektionen. Ein Verbrechen läßt sich überhaupt nicht aufklären, es kann nur beurteilt werden. Die Schöpfung wie das Verbrechen sind zwar emergente, plötzliche Akte, entstehen aber weder aus dem Nichts noch aus einer einzigen Ursache. Die Schuld ist nur ein subjektiver isolierter Knoten innerhalb einer zu keinem Ende hin verfolgbaren Verstrickung. Gott schuf den Mythos des Anfangs. *1992*

ABSOLUTE GEGENWART – UND SEI SIE NOCH SO SYNTHETISCH

»Ob ich nun recherchiere oder eine reine Phantasiegeburt hinstelle, das ist völlig wurscht. Wenn es gut ist, ist es in jedem Fall ein Roman.

Ein Theater ist in erste Linie Gebärde. Der Zuschauer muß spüren: Da steht eine Figur, die eine Geschichte hat. Und gleichzeitig ist das Theater die absolute Gegenwart – und sei sie noch so synthetisch. Ich beherrsche das Imperfekt nicht.« *1993b*

WAS ICH AUF DER BÜHNE SEHE

Nein, die Spieler erfinden ihre Regeln nicht selbst. Ein solches Spiel kann es nicht geben, es wäre das reine Chaos. Die Spieler kennen sehr genau die Regeln, nach denen Sieg und Niederlage eindeutig bestimmt werden. Aber sie werden sie nicht jedermann verraten. Nicht Leuten wie Ihnen, die bis heute kein Geheimnis für sich behalten konnten ... Ich selbst scheuchte sie vom Tisch und schickte sie durch die schwarzen Tücher hinaus auf die Bühne. Ohne Ausnahme lasse ich später einen nach dem andern wieder von der Bühne verschwinden, sobald ihre Verlorenheit, ihre hilflose Verlorenheit auf der nackten Bühne sich erwiesen hat. Ich glaube an das, was ich auf der Bühne sehe. Was rechts und links von ihr, über und außer ihr geschieht, daran glaube ich nicht. Ich kann es übrigens kaum erkennen. Es sendet gewisse Reize, nicht deutlicher als das Beuteschema, der diffuse Umriß, den die Kröte von einem Regenwurm besitzt. Erst wenn ich sie in den nackten Kasten befördert habe, entwickeln die Menschen für mich eine starke Kontur, ihr inneres Geflecht, ihre Außenbeziehung, ihre Schönheit, ihre Trauer, ihre wahre Gewalt und – ihre Sprache. Gleichzeitig stecken sie fest im Boden, die Schollen reichen ihnen bis zur Brust – und doch ist es in Wahrheit nicht die Erde, sondern es sind Schollen eines leichten Gewölks, aus denen sie hervorragen... Wenn ich sie auf meiner Bühne betrachte, so erkenne ich im Geringfügigsten noch einen Schimmer seiner elementaren und sphärischen Herkunft, in jedem Mensch sein Menschenmögliches, das mir so mit bloßem Alltagsauge niemals erfaßbar wäre... *1994*

VON AISCHYLOS BIS MELVILLE

Was immer man Gewaltiges las über den Menschen, von Aischylos bis Melville, eines blieb immer unangetastet: die Gefangenschaft seiner Beweggründe. Das sich selbst erklärende Individuum kommt in der Dichtung nicht vor (und auch unsere Epoche scheint nun diesem Mentaltragelaphen endlich den Status historischer Naivität zuzuweisen: wie konnte man ernstlich glauben, sich die Seele aufklären zu dürfen und dabei etwas anderes zu erreichen, als ihr Leiden zu vermehren?). *1995a*

SÖDERBERG – DAS GEWICHT DER NUANCE

Vor zwanzig Jahren las ich das Drama der tapferen, selbstbewußten Frau, Sängerin und Minister-Gattin, die ihre Ehe bricht, um mit einem jungen Komponisten ein neues Leben für die Kunst zu beginnen... Wozu es nicht kommt, denn das

Stück klärt die Mißverständnisse der Leidenschaft, bevor sie zu unheilvoller Verstrickung führen. Alle bleiben am Schluß für sich allein. Man liest heute deutlicher die bittere Konsequenz, das Ende des Stücks von Anfang an. Das Resultat einer nicht bedingungslos verfolgten Leidenschaft. Das Drama, daß die Liebe kein Drama mehr ist. Sondern nur ein furioser Zwischenfall auf dem sicheren Weg in die Vereinzelung – Carl Theodor Dreyer zeigt am Ende seiner Verfilmung des Stücks Gertrud alleinlebend in ihrer Hütte am Strand.

Es sollte sich lohnen, mit diesem Stück auf dem Theater das Gewicht der Nuance wiederzuentdecken. *1997d*

»TROILUS UND CRESSIDA« UND DER ESEL

Schöne Kälte, schöne Sprache. Wie die blutjungen Troilus und Cressida einander reizen mit erotischer Rede ... »ich lieb Euch nun; doch nicht bis jetzt so viel / Daß ich's nicht zähmen kann – doch nein, ich lüge / Mein Sehnen war, wie ein verzognes Kind, / Der Mutter Zucht entwachsen« ... Ähnlich spräche, wenn sie sprechen könnte, auch heute die frühreife Überlegenheit der kühlen Schönen, die sehr selbstverliebt sich dennoch zu verlieben wünscht. Das besonders schöne Mädchen, das ein wenig vollmundig zu sagen weiß, was Liebe ist und wäre, und doch mit jedem Wort nur Unerfahrenheit bekundet. Was sie sich versagt und was sich ihr versagt, bespricht sie, um es anzulocken, und spricht doch zugleich zuviel, damit es nicht zu brenzlig wird, auch aus Angst, die Überlegenheit der Vernunft ginge ihr verloren.

Wir stehen, was die Strategien der Leidenschaft, die Fülle der Finessen betrifft, als die Ärmsten der Armen da vor einem Shakespeare-Stück. Seine erotische Rhetorik erscheint den Jüngeren so unentschlüsselbar wie mesopotamische Keilschrift. Gut, sie übersetzen's, unbesehen, gleich in ihre Sprache, weitgehend in MTV, unsere notorischen Katachronisten,

die alles zu sich hinabverzeitigen. Es ist auffallend, wie unbe-
holfen das zeitgemäße Theater nur noch seiner Zeit gemäß
sein will, ohne sich selbst gemäß zu sein als einer Stätte, die der
totalen Verscheinung der Welt am solidesten widerspricht. Mit
der Nachahmung von äußerlichen Accessoires der Lebens-
welt, mit einer Art Clip- oder Zapping-Realismus unterspielt
es die eigene sinnliche Potenz, vor allem die des Schauspielers.
Die szenischen Moden werden dabei immer hübscher, ge-
schickter, reizvoller, jedoch immer zählebiger darunter der
ausgelaugte Kritizismus, der zopfige Antibourgeois-Effekt etc.
Insgesamt ist das Theater der Esel unter den künstlerischen
Transportunternehmen und Bewußtseins-Speditionen. Es
wäre an der Zeit für die Abenteuer neugieriger und strenger
Archäologen, die den verlorengegangenen Codex zu entzif-
fern wünschen. Für die die Frage der Finessen sich program-
matisch stellt. *1997a*

VERSIFFT UND VERSOTTEN

Godards *Hélas pour moi* im Video gesehen. Vielleicht daß der
Film zu wenig Raum hat ... sonst aber: so ist es, daß Menschen
nichts sind als Verheißung von Texten. Man sieht eine Frau,
einen Mann, und am Ende wird ihr Gegenüber allein durch
eine Bemerkung von Leopardi gerechtfertigt. An einem Satz
von Pascal hängen wie an Marionettendrähten Millionen moderne Leben.
Wie gut stünde dem Theater ein solch deregulierter Markt der
Dialoge! Und ein Verwehen der Angelegenheiten. Warum
findet dieses verdammte ewige Theater zu keiner neuen Artistik? Versifft und versotten, wie es ist, durch schlechte Gesinnung – Gesittung, schlechte Konvention, schlechten Stil, sub-
versiv-epigonales Gehabe – alles erdenklich Gestrige erhält
sich auf dem Theater! Daß zwei Männer ihr zartes Geständnis
brüllen, weil donnernd ein Zug vorbeifährt ... vielleicht inter-

essieren einen nur noch ein paar sinnliche Fallen, wenn man soviel gemacht hat wie Godard. Nur noch ein paar extrem wahrscheinliche Konstellationen... Es sind unverhoffte Zuordnungen unserer Körper im Raum, die uns zum Reden bringen. *1997a*

SHAKESPEARE INSZENIERT UNS

INA Mein Mann sagt: das Theater soll nichts zeigen. Es soll zum Verschwinden bringen. Er sagt: meine Menschen streben alle dem Hintergrund zu. Ich treibe sie in den Hintergrund. Das ist alles, was ich tue. Ich mache aus jedem Helden eine Randfigur.

ODILE Ich bin ein Nichts. Es lohnt sich nicht.

BERG Sie kommen hierher mit Ihrem kindischen Wissen um Gut und Böse. Und ich antworte Ihnen: ich glaube an das, was ich auf der Bühne sehe. Was rechts und links, was über oder unter ihr geschieht, daran glaube ich nicht. Ich kann es kaum wahrnehmen. Es gehen nur schwache Reize davon aus, sie werfen kein klares Bild auf meine Netzhaut.

INA Erst wenn ich sie vor mir im nackten Kasten sehe, sagt er, entwickeln die Menschen für mich ihre Kontur. Ihre Trauer, ihre Schönheit, ihre Verlorenheit, ihre Gewalt. Und in jedem Menschen erkenne ich sein Menschenmögliches, seine äußerste Grenze, seine größte Ausdehnung.

ODILE Ich bewundere Sie. Die Demütigungen, die Sie meinetwegen ertragen, scheinen Ihnen eine große Kraft zu verleihen, fast ein Leuchten.

INA Lassen Sie es gut sein, bitte.

BERG Wie willst du eines Tages Shakespeare spielen, begreifen, erleben, Gewalten zwischen Mensch und Ungeheuer, Passionen, mit deiner spindeldürren Seele?

INA Willst du ihr mehr Seele hineinprügeln in ihren Leib?

BERG *nimmt eine Tablette aus einer Dose* Ja.

INA Ich liebe dich. Doch ich teile deine Ansichten nicht. *Zu Odile* Sie kennen das.

BERG Nicht wir sind es, die einen Shakespeare inszenieren, liebes Kind, Shakespeare inszeniert uns! Er macht uns größer, als wir leben können ... Jedenfalls wenn wir bereit sind, über unsere kleinen inneren Verhältnisse zu leben. Verstehst du mich? *1998a*

OTHELLOS EIFERSUCHT

Othellos Eifersucht: wie eine Haut ohne Poren, ein Verdachtschöpfer, ein autokatalytisches System. Wenn man bedenkt, daß beide aufeinander zugehen... »Wie geht's?« ... mit verdeckten Absichten, Taschentuchszene, und wie dabei die Unschuld der Desdemona, ausgerechnet des Cassius', des Verdächtigsten, Wiedereinstellung zu betreiben, auf *uns* entwaffnend wirkt! Doch in Wahrheit bindet dieser Überkreuzgang des verdeckten Ansinnens beider die Verkennung noch fester und macht sie objektiv. Und dann ist es die Frau, die in ihrer Vorgefaßtheit schwankend wird: das Taschentuch, das mysteriös geweihte Ding, seine Herkunft, das reißt ein Loch in ihren Absichtsschleier, sie muß ihn schnell zusammenraffen: ›mit diesem Trick kommst du nicht weit‹... »Mit solchem Kunstgriff weichst du mir nicht aus.« Ein Satz, der in den Mund des Verdachtschöpfers gehörte.

Othello zeigt sich wenig beherrscht, schnell auffahrend und elliptisch in den Gefühlen: als sähe man Herakles einer Empuse aus der Hand fressend; einen Gott ergeben dem Rumpelstilzchen: einen Dichter, hörig einem Sportverbandpräsidenten...so der Bär, der sich zur Schlange bückt, die Schlange hören will und muß: Othello den Jago.

Das willfährigste, ohnmächtigste Ja-Sagen, das *Jaen* des Othello, des furchtbar Gehorsamen, des Verhängnishörigen.

Vor einem Freund, dem Gast Ludovico, seine Frau zu züchtigen! Er schlägt sie, als sie mit Freude über Cassios bevorstehende Wiedereinsetzung sich an den Gemahl wendet: Oh mein Othello! – und im Zulauf getroffen im Gesicht von seiner Handkante.

Die Befragung der D. zuhaus, die im Bett, gestützt auf beide Hände, kniet, ihm zugewandt, der an der Mauer auf einem Sessel sitzt, die Hände verdecken Mund und Nase, während der Gesang der Klage, der Anklage halb verschluchzt und ihn selbst überwältigend aus ihm hervorströmt und sein eigenes unbarmherziges Gefühl erschüttert.

Mit dem Gast stehen, dem Gesandten des Senats, einem Vorgesetzten gar, und die Einzige neben ihm, freundliche Verabschiedung des Mannes, umwölkt von Unheil jeder Ton, »O Desdemona!«, einmal tief zwischengeseufzt, und der Gast muß denken, welch sonderbar beschwerte Verhältnisse bei diesem Paar!

Es ist die Macht einer Opferpflicht, eines dunklen Sakrifiziums der Liebe, die Othello anzieht, zum Mord treibt. Nur Mord kann das lösen; wenn das Herz versteint: er bringt sein Liebstes dar, und alle Ränke und Verdächte sind nur Schleichpfade zur Opferstatt. Und sie wehrt sich ganz still, in dem Pakt fast geborgen, bittet nur um Aufschub. Das ahnungsvolle Kind, das nur Wahrheit bekennen kann, keine Kniffe kennt, sie zu beweisen.

Der Dumme: Othello, hirnlos wie Kot, sagt Emilia.

Wie lächerlich, wie grausam lächerlich am Schluß das Tüchlein. Ein nichts besagendes Ding. Ein lächerlich geschrumpeltes Indiz, die tödliche Kleinigkeit.

»Und fügt hinzu, daß in Aleppo...« Der Nachruf auf sich selbst. Man denkt: wie peinlich, hat der's nötig, seine Verdienste aufzuzählen, Epitaphien sich selber zu verfertigen? Doch der erinnerte Haß auf den verschnittenen Türken ist Selbsthaß jetzt und nötig für den Stich gegen sich selbst – gegen einen ganz erbärmlichen Hund. *1999*

Oder des Antonius wirre Ausschläge – verletzt durch Liebe. Davon wird jede Handlung abrupt und nicht mehr einsehbar. Verrat und Rückkehr, Eifersucht und Unterwerfung. Die gewaltsamen Kehren eines zu Tode Gehetzten. Auch die hohe Reizbarkeit des Trunksüchtigen, das unkontrollierte Herumreißen des Ruders. Es sind extreme Ausschläge alle auf der gleichen Skala der Leidenschaft: das Liebesende anbeten wird noch vom Feuer der Liebe erhitzt. Der Kreis des Taumels ist festgelegt um ›Ägypten‹ – was mag es bedeuten, eine Geliebte zu nennen nach ihrem Reich! Den Namen nicht mehr zu nennen, nur noch das Gebiet, das sie beherrscht, unterwerfbar als Territorium, nicht zu erobern als dunkle Fremde. Ein Reich- Krieg- Liebestod- und Zauber- Wort. Vielleicht, wenn er die letzte Schlacht nicht so seltsam verloren hätte – mit Entmutigung die Seinen am Vorabend erweichend, dann die überraschenden Scheinsiege, zuerst die unbegründete Euphorie, dann die Niederlage. Das sind die Wenden des Gemütskranken mehr als die eines äußeren Geschicks; die des exzessiven Trinkers vielleicht mehr als die des Liebenden? Jedenfalls: ein nüchterner Antonius liebte sein ›Ägypten‹ nicht *so*. Shakespeares große Gewalt: den Manierismus der Debatten, den weiten Apparat der Weltmetapher zum Eklat führen, daß nichts mehr übrig bleibt von einem Großen als die große nackte Welle seines Bluts: das Auf und Ab in seinem Herzen: absolut geworden, und wie es das Schicksal unter den Rhythmus seiner Umschwünge zwingt! Das äußere Geschick, das sonst unbelebt seine Anordnung trifft. Er wollte nicht siegen, in seiner Liebestodsucherei, in seiner Selbstverstümmelungssucht – doch hätte der Zufall ihm den Sieg gebracht, dann Cleopatra in furchtbar anderer Sicht...

Jede gewaltige dramatische Lösung ist Bifurkation – trägt in sich, mitziehend, die Schattenlösung, die Nähe des besseren Ausgangs – er ist beinah sogar ihr eigentlicher Inhalt und

Effekt. Das große Ende lebt stets von der Virtualität seiner Abwendbarkeit. Hingerissensein: nur noch unstete, zusammenhanglose Handlungen eingehen. Aber alles Fallen geht ins Zentrum des Gewölbes. Der tödlich, lebensgefährlich Verliebte zettelt überall Abwehrkämpfe an gegen seinen furchtbaren Affekt, er vergöttert sogar das Normalsein mit hektischer Andacht. Dienst, Arbeit, Familie. Und verwirrt mit jeder Entschlossenheit seine Schritte mehr, macht mit jedem entschlossenen Schritt seinen Weg unwegsamer. Tod, Verfallenheit und Ausgang sind die Lenker in diesen fieberhaften Rettungsläufen voll Hakenschlägen und Zurücknahmen. Dann tritt er wieder dieser Macht entgegen, versucht sie von Angesicht zu Angesicht zu denunzieren, wie ein souveräner Herr zu schmähen: es kommen nur Beschimpfungen, Verdächtigungen, Erniedrigungen, das Gebrüll des erotischen Vasallen heraus. Er kreist wieder in einer näheren, gefährlicheren Umlaufbahn zum Ende. Die Geliebte erschrickt, versteht nicht mehr, kehrt sich unter Qualen ab. Die Folge heißt Reue, Verdächte gegen den eigenen verdachtbildenden Geist, Umsturz aller Antigifte – das Tor zur Wiederkehr wird aufgerissen: das ganze wilde Läutern und Verneinen geschah ja nur und war Methode, um allein der Steigerung, dem Wachstum der Leidenschaft zu dienen. Das wußten sie nicht, ahnten sie nicht, aber in allen Sinnen und Gliedern brach es sich bahn. Man hat die umständlichsten Versuche unternommen, man hat den Genuß der Selbstbezwingung zum Beweis erhoben – doch nur um damit das Gegenteil der edlen Absicht zu stärken und zu rüsten. Je schroffer das Zickzack des Ausweichens, um so unverrückbarer die gerade feste Linie, die eine unvermeidbare Richtung. »Ich tue alles, um zu vergessen« heißt: jeder getane Schritt der Entfernung staut Erinnerung, sammelt den Schmerz bis an die Schwelle zur überstürzten Rückkehr. Man wird dies Ausweichen und Vorpreschen, das der kriegerisch Verliebte uns vormacht, man wird die Rötung eines fernen Sterns im eigenen Herzen noch erkennen und auch die Stufe noch ermessen, von der der Sturz geschieht, wenn dieser Mann in inneren Feuern untergeht, und dann vielleicht sich fragen: was ist uns denn von Mann und Frau noch übrig, wenn Verlassen jetzt die einzig tödliche Waffe ist, mit der sie einander bedrohen?

»Es hätte Krieg dazugehört«, sagt jemand noch, »ein Kampf auf Leben und Tod, um dich und mich zu fesseln.«

Es ist wahr: Liebe allein schafft nicht die höchste Liebe. Es müssen Räume und Bewegung vieler auf dem Spiele stehen, damit sie daraus ihren Gipfel bildet. Die Krone eines Umsturzes will sie sein, Gestirnbefehl und Zeitenwende. Von Herz zu Herz stillt man ihre Machtgier nicht. *1999*

CLAUDELS DRAMEN

In einem kleinen mit Mahagoni getäfelten Erker der Erde sollten regelmäßig die Dramen Claudels aufgeführt werden. Etwas entrückt, damit man den alten Meister besser erkennt. Schauspieler allerdings, die geeignet wären, die lyrische Rhetorik des Glaubens nicht etwa vorzuführen oder darzustellen, sondern als eigene ästhetische Disziplin zu bewältigen, fänden sich unter den gegenwärtig Agierenden sicher nicht. Man müßte hingehen und geistige Kraftnaturen aus der ersten Jahrhunderthälfte mit vibrierenden Letzten, mit aufgewühlten Seelen von heute kreuzen. Möglicherweise entstünde daraus eine neue künstlerische Rasse, Spieler-Stilisten, die genügend Glaubwürdigkeit besäßen, um eine so starke *Weltanschauung von außer der Welt* vertreten zu können. Das Stück *Der Bürge* weckt die dramatische Neugierde an der theologischen Reizrede, in der nicht Theologen, sondern Menschen disputieren, deren Leidenschaft sie in unerbittliche Wortgefechte verstrickt. Schnelle Satz-Gegensatz-Folgen mit Straucheln, Treffern und tiefsten Getroffenheiten. Im Sitzen natürlich, alles im Sitzen. Auf jedem Stuhl ist ein Weltgebäude errichtet. Ohne das Feuer für das Ganze, die transzendente Schlußfolgerung, ist keine einzige Replik sicher zu führen. Jeder unserer heutigen Positionssätze bleibt dem verglichen schmächtig und öde. Ohne Drangsal, ohne fernen Schimmer. Man wird einwenden: unnnötig und uns wenig angemessen ist jetzt das Positionelle überhaupt. Nun ja. Weil sich keine Zehnkämpfer mehr finden, verzichtet man auf die ganze Disziplin. Es sollte zumindest eingestanden werden, daß es sich hierbei um Resignation und Mangel und nicht um einen vornehmen Fortschritt handelt. Anders allerdings als im Sport, wo die historische Leistungskurve stetig ansteigt, bleiben die Rekorde der inbrünstigen Wortkämpfer von Claudelschem Zuschnitt unerreicht. *1999*

MENSCHEN SEHEN, MENSCHEN ZEIGEN

GESTEN, HINGEGEBEN AN DIE AUFLÖSUNG

Ich möchte Gesten der Erschöpfung sehen, ich kann diese skrupellose Geschwindigkeit um mich herum nicht mehr aushalten. Ich wünschte, diese Halle würde sich plötzlich in einen Ort der Gefangenschaft, des gewaltsamen Gewahrsams verwandeln, so daß diese flinken Leute nach kurzer Zeit zu Körperhaltungen des aussichtslosen Zeitvergehens finden, Gesten, hingegeben an die Auflösung aller tätigen Bewegung, die Stirn gebeugt, schwankend, absinkend... *1975a*

DIE SOGENANNTEN DARSTELLENDEN KÜNSTE

Es gibt Emotionen, die existieren nurmehr durch das Buch. Was zum Beispiel »Ehre« bedeutete, in einem glaubwürdigen Sinn und Pathos des Wortes, können wir in unseren Verhältnissen nicht mehr erfahren. Aber im Medium der Erregungen, in die uns etwa die Lektüre von Kleists *Marquise von O...* versetzt, füllt sich das leere, entfallene Wort plötzlich mit seinem ganzen sozialen und lebensgefährlichen Ernst, so daß wir gerne selber wieder »Ehre« sagten; aber das wäre lächerlich, es paßt ja nirgendwo dazu. Einen solch abrupten Zuwachs von Gedächtnis kann letztlich nur das Buch ermöglichen. Es setzt das strikte, ungestörte Alleinsein mit dem abwesenden Autor und die stimmlose Ein-Mann-Sprache des Erzählens voraus. Es setzt voraus, daß wir den Text als etwas Übriggebliebenes, als Originalfundstück, als Rest auflesen. Während die sogenannten darstellenden Künste, Theater oder Film, im Umgang mit dem Text, sein Geheimnis als Rest niemals akzeptieren können, sondern ihn auffüllen mit vielen fragwürdigen Mittlerschaften, bis ein komplettes rauschendes Präsens hergestellt ist. Vollfüllte Erscheinung, Gesichter, Körper, Stimmen, *Schauspieler* – die uns mit ihren fernsehdurchspülten Köpfen, mit ihren Autofahrerbeinen vormachen wollen, wie Cäsar ging! In Anwesenheit dieser Menschen kann man sich nicht erinnern, sie löschen die Schrift, das diachrone Verlangen. *1977*

INTENSIVSTATIONEN DER NORMALITÄT

Übergesichtig sind die Leute. Jeder ein Zuviel, ein Supermarkt, überschwemmt mit Merkmalen, Hinweisen, Blickfängen, durch die man kaum noch zur Ware findet. Wir geben alle dauernd mit uns an, und auch die Einsamkeit wird uns davor nicht mehr bewahren. Wir sind durch und durch veröffentlicht. Wir machen uns interessant und immer interessanter. Undurchdringliche Erscheinungsvielfalt einer Person und ihrer Motive beharrliche Einfalt. Kein Augenblick, wo der *Typ* einmal für sich sein könnte – wann sehe ich einmal seinen irreduziblen, unzersetzbaren Ernst? Doch nur, wenn er ganz in sich zusammensinkt. Vielleicht nur diese vier, fünf Intensivstationen der Normalität, Schrei, Trauer, Glück, Fanatismus, in denen das verschwenderische Geschäft mit der Personifizierung eingeschränkt und die Person zu einem einzigen, klar erkennbaren Ausdruck zusammengefaßt wird. *1977*

EIN PHANTOM

Je vertrauter oder privater ein Gespräch, um so häufiger verheddern wir uns in Widersprüchen und Unklarheiten. Wir spüren unmittelbar, wie es geschieht, es läßt sich gar nicht vermeiden. Nicht weil wir besonders zerfahren oder nachlässig wären, sondern weil uns die Hoffnung reizt, der andere habe ein *Ganzes* von uns vor Augen, wenigstens aber ein Phantom davon, in dem sich all unsere abwegigen Bemerkungen, Widersprüche und Gurgeleien ganz von selbst zu einer reicheren, besseren Ordnung verbänden. *1977*

206

Ein Synonym für Wünsche

»Frauen sind für mich geschlechtsspezifisch das andere, und das andere ist immer ein Synonym für Wünsche. Und für eine Sehnsucht. Das sehe ich schon als Trennung an und versuche im Schreiben, eine Vermischung und Vereinigung zu kriegen, weil es eben eine sehr starke Trennung ist. Frauen übrigens, die ich konstruiere, nicht erlebt habe, und die sind nun leider etwas besser als die in Wirklichkeit, weil die etwas bewegen, was ich normalerweise nicht finde im Menschen.

Die Psychoanalyse bringt es doch höchstens fertig, ein einzelnes Individuum zu retten; niemals würde sie eine Beziehung retten können – sie zerschlägt sie. Heraus kommen die entsetzlichsten, zwar von ihren möglichen Behinderungen geheilten, aber noch um sich selbst drehenden narzißtischen Einzelmenschen.« *1979*

Sie übertreiben

Sehr entsetzte, auf den Zehenspitzen ihres Seins wippende Naturen. Viele, die überhaupt nicht wissen, wie ihnen geschieht, und plötzlich klagen sie wie Gefolterte, schreien wie Angezündete, von nicht mehr als einem Luftzug getroffen! Oder ins Nichts einer verpaßten U-Bahn starrend wie in Gorgos Gesicht. Diese Menschen scheinen oft nicht mehr fähig, ihrer Gattung gewöhnlichste Läufe zu bestehen, und wehklagen bei kleinstem Malheur wie antike Kämpfer unter drohenden Göttern. Sie übertreiben. Sie suchen sich gewaltsam zu erschöpfen. Geben sich in großem Stil geschlagen bei allergeringstem Anstoß. Sie übertreiben und sind nicht mehr eingepaßt in ihre gewöhnliche Schale und unfähig, in der kleinen Schale, alternd, gemäßigt auf und ab zu gleiten. Ihre Einrichtung bestürzt sie. *1980*

Wenn aber doch die Grundlage von allem Schlamm, Schwärze und kein Bild wäre und nur der Mensch sein Lichtlein hält, in dem alles licht erscheint und doch ein Irrlicht ist ... da müssen sich die Denker heute doch fragen: wo bist du nur geblieben, teures Subjekt der Weltgeschichte, heiliges Ich! Und: hat nicht das zurückliegende Jahrhundert gerade erst damit begonnen, die Gesetze der Sprache, des Geistes, die Sprache der Gene und des Unbewußten zu entdecken und sie als Systeme von Regeln zu beschreiben, die unabhängig vom denkenden Subjekt und seinen wechselnden Orten, die universell und eigensinnig wie Naturgesetze tätig sind? In allem ist Information und Sprache, von der winzigen Bakterienzelle bis in den geheimsten Traumzipfel, wir sind überfüllt mit Mikrotexten, Codes und Alphabeten, Sprache überall und lauter Gesetzesherrschaft und fremde Ordnungen. Wo sollte da noch für ein Ich Platz sein? So kommt es, daß selbst dem Philosophen das menschliche Subjekt vom erhabensten zum langweiligsten Gegenstand seiner Betrachtungen geworden ist. Der Mensch? Sagt er, Schwamm drüber. Das Menschenkind, die ewige Nummer eins der Weltgeschichte? Schwamm drüber. Dies Wesen beginnt nun endlich, das Spiel der Regeln zu durchschauen, dem es sein Erscheinen in der Geschichte verdankt. Inzwischen weiß es immerhin so viel, daß dieses selbe Spiel der Regeln es auch wieder aus der Geschichte heraustragen wird. Wenn wir nicht mehr sind, weht noch lange der Wind. Und die Codes gehen ihren unermeßlichen Gang. *1980*

MAN GEHT EHER VON STRUKTUREN AUS

»Figuren für das Theater zu machen, ist immer eine Strichelung und Andeutung. Meine Schwierigkeit, Charaktere darzustellen, rührt einfach daher, daß ich keinen Begriff vom

Individuum habe – was die bürgerlichen Autoren selbsverständlich noch hatten, auch wenn ihnen dieses Individuum in alle möglichen Einzelheiten zerfiel. Das Wahrnehmen von Menschen ist heute anders: Man geht eher von Strukturen aus. Es interessiert mich nicht, wie eine einzelne Figur beschaffen ist, mich interessiert eher das, was transindividuellen Charakter hat.

Ich wünschte, es würde einmal jemand sehen, aus wie vielen Substanzen so ein Stück zusammengesetzt ist. Es gibt Passagen, die von einem höheren literarischen Wollen durchtränkt sind, und andere von absoluter Plattheit. Es gibt komische, und es gibt einsame Stellen. Das interessiert mich: das alles zu bündeln! Der Form nach ist das immer Dispersion und Strömung. Aufgegangen ist es mir bei der Inszenierung der *Sommergäste*, daß das ein Verfahren für mich sein könnte. Natürlich haben die [Figuren] eine Geschichte. Nur: die Flachheit in einem Stück wie *Trilogie* macht quasi die persönliche Biografie überflüssig.« *1980d*

BRUCHTEILE DES ÄHNLICHEN UND ALLGEMEINEN

Es gibt keine Wissenschaft vom menschlichen Gesicht. Auf diesem Feld der untrüglichen Anzeichen stellt sich jeder Messung im Detail das halluzinierte Ganze eines lebendigen Wesens in den Weg. Trotzdem begegnen wir dem anderen Gesicht, dem externen Geheimnis, mit unermüdlichem Wissens- und Urteilsdrang, versuchen es zuerst auf das Spiel der Stereotypen, auf die hochverdichtete Mischung aus Bruchteilen des Ähnlichen und Allgemeinen hin zu durchschauen, um dann rasch unsere Schlüsse zu ziehen über die Eigenheiten, den »Inhalt« eines Menschen. *1981a*

Das Kunstwerk bewahrte uns einst vor der totalen Diktatur der Gegenwart.

Die Gruppe unter den Malern des 19. Jahrhunderts, die sich die Deutsch-Römer nannten, unter ihnen vorrangig Feuerbach, wandte sich ab von der ›Sauepoche‹ des frühen Industrialismus und den ›Idealen des Humanismus‹ zu, den Vorbildern der klassischen italienischen Malerei. Wir haben inzwischen keinen Grund mehr, eine solche Haltung als hochmütige Fluchtgebärde, als restaurative Verzückung zu verunglimpfen.

Dazu müßte uns ein Progressismus in der Kunst mehr bedeuten, als er es noch tut. Inwieweit ein Kunstwerk zu seiner Zeit Kongruenz und Gegenwartsnähe bildet, inwieweit ihm, nicht nur in technisch-formaler Hinsicht, vorwärtsdrängende und bahnbrechende Verdienste zukommen, ist längst nicht mehr die aufregendste Entdeckung, die wir an ihm machen können. Wenn einer nur in dem, was er hervorbringt, offenkundig ›nichts anderes kann‹, so bietet er unter Umständen selbst in der entschlossenen Abkehr von seiner Epoche eine merkwürdigere Folie von Zeitgenossenschaft als andere, die, immer dem anbrechenden Morgen hinterher, in Zeiten des Umbruchs Neues mit Neuem zu vergelten suchen.

So erblicken wir heute in Feuerbachs großen Gemälden weniger die Monumentalität des edlen Scheins; der Zwang zur altertümlichen Manier erschließt sich uns eher schon als ein extremer Traum von geschichtlicher Geborgenheit; seine hehren Gestalten als Paranoia einer zuchtvollen Menschen-Ähnlichkeit, erhöhte Geschöpfe einer gewaltigen Verlustangst an der Schwelle zu einer Welt der tollen Neuerung. Steht man heute vor der *Pietà* in der Münchner Schack Galerie, wirkt der Anachronismus Feuerbachs auf einmal beunruhigend. Der Schulbuch-Schwindel ist verflogen; man sieht die Einheit von Riß und Form. Die Ikonographie erfüllt, still, getragen, übergroß, die Pathosgebärde der alten Malerei; sie bedient sich zugleich, sparsam, einiger Details von sinnlichem Gewicht, die dem ›modernen‹ Realismus angehören, einem Realismus freilich mit idealischem Antlitz, der die Darstellung von der leeren Formelhaftigkeit ebenso wie vor dem allzu nachbarschaftlichen Gefühl des Betrachters bewahrt.

Die am Corpus Christi kniende Maria Magdalena, den Kopf in Tücher gehüllt, hat sich weinend über seine Brust geworfen. Ihre Linke – eine entkräftete, lassende, krumme Pfote – liegt in der rechten Schlüsselbeinkuhle des Leichnams, liegt da wie auf einer Tischplatte, so daß das tote Fleisch, das hier beweint wird, nicht sinnlicher hervorgehoben werden könnte. So liegt eine Hand nur auf lebloser Materie. Man kann auch sagen: diese Hand ruht auf dem Corpus wie die Hand einer eingeschlafenen Köchin auf dem Nudelbrett. Die Dornenkrone liegt neben der Bettstatt, neben dem herabhängenden Arm des Erlösers wie das Gebiß, das ein betrunkener sich vor dem Schlafengehen aus dem Maul gerissen hat. Denn plötzlich befällt den Betrachter ein unwiderstehlicher Zwang zu solch rüpelhaften Vergleichen und er weiß, daß der Maler irgendwo für einen Augenblick, eine Straßen-Szene lang, in seiner alltäglichen Umgebung etwas erblickt hat, das Linien und Formeln der Pietà in sich trug (was für diesen Fall im übrigen auch bezeugt ist). Und: die Augen der Formeln gruben sich in den banalen Vorwand und die Formeln dankten der Banalität ein neues Leben. Formel und Fund bilden gemeinsam die Faust des Werkes, den Stoß, die Durchsetzungskraft. Von daher entsteht auf dem späteren Gemälde dann jene täuschende Ähnlichkeit unserer Empfindungen mit der unerreichbaren Trauergebärde der Pietà. Diese Gebärde existiert allein im (kunst)geschichtlichen Raum, in einem, sagen wir Raffaels Andacht und Feuerbachs Eisenbahnfahrten verschmelzenden Zeit-Raum. Selbst in einer von ideal bemessenen Menschen in einer perfekt nachgestellten und koloritgetreu ausgeleuchteten Szene, die man filmte oder fotografierte, würde sie niemals erscheinen.

So ist es die Geschichtlichkeit *in* einem großen Bild, die wir dankbar aufnehmen und die uns für eine Weile erlöst – nicht von den Sorgen des Alltags und der Wirklichkeit, ganz im Gegenteil, die blicken mit, sondern erlöst von den Qualen einer illusionären Optik, die uns die totale zeitliche Eindimensionalität des fotografischen Abzugs aufgezwungen hat. Wir schöpfen schon deswegen Atem vor einem Gemälde, weil es Bild und Anti-Film-Bild zugleich ist. Nicht die Schrift, nicht die Musik, zuerst und paradoxerweise ist es das Gemälde, das uns vom visuellen Müll, der die Sinne belastet und zersetzt, reinigen könnte. Es gibt kein besseres Verbrennungsaggregat als die imaginäre Einstrahlung eines großen Bilds. *1981a*

DER STAR

Dasitzen in einem Sessel der Requisite mit übereinander geschlagenen Knien, das geschminkte Gesicht durch einen breiten Hut gegen die Sonnenstrahlen abgedeckt, ein Filmstar sein in aller Ruhe, sagen wir: es ist ein weltberühmter Mann und streckt sich aus, ergibt sich jenem unvergleichlichen Verweilen, das rein von Tun und Willen ist, der pure Aufenthalt, währenddessen die Techniker von allen Seiten die nächste Einstellung vorbereiten und auszuleuchten haben. Es ist nicht abzusehen, wie lange es noch dauert. Dasitzen als geistige Lebensform und aus dem Sturen, dem Leeren das Wesen des vorzustellenden Helden in sich heraufziehen lassen, die eigene Weltberühmtheit darüber nicht vergessend!
Dorfbewohner, Komparsen für einen Tag, kommen und gaffen. Sie sehen: er ist wirklich hier, ist ganz bei sich. Wie unergründlich erscheint so ein Weltstar, der, schon in Kostüm und Maske, abseits, einsam, sinnend wie wir alle, fast zum Greifen nah in einem Sessel ausruht und der doch nie, an keinem Ort der Erde je ein alltäglicher Mensch sein kann. Allein der Hut und die abgetönte Brille gehören nicht zur Rolle des italieni-

schen Arbeiterführers, den er verkörpern wird. Sein Blick nimmt die Neugierigen knapp und ungerührt und senkt sich wieder. Aus diesem Teil seiner selbst, wie er gesehen und angeträumt wird, kann er nicht mehr viel empfangen. Erscheinung und Bewußtsein, Wahrzeichen und wahrer Kern sind in diesem Manne eins und eine Macht.

Er zieht sich Hosen an, er wechselt Geld auf Airportbanken und zeigt und weiß es, ohne darauf zu achten, daß dies dieselben Hände tun, die Millionen sich merkten, als sie ein Dynamitpaket umklammerten oder groß und schutzgebietend auf einem nackten Frauenrücken lagen. Er ist sich längst der Eine. Der Ruhm hat alle Spaltungen gefügt, unter denen die Kleineren und ständig Strebenden der Schauspielkunst noch immer leiden. Er ist darüber etwas dumm geworden, dümmer als er es in seinen Anfängen war, doch diese Dummheit ist vor allem: ein In-sich-ruhen-Können und dieses Können stärkt die Einheit von Gesicht und Wesen, kommt der klaren Ausstrahlung zugute wie Möhrenessen dem sauberen Teint. Dieser Mann ist nun kein Schauspieler mehr, er spielt ja nicht, er muß erscheinen können. Wie die Kleistsche Marionette hat er seinen Schwerpunkt aufgefunden, hat Unschuld angesetzt im Lauf des Ruhms, eine dicke Kruste Herrlichkeit, auf die seine Produzenten sich verlassen können, von der die Wünsche der Welt noch länger zehren werden.

Er selbst erscheint nicht. Begriffe des Narziß, Eitelkeit und Selbstbespiegelung wären auf dieser Höhe der Erscheinung sehr gefährlich, Anzeichen von Schwäche und Nervosität, die ihn um Kopf und Fassung bringen, die ihn stürzen könnten. Wer sich selbst (nur allein in stillen Vorführräumen) in solcher Fremde, wie sie seine Breitwandfilme zeigen, leben und bestehen sah, der wird sich nicht in kleinen Badespiegeln wiederfinden. Er ist keiner von den klugen Spielern, keiner dieser nervösen Realisten des neuen Hollywood, kein rascher Könner, kein Artist, alles nicht, was neuerdings als Alltagsheldenwicht Karriere macht. Er ist der verläßliche Statist des eigenen

Mythenbilds; er ist einer der letzten, als Mensch geformten Ikonen des Kino-Zeitalters. *1981a*

DAS DRAHTGESPINST DER PSYCHO-PUPPE

Mit wem wir auch zusammengehen, irgendwann ist uns der Mensch bekannt. Wir wundern uns, wie doch der andere (nie wir selbst) Zug um Zug sich automatischer verhält. Sein Wesen können wir im ganzen aus dieser Nähe nicht mehr gut erkennen, dafür blicken wir jetzt um so deutlicher ins Netzwerk von Trieb und Triebverstörung, von Motiv und Scheinmotiv, denn mit dem Alter schwingt das Innengerüst nicht mehr bloß schüchtern durch. Wir sehen etwas furchtsam hin und denken rücksichtslos: nicht mehr viel Hülle und Bald an dem, was jener da ist, kaum noch Zeichen der zwecklosen Erscheinung, wo bleibt das Unverhoffte und die autonome Handlung? Das Drahtgespinst der Psycho-Puppe, dem Knochenmann nicht unähnlich, ist aus der ehrlichen Haut hervorgetreten und hat den Platz des freien Spielers eingenommen. Erschreckend manchmal, wie wenig Gestalt noch und wie durchsichtig an seinen abgewetzten Stellen der äußere Anschein, dort wo, vielgenutzt, Schönheit, Wirkung und Wille waren. *1981a*

DU BIST ES NICHT

Die Identität, nach der man *sucht*, existiert nicht. Abgesehen von einigen äußeren, behördlichen Erkennungsmerkmalen gibt es nichts, was für die Existenz eines zusammengefaßten Einzelnen spräche. Nicht einmal der Körper ist monolog und mit sich selber eins. Sowenig wie die Meinung ist der Schritt der Füße unabänderlich derselbe; er ist ein Ausdrucksmittel, sehr variabel; und noch der Blutkreislauf stellt sich dar, wechselt Geste und Stil in dem Maße, wie er auf Lebensgewohn-

214

heit, Begegnungen und Leistungen reagiert. Unter dem Ge-
sichtspunkt einer schrankenlosen Psychosomatik erzählt jedes
Organ heute dies und morgen das. Dieses Ich, beraubt jeder
transzendentalen »Fremd«-Bestimmung, existiert heute nur
noch als ein offenes Abgeteiltes im Strom unzähliger Ordnungen, Funktionen, Erkenntnisse, Reflexe und Einflüsse, existiert auf soviel verschiedenen Ebenen der wissenschaftlichen
und theoretischen Benennungen, in so vielen in sich plausi-
blen »Diskursen«, daß daneben jede Logik und Psycho-Logik
des einen und Einzelnen absurd erscheint. Das totale Diesseits
enthüllt uns sein pluralistisches Chaos. Es ist die Fülle nicht
zusammenpassender, ausschnitthafter Bewegungen, die Fülle
mikroskopischer Details aus ganz verschiedenen Wahrneh-
mungsmustern, in der wir eben noch das Reale vermuten
können. Unter solchen Bedingungen nach dem Selbst zu fragen, endet bei dem Schema des Wahnsinnigen, der sich von
»fremden Wesen« bevölkert und aufgelöst fühlt.

Angesichts dieses Dilemmas ist es gut zu wissen: es gibt dieses
$2=2$, es läßt sich denken, es ist ausdrückbar. Doch du bist es
nicht, du bist nicht identisch. Du bist freilich auch mehr als
bloß ein Ensemble von Gesetzen und Strukturen. Im Rücken
abgeschlossen, bist du nach vorn ein open end-Geschöpf.
1981a

DIE HEIKLE FORDERUNG DES SYMBOLISCHEN

Das Interesse für Menschen im Glanz ihrer Alltäglichkeit, welches durch die Arbeit des Schauspielers geweckt wird, erreicht
für mich seinen äußersten Grad in einer Komödie wie *Husbands*, dem Film von Cassavetes. Die Verführung durch das
Schauspielerische, der ich nie entging; das haltlose Verliebtsein
in Menschen, die *zeigen*, was in ihnen vorgeht – hier findet's
statt in einem freundlichen Reich der Männer und der männ-
lichen Sympathie. Von hier muß man nach etwas anderem

ausblicken. Denn jenseits dieses Reichs gibt es freilich eine andere Kunst (auch für Schauspieler). Eine Kunst, die sich das Entzücken an der vollendeten Normalität versagt und sich noch einmal den heiklen Forderungen des Symbolischen stellt; selbst auf die Gefahr hin, das Erschaffene könne nur die *Idee* noch rühmen, die ihm als Wesensgrund nicht mehr erschwinglich ist. *1981a*

NUR DER FORM NACH

Nachdem ich diesen kühlen und friedlichen, diesen vornehmen und verwunschenen Ort allmählich in mich aufgenommen hatte, wurde mir auch bewußt, weshalb sich Ossia ausgerechnet hierher zurückgezogen hatte. Man befand sich hier immerzu in einem halbwegs unbelebten Zeit-Raum, in dem sich die Augenblicke übermäßig dehnten, ganz ähnlich wie ich es in seinen letzten Filmen gesehen hatte, wenn der Kamera-Blick an einem sinnlichen Detail anhaftete, so lange bis es zu »sprechen« begann, bis sich der Blick zur Schau erweiterte. Eine solche physische Mystik hatte er uns dort in vielen Bildern vorgeführt, ja fast schon gepredigt. In dieser Umgebung nun ergab sich dergleichen beinahe von selbst. Die träge Schau, die Zeit-Lupe bildeten hier die ortseigene Form der Wahrnehmung. In dem leeren, lilienweißen Nobelrestaurant saß allein an ihrem Tisch eine junge Frau im schulterfreien, geblümten Kleid. Sie goß schluckweise aus einer Flasche Wein in ihr Glas und trank jedesmal hastig. Sie saß mit dem Rücken zur Fensterfront, traurig vorgebeugt, die Unterarme auf den Schenkeln verschränkt. Vor ihr aber, wie ein ausschauhaltender Raubvogel vor seiner Beute, stand gerade aufgerichtet der Kellner, ein stattlicher Bursche, der die weiße Schürze um den Bauch gebunden hatte und das Serviertuch in beiden auf dem Rücken liegenden Händen hielt. Er blickte überlegen und leer hinaus durch das hohe Fenster in den wiederum gläsernen

Garten des Atriums. Der Ausblickende und die zu ihm Vorge-
beugte, zwischen ihnen kein Wort, vielleicht nichts, nie das
Geringste. Nur der *Form* nach ein Schicksal, der Haltung nach
ein entstelltes Paar. Das waren Blicke, die ich hier mühelos für
Ossia hätte sammeln können. *1984a*

GESTALTEN DES WIEDERERKENNENS

Ich komme bloß vom Zeitungsholen, und doch scheint mir,
bin ich lange aus gewesen. Ich habe auf meinem kurzen Weg
in viele Gesichter geblickt. Ich kenne die Leute in meiner
Straße vom Sehen. Jedes Gesicht die Verschlußkappe einer
breitangelegten Familiensaga. Doch ich weiß nichts von ihnen. Gestalten des reinen Wiedererkennens, das sind sie. Ihr
alltägliches Auftauchen und Verschwinden ist ein Maß wider
die Fortbewegung. Es ist eine Bleibe. *1984a*

DIE EIGENTLICHEN HELDEN

Ein Spaßmacher war Ossia für die jungen Leute, solange er
sich mit hohem Mut und altem Geist herumschlug in der Wüste der Zerstreuungen, solange er die Liebe vor der totalen
Kommunikation, das unförmige Leben vor dem gutausge-
leuchteten Hades der TV-Kanäle zu retten suchte. Aber wenn
man mich zuweilen für einen anderen Don Quichotte ansah,
dann möchte ich doch dazu bemerken, daß mein Kampf einzig und allein der Erhaltung der Windmühlenflügel galt. Ossia, dies klapprige, windschiefe Gestell des letzten Subjekts,
war einer ganz am Ende der langen Heroen-Kette der Zuspät-
geborenen. Aber auch ich habe lernen müssen, daß der einzelne nicht einmal mehr als komische Figur zu gebrauchen ist.
Man lebt und *er*lebt jetzt mehr und mehr in »Strukturen«. Sie
sind die eigentlichen Helden unserer Lage. Sie werden hof-

fentlich ihrerseits noch für den nötigen Anteil an Komik sorgen. Denn Gelächter wird es immer geben, zu allen Zeiten und auf allen Ebenen des Seins. *1984a*

NICHTS IST VON DAUER

»Das Theatermilieu zeigt mir viel von Menschen. Ich verfolge sie nicht in ihrer Entwicklungsgeschichte, sondern erlebe sie in ihren gegenwärtigen Vernetzungen in unzähligen Arbeits-, Wohn- und Freundesgruppen, beziehungsreich, doch bindungsarm. Und diese Vernetzungen sind am Theater eben besonders ausgeprägt: jeder muß sich mit jedem in immer wieder anderen Rollen auseinandersetzen. Nichts ist von Dauer. Jede weltanschauliche Erstarrung, die dem einzelnen das Denken abnimmt, ist für mich ein Ärgernis. Der einzelne ist heute ungeheuer gefährdet. Einer Flut der Meinungen, Angebote, Rollen ausgesetzt, kann er sich nirgendwo verankern.« *1984b*

TYPEN SIND IMMERWÄHREND

Am Einzelnen tritt weit mehr Typisches in Erscheinung als Individuelles. Die Mentalität vereint, was die Gene streng getrennt. Alle meinen wir dasselbe.
Schon viel ist gewonnen, wenn einer herausgefunden hat, zu welcher Art, zu welchem Typ er gehört, in wessen Stammesgeschichte er sich einreihen darf. Das Problem des Selbstfindung erübrigt sich dann. Den Typus muß niemand aus sich selbst erzeugen. Jedem kommt seine Gattung zuhilfe. Es beruhigt mich, zu wissen, daß ich dem Typus des Streuners und Sinnierers zugehöre. Ich muß nicht sorgen, ein anderer zu werden. Das letzte Subjekt, das letzte Ich? Ach nein. Typen sind immerwährend. Nie geh ich aus, endlos setz ich mich fort. *1987a*

MAX Sie, der große alte Herr des deutschen Theaters; ich, der
ewige DDR-Bürger im Exil. Ich betrete diese Bühne, für
mich ist das eine Art neutraler Boden der Nation – und
doch ist es Ihr Raum, und doch halten Sie ihn besetzt. Ich
habe auf dem Straßenbasar gestanden, als ich von drüben
kam, monatelang diesen Billigschmuck verkauft, Elfen-
beinzähne für die behaarte Männerbrust, Sie haben Ihr Lebtag auf der Käuferseite gestanden.

KARL JOSEPH Was reden Sie da? Unsereins nun gerade! Als
hätten wir uns nicht durch harte Zeiten zwängen müssen!

MAX Im Krieg, ja.

KARL JOSEPH Im Krieg nicht unbedingt. Aber kurz darauf.

MAX Und im Krieg? Was haben Sie im Krieg gemacht?

KARL JOSEPH Im Krieg war ich zu Hause. Im Theater. Ich
hatte das Glück, von Goebbels persönlich u. k. gestellt zu
werden. Die wollten mich lieber als Helden auf der Bühne
haben. Das Theater war ja damals für uns der einzige Ort,
wo man sich noch auf irgend etwas verlassen konnte. Nicht
wahr, Gründgens hat mir später mal gesagt: Das einzige,
was ich im Krieg genau wußte, war, daß auf der Bühne um
viertel nach acht die Tür aufging und Marianne im blauen
Kleid hereinkam. Tja. So war das ganz allgemein.

MAX Herr Joseph! Sie sind Legende für mich. Mit Ihnen bin
ich aufgewachsen. Sie waren mir wichtiger als alle anderen.
Warum können wir nicht gemeinsam den Realismus bekämpfen? Wir müssen ein ganz anderes Theater machen.
Vom Schauspieler muß etwas ganz Neues, Unbekanntes
verlangt werden. Ein neuer Stil, eine neue innere Glaubwürdigkeit. Stanislawski, Fehling, Brecht, die haben das
Theater vom Schauspieler her erneuert, haben es von falschen, kranken Konventionen befreit. Wir müssen es von
den Übeln des kranken Realismus befreien!

KARL JOSEPH Wir sind doch mehr oder weniger alle Realisten, ob wir es wollen oder nicht. Der Realismus ist auch gar nicht totzukriegen. Und im Grunde, mit Verstand und Feingefühl angewendet, ist und bleibt er die einzig menschliche Methode der Schauspielkunst. Wenn dir damit etwas richtig gelingt, ist es immer doppelt gelungen.

MAX Gehen Sie ins Kino! Sehen Sie dort: die Methode erzeugt Gespenster. Lauter Realismus-Automaten. Nichts als der nervöse Männer-Realismus auf der Leinwand. New Yorker Neuro-Realismus. Bestes Knowhow der Menschendarstellung. Keine Kunst, keine Symbolkraft, kein Stil. Technik, Technik. Alltag, Alltag. Diese Neurotiker zerfetzen die Idee des Schauspielers. Kalte Könner. Ausweglos alle nervös. Leblos, furchtbar, gekonnt. Man muß auf dem Theater etwas ganz anderes dagegensetzen. Was wir brauchen, ist ein neuer Stil, ein Glaube an irgend etwas Großartiges, eine gesteigerte Ausdruckskraft. Was wir brauchen, ist wieder ein revolutionäres Gefühl, eine Aufbruchsstimmung –

KARL JOSEPH Revolutionär? Wohin? Wofür?

MAX Das kann ich noch nicht sagen. Man muß aber bereit sein. Man muß Schneisen schlagen, nicht Girlanden knüpfen. Ich weiß es ganz genau: Wir müssen raus aus diesem goldenen Käfig, wir müssen wieder ins Unbekannte vorstoßen!

KARL JOSEPH Wozu Revolution?

MAX Ich weiß es nicht. Es muß sein.

KARL JOSEPH Sie wissen es nicht, ich weiß es nicht. Machen wir also weiter. Revolution um der Revolution willen, das ist l'art pour l'art. Ich bleibe realistisch, mag kommen, was will. Ich bleibe realistisch, meinetwegen bis sie unten alle eingeschlafen sind. Hier ist das alte Theater, Lieber. Hier zeig uns, was du kannst.

MAX Du bist die Mauer. Nicht das graue schmutzige Ding, das Berlin zerschneidet. Du bist für mich die Mauer, über die ich nicht hinwegkomme. Aber ich bin noch zu jung, um in den Mysterien des Reichtums zu verschwinden, unterzugehen mit dem fetten Totenschädel. Dafür bin ich noch zu jung! Ich, der nicht ganz so große Künstler!

KARL JOSEPH Nicht wahr, die Bühne, das Theater, das waren schon tausend Taten, tausend mehr oder weniger lebensentscheidende Handlungen. Und am Ende hat sich nichts getan. Man hat telefoniert, geliebt und sich verwechselt. Man ist gerannt und hat gewartet. Man hat sich versteckt und sich aufgeplustert. Man hat sein Herz verloren, bekam seinen Schädel gespalten und hat mit verdrehter Zunge gesprochen. Man war eifersüchtig, fromm und rebellisch. Man war der eitle Verführer und der dumme August. Und am Ende? Am Ende ist die Bühne gerade so leer wie am Anfang. *1988a*

STAMMBAUM DES VERHALTENS

Der Volksverächter denkt ähnlich wie zu allen Zeiten Volksverächter dachten. Der Freund der Menge spricht bald genauso wie immer der Freund der Menge sprach. Und jeder, der auf diese Welt kommt, findet sich einer ähnlich großen Zahl von Menschen gegenüber, gleichgültig, ob er sich von ihr abkehrt oder sich ihr zuwendet. Die Menge der anderen bildet die Voraussetzung für die Geburt des *Typus,* den der Einzelne nicht aus sich selbst erzeugen kann. Jedes Verhalten besitzt daher seinen Stammbaum, und jedem Einzelnen kommt sein Schlag zu Hilfe. Wenn wir also meinten, das gleiche kehre immer wieder, so hat doch nur eine Handvoll Menschseinsvarianten laufend sich gemischt. Wir sind verurteilt zum Ressentiment: jedes tiefere Gefühl nährt sich aus seiner dunklen Ahnengeschichte. *1989b*

Daß das Wesen eines Menschen wie eine Kugel von Ringbahnen ihn äußerlich umgibt. Nichts Inneres! Alles gesprengte, hinausgestreute Begabung, wie Brocken zerschellter Asteroiden, Einschläge von Werken und Menschen. Der andere, sofern er der Gegenwärtige ist: seine Biografie ist nur ein Ring im Sphärengürtel seiner Anwesenheit. Oft genügt ein Blick, eine Strahlenprobe, um seine ganze Geschichte zu wissen. Was einer erlebt hat, seine Vergangenheit, teilt sich aber meist sehr viel enttäuschender mit als die Merkmale und Reste, die davon in seinem Orbit ständig schweben, Eigenart der Augen, der Stimme, der Hände. Was in der Hülle des anderen tatsächlich Ausstrahlung besitzt, ist wahrscheinlich weniger sein persönlich Erworbenes als vielmehr der Feinstaub des allgemeinen Formenerbes, das, was aus der Tiefe der menschlichen Zeit über ihn gestreut ist. *1992*

DIE STIMME EINES SCHAUSPIELERS

Ein Schauspieler braucht demjenigen, zu dem er auf der Bühne spricht, niemals Eindruck zu machen, alles ist verabredet. Seine Stimme benötigt keine gespielte Unsicherheit, kein geheimes Fahnden, kein Werben oder Drohen dem Partner gegenüber. Sie ist immer für das Publikum verlautet, mit dem er nicht spricht. Und vor ihm schirmt sie sich ab mit bewußter Gebärde, mit Stil und Ausdruckskunst, Führung und Allüre, die gegen jede unverhoffte Frage und Antwort schützen. Deshalb vertraut niemand der Stimme eines Schauspielers, wenn er ihr im Alltagsleben begegnet. Sie spricht nicht zu uns, sie sucht uns nicht, sie hat so viele Merkmale des Individuellen verloren. Es ist daher das nervliche Schauspiel der Stimme dem Theater, dem Film, der Darstellung an sich unzugänglich. So wenig wie das Gemälde, das Foto etwas von der Kraft des

Auges wiedergeben kann. Auch dieses verliert in der Darstellung, im Gezeigtwerden sein Sehen. Aber während die Mitteilung des Auges ganz aus seiner Gegenwart entspringt (und sich gerade in ihrer kleinsten Einheit, dem Augenblick, als mächtig erweist), so gelangt die Stimme, raffinierter gemischt aus vorder- und hintergründigen Anzeichen, gerade erst in der Nachwirkung zu ihrer vollen Entfaltung, bis hin zur Besetzung und Unterwerfung des Angesprochenen. *1992*

DER SELBSTBEZÜGLICHE SPIELER

Derjenige, der viel Unpassendes beieinander hält, stünde unter dem Schutz des göttlichen Schelms, des Tricksters unserer Tage. Da er, statt Ordnung zu bringen, ein Vielfaches an empfindlichen Ordnungen anhäuft. Anders als früher der Histrione wäre er nun der Schauspieler, der keine Menschen, keine Botschaften, keine Ideen mehr verkörpert, sondern allein sein Schauspielertum. Es würde der im höchsten Grade selbstbezügliche Spieler zugleich auch der bestangepaßte sein.

Der Mime, Nietzsches Histrione, Trickser des modernen Bewußtseins, dem es gelang, sich der Affekte früherer Epochen zu bedienen, deckt eine Weile noch seinen zerrissenen Zustand mit gerissenen Gebärden ab. Der längst Ausgebrannte bietet, für sich genommen, eine vollendete Glanznummer.

Im Spiel der Spiele indessen gewinnen weder Tod noch Leben, sondern allein der künstliche Gesell. Nicht Aufbruch, nicht Erinnerung oder Wiederkehr, jenseits von früh und spät, von Schein und Sein: Künstlichkeit und die Module einer unverbrauchbaren Permanenz, Verschleiß gleich Null, sind aus einem erschöpften Schauspielertum hervorgegangen, eine begabte Ewigkeit, die freilich nur aus unendlich wiederholbaren weltlichen Sekunden besteht. Dagegen werden sich mancherlei Abweichungen und Andersheiten zu behaupten suchen, doch die Maschine, der Akrolog, wird sie alle an die Kette nehmen. Der technische Kult frißt auf Dauer jede Regung von Differenz. Noch einmal begegnet uns das Große Tier des Platon, das schon war: der Staat, das Soziale, die Ideologie. Jetzt hockt es als das Ganze in der Künstlichkeit ... und wir können uns seinen nächsten Ort nicht einmal mehr vorstellen! Unerfindlich, wohin es jetzt noch weiterwandern könnte. *1992*

KEINER WAR WER

Zwei Menschen: zwei Wolken im Zimmer. Er sah einmal eine große am Berggipfel mit aufgerissenem Rachen, die eine kleinere verschlang, dann lösten sich beide im gleichen Nebel. Es bleibt nichts als nebelhafte Durchdringung: keiner war wer. *1992*

FIGUREN SCHREIBEN

»Selbst wenn ich die Erkenntnis unterdrücken würde, daß es geschlossene Figuren weder im Alltag noch sonst irgendwo gibt – ich könnte keine Charaktere schaffen wie Márquez. Das ist einfach etwas, was sich mit meiner Wahrnehmung von Realität nicht vereinbaren läßt. Für mich ist da nur Diffusion. Es ist mir undenkbar, anderes als Strömungen und Überlagerungen zu sehen, die durch Menschen, Gefühle, Ideen mitten hindurch gehen. Und ich versuche einfach, so viel wie möglich davon in mir zu sammeln und wieder zu zerstreuen.« *1993b*

Ah! Gelänge es nur, einmal noch eines Menschen Umriß wahrzunehmen, statt sofort in seiner Vielgestalt sich zu verlieren und ein Gesicht von der Erinnerung an eben dieses Gesicht nicht mehr unterscheiden zu können! All die Menschen, die ich halb sah, halb war... Das Menschenleben als etwas, das danach strebt, erkannt zu werden. Es vollzieht sich in der Gewißheit eines anderen Auges, das überblickt und Gestalt erkennt, wo der Dahinlebende sich nur der wirren, sporadischen Spuren und Teile gewiß ist. Das Vertrauen in ein umfassendes Gesehenwerden gründet in der Einheit Gottes, der Eines sieht, in dieser losen, wilden Spreu, die wir vor Ihm ausbreiten im Wind, längst von der Ähr, der Frucht getrennt. Wir wissen, daß Er nicht der Zerstreute, daß Er vielmehr das eine Gesicht, das entscheidende, zählende Merkmal, das Geliebte erkennt. Ohne diese Gewißheit, Erkannte zu sein, hielten wir uns keine Sekunde aufrecht. Ein Aufgerichtetsein zum Erkanntwerden ... *1994*

DAS VIELFACH ÜBERBLENDETE BILD

Siehst du, man täuscht sich nie ärger, als wenn man einen Menschen in seinen klaren Umrissen und unverkennbaren Merkmalen zu entdecken glaubt. In Wahrheit ist sein getreues Porträt das Phantombild, das nach ihm sucht. So sieht jeder aus und ist: der Ungefähre, das wabernde, vielfach überblendete Bild. Das Produkt zahlloser Umrisse läßt sein ›Charakteristikum‹ einfach offen und wirbt, es zu ermitteln. *1994*

Als Schauspieler war es M. nie gelungen, an die Spitze des Ensembles zu rücken und die großen Rollen zu spielen. Er verließ
das Theater, den »Stadttheaterbetrieb«, wie er sich verächtlich
ausdrückte, und wurde Rigorist. Was vorzeiten ein Rezitator
war, ist heute eine one-actor-performance. Er schob die Höl-
derlin-Nietzsche-Artaud-Maske über sein blasses Gesicht. Nur
das Radikale und verkehrte Heilige durfte es sein. In der Ar-
roganz des Wahns, der Kunstfrömmigkeit empfand er sich als
ihr Stellvertreter auf Erden. Fern davon, ihrem Werk zu dienen,
trieb er mit ihren Masken künstlerische Selbstverwirklichung.
Niemals wäre er auf die Idee gekommen, Heine, Mörike,
Lenau, Benn für vergleichbar »wichtig« zu nehmen. Er hatte sie
nie gelesen. Sie boten ihm allen Anschein nach keine Grenz-
erfahrungen.

Natürlich ließ es sein mittelmäßiges Talent zu, den radikalen
Abbruch seiner Schauspieler-Karriere als heroische Verweige-
rung darzustellen. Der Außenseiterheros war die einzige literarische Chiffre, zu der sich seine politisch übermotivierte,
doch im Grunde kunstfeindliche Generation bekannte. In ihr
erschöpfte sich im wesentlichen das ästhetische Interesse. Diese Hölderlin-Nietzsche-Artaud wurden nicht von Liebenden,
sie wurden von genuin Unbelesenen heiliggesprochen.

Zu durchschaubar war die Funktion, der sie dienten: Ersatz-
aufständische zu sein in diesem erbärmlichen deutschen
Trauerspiel um die versäumte Revolution dieser hartnäckigen
Geschichtsverkennung, durch die sich das Zweite Junge
Deutschland nach dem Krieg künstlich und stagnierend
immer aufs neue verjüngte, als hätte Hitler den Deutschen
nicht alles geliefert, was zu einer wahren Revolution gehörte,
Gleichschritt und Ausschaltung aller Gegner, Anbetung der
Jugend, Gemeinschaftsrausch, Blutopfer und Untergang. Nur
eben keinen Dichter. *1997a*

Wie gut ließe es sich heute mit den liebenswürdig Verkommenen Tschechows leben! Doch diese Verkommenen heute sind
auf bösartige Weise unverträumt, nüchtern, aufgeklärt, vollkommen unsentimental. Durch und durch Gedämpfte. Pro-
blem-Knechte. Verstandesruinen. Realisten-Reste. Kleine und
kleinste Puppen des Allgemeinen, aus denen niemals schöne
Gleichgültige, nachdenkliche Selbstbetrüger werden.

Ende der Konturen, Ende der Schichten, Ende der Ablösun-
gen, Ende des doppelten Einst: das Einst, das die Alten haben,
wie jenes, das den Jungen bevorsteht. Statt der sieben Lebensalter nur ein Mittelding, eine einzelne Periode der verlänger-
ten Unreife, wo keiner mehr mit Lebenssattheit enden kann,
wo man mit jeder rumgebrachten Stunde nur seine Lebens-
erwartung erhöht. *1997a*

Mir klingt beinahe alles falsch

Vielleicht höre ich nicht richtig. Wahrscheinlich habe ich irgend etwas anderes im Ohr... Mir klingt beinahe alles falsch.
Sie spielen nicht die Noten falsch. Sie sprechen, als hätten sie
alles Verstehen vergessen; als verstünde niemand mehr, was
seine Worte bedeuten. Wie ein Schauspieler, der einen Shake-
spearetext, eine hoch manieristische Poesie verkörpert, ohne
auch nur zu ahnen, was er da sagt. Aber der Schauspieler mag
bloß unberaten oder fehlgelenkt sein, die anderen aber haben
schlichtweg vergessen. Ihnen ist etwas geraubt worden. Sie
sind Geschlagene. *1997a*

Wer weiß von sich, ob er nicht ein Zwischenträger ist? Wer weiß, welche Nachricht ihm anvertraut wurde und mit welchen Worten verschlüsselt er sie überbringt? Ob nicht das, was er so eigenständig gesprochen glaubt, in Wahrheit die Botschaft darstellt, von der er nichts ahnt? Bruchteil eines langen Codes, der einem fernen Geist in seiner Sphärenflaute meldet: Das große Wesen Mensch ist tot! *1997a*

STRASSENSZENE

Ein junger Bursche folgte einer Greisin auf dem Fuß. Sie drehte sich um und fragte: »Was hast du? Warum klebst du an meiner Ferse und überholst mich nicht?«

Der junge Mann antwortete: »Wie Sie gehen, hat mich verführt. Es zieht mich an.«

Die Alte: »Das ist nicht wahr. Ich bin zu alt. Meine Schritte können nichts für dich bedeuten.«

Der junge Mann: »Nun gut. Dann glaub mir: Ich bin ein Schauspieler und muß mich auf der Bühne in eine alte Frau verwandeln.«

Die Alte: »Dann wirst du ein schlechter Schauspieler sein. Denn wer auf der Bühne etwas nachahmt, was es tatsächlich gibt, kann niemanden von seiner Kunst überzeugen.«

Der junge Mann erwiderte: »Aber Ihre Schritte sind nicht allein etwas Tatsächliches. Sowenig, wie sie nur aus dem Körper kommen. Sie pochen den Geist Ihres langen Lebens auf das Pflaster. Und er war es, der mich verführte, Ihnen so lange zu folgen. Ich hörte, ich sah so viel von Ihnen, ich könnte es niemals nachahmen.«

»Wenn du ein so begabter Mensch bist, daß dir die Schritte einer Person ihr ganzes Leben erzählen, dann wirst du es als Bühnenkünstler schwer haben, ein fremdes Wesen darzustellen.

Ein einziger unauslöschlicher Eindruck von einem fremden Menschen muß dir genügen, und dieser Keim geht in d i r auf und läßt in d i r das Wesen jener Greisin entstehen, die du spielen willst. Alles andere wirkt angeeignet, einstudiert. Eine Sache, eine Handhabung sollst du unendlich lang studieren – einen Menschen m u ß t du im Vorübergehen erfassen.«

»Woher wißt Ihr, Ehrwürdige, so genau, was ein Schauspieler beachten und was er sich verbieten soll? Habt Ihr selbst schon auf der Bühne gestanden?«

»Niemals. Und nur selten besuchte ich in meinem Leben eine Theatervorstellung. Doch sah ich dir an, was du halbwegs selber weißt. Was du halb vergessen bei dir erwogen hast. Ich alte Frau entdeckte es an dir, einem blutjungen Schauspieler, der sich ungeschickt, aber doch im wesentlichen schauspielerisch beträgt. Ich sah in deinen Blick hinein wie in einen langen Flur, wo man von Tür zu Tür die Regeln deiner Kunst sich zuruft, ein langer Flur, der bis in graue Vorzeit reichen mochte, da das Schauspiel noch den Menschen heilig war, wenn sie Opfer darbrachten und die Götter nachahmten in versöhnlichen Festen. Ja, nachahmten. Aber wie konnten sie nachahmen, was sie niemals zu Gesicht bekommen hatten? Und doch taten sie *so als ob.* Und es kamen eigentümliche Formen zustande, sichtbare, greifbare und doch wunderbare, weder dem gemeinen Menschen auf Markt und Feldern, noch dem Wandel der Himmlischen ähnlich, der niemandem bekannt... Wenn du mir folgst und meine Schritte weiter hörst, wird du am Ende deinen Beruf verlernen. Ich hingegen würde mir am Ende aus deinem Anblick ein übermäßig nutzloses Wissen über einen Beruf aneignen, der mir auf meine alten Tage von Herzen gleichgültig ist.«

»Nun weiß ich, was mich verführte, Euren Schritten zu folgen. Ich ging Euch nach, um den Sinn meines Berufs zu verkennen. Bis Ihr stehenbliebt und Euch mir zuwandtet: da last Ihr in meiner Verkennung. Doch Ihr last in meiner Verkennung wie in einer klaren Spiegelumschrift die ganze ausführlich niedergeschriebene *richtige Kenntnis* meiner Kunst. Ihr last sie mir vor, ohne das geringste davon zu verstehen.«

»So mag es gewesen sein. Ich sprach zu dir, ohne zu wissen, wovon. Die Klarheit deiner neugierigen Augen wählten meinen eingefallenen Mund zu ihrem Orakel. Gehen wir nun rasch auseinander. Es könnte sein, daß deine Begabung sich derart an eines anderen Widerschein gewöhnt, daß sie ohne ihn nicht mehr selber leuchtet. Dieser andere wird dein Unglück sein, mein Junge, dein *ewiges* Verlangen. Denn es gibt ihn nicht, ein solcher steht nicht zur Verfügung. Nur einmal, für flüchtige Minuten war da die alte willenlose Frau, die erfüllte dein Verlangen. Doch still, keine bitteren Prophezeiungen! Nur weil's mich bitter ankommt, daß du Schöner vor mir stehst und ich so häßlich bin. Wenn du im Theater später dich verkleidest, deine Greisin spielst, dann denk dich selbst, du Schöner, mit hinzu, und wie du vor mir standst. Dann siehst du bis zum Grund, was sie fühlen kann. Was nicht. Nicht mehr.«

Da wandte sich die Alte ab. Und der junge Mann folgte ihr nicht weiter, sondern rief hinter ihr her: »Nur daß ich nichts Tatsächliches übernehmen darf, es bleibt dabei?!«

»Tatsächliches?« murmelte die Alte und ging voran, »ist das mein Einkaufsbeutel hier? Ist er's tatsächlich? Wohin war ich unterwegs? Wollte ich etwa zum Markt? Wozu? Ich kam von dort, ich brauch vom Markt nichts mehr. Vom Markt? Was haben wir vom Markt gesprochen? Ach, der Junge hat mich abgelenkt! Was wollte ich, was mußte ich besorgen? O, welche Verwirrung! Nicht mal die Straße kenn ich wieder. Ich hab zu sehr auf seine Schritte, die mir folgten, aufgepaßt, sie trieben mich voran, ich weiß nicht, wohin. Schon ist er fortgelaufen ... Oder war es doch am Mittwoch vor zwei Wochen um die gleiche Zeit, daß ich zuletzt auf unserem Markt gewesen bin? Daran wird er niemals denken, wenn er die Greisin spielt, wie schlimm das ist, vor Raum und Zeit so hilflos dazustehen!«

1997a

KLEINDARSTELLER Warum lassen Sie einen Menschen auf die Bühne treten, dem Sie keine Geschichte gewähren? Dem Sie keinen Charakter verleihen. Ja, nicht einmal die kleinste Eigenart.

AUTOR ASSMUS Ich verfolge einen Menschen um zwei, drei Ecken, dann verliert sich seine Spur in der Menge. So wie das Leben meist nur zwei, drei Sprünge macht, und dann verläuft es irgendwo im Sande. Zawlazaw, hier ein wenig, dort ein wenig, Sie wissen schon. *1998a*

TYPOCID

DR. MAUTNER Nehmen Sie es mir nicht übel, aber ich muß noch etwas sagen... Sehen Sie, es kommt an mir überall der T y p u s zum Vorschein! Der Typus quillt hervor an den Wangenknochen, an den Ellbogen, den Knien, sogar am Geschlecht... Ich – man sagt doch: ich bin ein betrogener Ehemann. Aber was bildet sich in mir, was wuchert und drückt sich hervor? Der Typus, der uralte, nicht zu bändigende, überall durchdringende, alle Zeiten, geschichtliche Räume, Völker und Rassen durchdringende Typus des betrogenen, gehörnten, des einsamen Mannes. Ich bewege mich nicht mehr, wie i c h mich bewegen möchte. Die Knie, so sehen Sie doch: typisch! ... Ich spreche nicht mehr, wie ich sprechen möchte. Sie haben zweifellos jedes Wort schon gehört, jede Silbe kommt Ihnen bekannt vor, denn es ist ja: der Typus, der spricht ... Ich denke noch, mit dem kleinen Rest, der mir als Individuum zum persönlichen Nachdenken verblieben ist, denke ich nach über den Typocid. Mord und Sturz dem Typ. Ich muß den Typus, der mich prägt und prägt und bald nichts mehr von mir übrigläßt, wenn ich nicht schnell laufe, renne, denn das ist dem

Typus fremd: rennen, Eilen etc. ... ich muß ihn zur Strecke bringen, um als Betrogener ich selbst zu sein, um wirklich leben, persönlich überleben zu können, und zwar so, wie ich es will und nicht mein Typus es mir auferlegt! *1998b*

SOLITONE

Begegnen sich im Ozean zwei einsame Wellen, so durchdringen sie einander, ohne sich gegenseitig zu stören. Nur im Augenblick ihres Zusammenstoßes verformen sie sich und finden danach wieder zu ihrer ursprünglichen Form, als hätten sie sich nie gesehen und die Begegnung vollkommen vergessen. Solche Wellen heißen Solitonen; es sind Wellen ohne Gedächtnis. *1998b*

ANTHONY HOPKINS – IN DER STILLE SEINER FORM

The remains of the day fand sogar, was selten genug vorkommt, einen schönen Titel im Deutschen »Was vom Tage übrigblieb.« Film von James Ivory nach einem Roman von Ka-zuo Ischiguro.
Die große und ebenfalls heute so selten gewordene Bereitschaft, die Muster nicht zu kippen, sondern sie durch Verfeinerung zu erweitern. Anthony Hopkins steht als erster Schauspieler für diese Methode. Der Butler: alles scheinbar bekannt: ohne die Folie fast der satirischen Bekanntheit dieser Gestalt ließe sich auch nichts veredeln, undurchdringlich machen (ein Verfahren wie bei Pinter). Allein Hopkins' Zeremonien des Auges. Vom plötzlichen Ermüden, wenn der Blick das Haften verliert, bis dahin, wo er – in der Beherrschung – sein zärtlichstes Sehnen verströmt. Hintergründig in dem Sinn, daß in der Stille seiner Form alles doppelt stark empfunden wird. Wie immer, wenn der Ritus Menschen trägt und bindet: je feiner

das Betragen, um so heftiger Regungen, die sich dahinter verbergen. Je beherrschter der Mann, um so größer die Gewalt, die er beherrscht.

›Gentleman's gentleman‹ heißt die Zeitschrift für den Butler. Und er bleibt es, nicht als Job, nicht als Fassade oder seelenlose Maschine, sondern unantastbar in den Weihen der Ordnung stehend. Dieser Mann wird in jeder Nuance seiner Prägung, in seinem ganzen Durchgeprägtsein sichtbar. Nie ist er auch nur für Sekunden ein anderer. Er enttäuscht nicht. Er spricht nicht über die Fragen, die die »Herren« debattieren - die sie ihm sogar zur Probe stellen. Seine Aristokratie, sein Ritus, seine Gefügtheit lebt noch, nachdem alles sonst sein Wohlmaß verliert und in Auflösung begriffen ist. Unantastbar, tatsächlich, wie ein Samurai. Ein Film im übrigen von hochkonzentrierter Keuschheit. Mit einer schmalen, aber unaufdringlichen Sinn-Figur. So steht zum Beispiel am Ende die Tischtennisplatte in dem Saal, in dem vor dem Krieg das politische Bankett abgehalten wurde. Sie steht an ihrem alten Platz, nur sie, sonst nichts mehr.

Weder ist der Butler kalt noch ist er borniert. Die Form ist ein einverleibtes Rätsel. Kein Schild, nichts Äußerliches, nichts, was ihn schützte oder entschuldigte. Die Form ist seine Haut und sein Geist, der höher geartet ist, höhere Achtung verdient als sein Verstand, den er abends fleißig weiterbildet. Den Schauspieler zu beobachten, wie er während einer Unterhaltung auf seinem Butler-Zimmer die Zigarre immer wieder zum Mund führt, wie der Mund zum Empfang sich rundet, er aber noch einmal etwas sagen muß und die mit geschlossenen Fingern abstehende Zigarren-Hand wieder auf die Lehne sinken läßt – das zu sehen: Keuschheit, wie der Rauchende nicht raucht. Nichts ist gezeigt, alles erwachsene Gebärde. Getreu offenbar der altenglischen Überzeugung, daß im Benehmen, so man es nur genügend auffächert, mehr von einem Menschen zu erspüren ist als oft in seinen Handlungen oder Worten. Dieser Mann hat keine geheimen Kammern. Wenn ihn der Schmerz überwältigt, wie nach dem Tod seines Vaters, dann kehrt dieser Butler mit etwas tappsigeren Schritten in die Festgesellschaft zurück, und sein Nacken sinkt ein klein wenig vornüber, während sein Auge für eine Sekunde gänzlich leer ist vor Trauer. Alles zu sehen, nichts bleibt verborgen. »Im Schweigen der Lämmer« unvergeßlich sein teuflisches leichtes Schlendern in die Menge hinein, am Ende des Films. Hier tappt er, den Schritt auf den Ballen betonend, ein bißchen von Stroheim erscheint. Und wie er gen Ende ein einziges Mal eine ausgelassene Handbewegung macht, im Cafe, die Faust fast auf den Tisch schlägt in dem Moment, wo er die Wirtschafterin glaubt wiedergewonnen zu haben für Darlington Court, die ihm jedoch gleich darauf antwortet, daß sie nicht könne, ihre Tochter bekomme ein Baby. Und sie hatte ihm doch geschrieben, ihre Rückkehr selber angeboten. Und der Butler fuhr mit dem Mercedes des neuen Schloßherren in den Westen des Landes, auch um sein Glück, das lange verschobene – vielleicht und wer weiß – endlich zu finden.

Ein Theater, auf dem alle Wege Abgänge sind und kein Auftritt mehr erfolgt. Die Bühne ein Raum, den man betritt, um im Bühnenhintergrund für immer zu verschwinden. Die Worte erfüllen nur den Zweck, diesen oder jenen unauffällig abzurufen. So kommt es zu diesen stillen Figuren, den Personenbegleitern, die wie kleine dunkle Diener sind, die auf einem Lichterfest den Herrn diskret beiseite nehmen, eine Nachricht flüstern und nach hinten führen: die sich auch dem heftig Handelnden, dem inbrünstig bekennenden Menschen bescheiden zugesellen, ihn durch stummes höfliches Warten zum Einhalt bringen, zum Schweigen, zur Besinnung, bis er ihnen ohne Widerstreben folgt in den Hintergrund, die endgültige Verborgenheit... *1999*

DER SEELENFÜHRER

1

»Nach einer solchen Arbeit wirst du erst einmal in ein tiefes Loch fallen.« Man hatte mich gewarnt. Es war dann auch genauso gekommen. Ich wußte nichts mit mir anzufangen. Tagsüber lief ich in der Stadt herum, suchte die Zeit in Cafés und Spielhallen zu vertreiben, in Kinos, Parks und Kaufhäusern. Am Abend dann, ganz zufällig und doch unvermeidlich, fand ich mich in der Nähe des Theaters ein. Ich erkundigte mich nach dem Kartenverkauf, ich beobachtete den Zulauf des Publikums, ich besuchte die Schauspieler in ihren Garderoben, ich saß in der Kantine mit den Bühnenarbeitern beim Kartenspiel, oft bis in den frühen Morgen.

Aber irgendwie gehörte ich nicht mehr dazu. Meine Inszenierung war nun in den gewöhnlichen Betrieb des Theaters übergegangen. Was auf der Bühne geschah, erschien durchaus als das eigene Werk der Schauspieler, kaum ein Zuschauer hätte hier nach dem Regisseur gefragt. Die neuen Wagnisse, die die Schauspieler Abend für Abend mit guten oder weniger guten Vorstellungen, mit wachem oder stumpfem Publikum bestehen mußten, hatten längst das intime Abenteuer verdrängt, das uns über sechs Probenwochen so eng und schonungslos zusammengeführt hatte. Zwar empfingen mich die Schauspieler gern und behandelten mich freundlich – schließlich hatte unsere Aufführung wider Erwarten doch noch einen mittleren Erfolg erzielt –, aber ich spürte wohl, wie unsere Fühlung bald nachließ und vager wurde. Schon waren sie in neue Proben eingespannt und hatten sich einem anderen Seelenführer anvertraut. Zwei- oder dreimal hatte ich mir die Vorstellung noch angesehen, aber es hatte mich nur gequält. Ich war nicht imstande, eine nützliche Abendkritik zu machen. Ja, es fiel mir sehr schwer, aus dieser engen, bewegten Gemeinschaft, in die ich mich begeben hatte, so plötzlich wieder ausgeschieden zu sein und vollkommen alleine zurückzubleiben. Ich fühlte mich hundeeinsam. Von bitterer Enttäuschung, von süchtiger Anhänglichkeit gleich stark geplagt, verfolgte mich meine erste größere Theaterarbeit mit den zwiespältigsten Nachwirkungen. Immer, wenn ich unterwegs war und ringsum die blöde Gegenwart erblickte, kamen mir in dichten, abgerissenen Schwaden die dunkelsten und schwierigsten Tage der langen Proben in den Sinn, und es regnete dann noch einmal all die schreckenerregenden Vorzeichen, die tausend Widrigkeiten, Infamien und Wechselfälle auf mich hernieder, die ich hatte ertragen müssen, und jedesmal war es so, als stünde mir das Ganze erst noch bevor. An die spätere, dann doch eher sieghafte Schlußphase erinnerte ich mich dagegen sehr viel seltener. Nein, Erinnerung war es ja nicht, meine Nerven käuten wieder, es war die reine Vergegenwärtigung. Oder um es mit einem Lieblingswort der Theaterleute zu sagen: *intensive* Zustände ließen mich Furcht und Krise dieser Tage in ungemilderter Augenblicklichkeit noch einmal erleben. Gewiß war auch dies eine Spätfolge des ungewohnten und absonderlichen Zeitmaßes der Wiederholung, welches das Theater beherrscht und dem ich mich wochenlang unterworfen hatte. Diese beschwörenden Wiederholungen, die gleichwohl Stück um Stück etwas zutage befördern, entstehen lassen oder auch nur etwas zurückgewinnen wollen, das vielleicht ganz zu Anfang, auf den ersten Proben bereits »da war«, zum Greifen *nahe, vollendet,* jedoch nur im glücklichen Vorschein. Oft genug sorgt ja eine ganze langwierige Inszenierung einzig dafür, daß am Ende die überraschende Höhe des *Anfangs,* der Anfang selber wiedergefunden, erfüllt und festgehalten wird. Das klingt wahrhaftig leichter, als es ist. Ich kann es bezeugen. Mir jedenfalls fiel es sehr schwer, mich in der nötigen Geduld zu üben und in die runde Zeit hineinzufinden, oder sagen wir: in die spiralförmige, die keinen unumwundenen Fortschritt kennt und gegen die gerichtet am Theater selbst der heftigste Überschwang, die erhellendste Idee, der eiserne Wille nicht das geringste vermögen.

Aber meine *Fräulein Julie* hatte Erfolg! Die Inszenierung bekam sehr gute Kritiken in der Lokalpresse und erwarb sich sogar einen gewissen Ruf über die Stadtgrenzen von Freiburg hinaus. Vor allem Theaterleute kamen, zuweilen aus entfernten Städten, um sich die vielversprechende Anfängerarbeit, wie es hieß, anzuschauen.

Unter ihnen befanden sich eines Abends auch die beiden ersten Schauspielerinnen des Kölner Theaters, Margarethe Wirth und Petra Kurzrok, die mir wohl bekannt waren, wenngleich ich sie nie auf der Bühne gesehen hatte. Ich erhielt Nachricht von meinem Intendanten, daß mich die beiden nach der Vorstellung in der Halle ihres Hotels zu sprechen wünschten. Recht beklommen war mir zumute, als ich mich schließlich dort einfand. Ich lief etwas tapsig umher, konnte aber die berühmten Gestalten nirgends entdecken. Ich wußte nicht, wie ich meine Unruhe verbergen sollte, mochte aber auch nicht den Gelangweilten spielen und mich in eine Zeitung vergraben. Da bemerkte ich plötzlich hinter einem dichten Spalier von Gummibäumen zwei blitzende Augenpaare, die keine Bewegung von mir ausließen und mich offenbar schon seit längerem beobachtet hatten. Natürlich, es waren die beiden Schauspielerinnen, die dort hinter dem Grünzeug wie die Raubkatzen lauerten und jeden meiner unsicheren Schritte überwacht hatten. Ich trat ihnen also entgegen, und sie begrüßten mich mit freundlichen, förmlichen Worten. Ich sah, daß sie ein sehr ungleiches Frauen-Paar abgaben. Margarethe war die größere, damenhaftere Erscheinung. Ihr langes rotblondes Haar fiel offen über ihre Schulter, sie trug einen passierten dreiviertellangen Rock, eine graue Seidenbluse unter einer dunklen, ärmellosen Weste. Sie hatte sich zweifellos für den Theaterbesuch eigens umgezogen. Anders die Kurzrok, die ihre Arbeitskleidung nicht gewechselt hatte und in ihrem schäbigen Jeansanzug sich beinahe etwas gewollt gegen den schlichten bürgerlichen Stil ihrer Kollegin abzusetzen suchte. Gleichwohl gehörten die beiden aufs engste zusammen, das war nicht nur überall bekannt, man konnte es auch auf den ersten Blick selber bemerken. Sie bildeten ein ebenso schmiegsames wie eifersüchtiges Gespann. Pat kam mir überraschend klein vor, zierlich und zäh, von fast knäbischer Statur, weshalb wohl auch die Koseform des »Patrick« an ihr hängengeblieben war und ihren weiblichen Vornamen verdrängt hatte. Dunkelblonde lange Ponyfransen verdeckten ihre starke, gewölbte Stirn. Am Hinterkopf war das kurze Haar mit einem gewöhnlichen Gummiring zu einem schlappen Zöpfchen zusammengefaßt.

Es dauerte nicht lange, und ich erhielt bereits eine Kostprobe ihres feinentwickelten Paar-Spiels. Ohne Umschweife begannen sie über ihren Theaterbesuch zu sprechen und führten sich dabei so auf, als sei ich gar nicht anwesend. Sie nahmen die Sache wahrhaftig gründlich durch. Eine solche Kollegenkritik kann sich auf eine sehr zartfühlende und schlangenhafte Weise an denjenigen heranschleichen, der schließlich das eigentliche Opfer sein soll. Zunächst hält man sich ein wenig beim Bühnenbild auf, findet daran manches problematisch, nicht sehr hilfreich, letztlich schrecklich. Daraufhin riskiert man die eine oder andere launige Frage an das Stück, sieht seinen heutigen Aussagewert verblassen, läßt es aber dabei schnell wieder bewenden, denn hier hat der Gegenstand womöglich schon härtere Prüfungen bestanden, als sie der eigene kritische Geschmack vornehmen könnte. Dann muß es wohl an der unzureichenden Übersetzung liegen, daß das alte Werk keine durchschlagende Wirkung erzielen konnte. Jetzt nähert man sich bereits der heiklen Zone, in der es gewisse schauspielerische Schwächen zu beklagen gibt. Dabei werden die Kollegen als solche säuberlich geschont, es wird vielmehr die Besetzungsfrage aufgeworfen oder schlimmstenfalls eine glatte Fehlbesetzung festgestellt. Hiermit ist man endlich in den Verantwortungsbereich des Regisseurs vorgedrungen, und nun kommt es darauf an, wer was bei wem ausrichten möchte. Denn alles bis dahin Vorgebrachte kann nunmehr zum höchsten Tadel des *Regisseurs* wie auch zu seiner bedingten Entschuldigung zusammengefaßt werden. Die zwei berühmten Schauspielerinnen hatten dieser Art unsere »Fräulein Julie« Punkt für Punkt durchgesprochen, als sie sich schließlich mit besonderer Gewichtung auf dem eigentlichen »Dilemma« des Abends niederließen und mit dem jungen, sehr jungen, allzu jungen Strindberg-Regisseur ins Gericht gingen. In dessen menschlicher, weltlicher und erotischer Unerfahrenheit fanden sie denn auch die Ursache dafür, daß man auf der Bühne zwar einer reizenden Fülle von formalen Übungen, aber nur einem Minimum an seelischer Handlung beigewohnt habe.

Sie sprachen nach wie vor kunstvoll einander zugewandt, in geübter Wechselrede, in der ein heftiges gegenseitiges Beipflichten nur zu oft zu einer schrecklichen Verschärfung ihrer Urteile führte. Hin und wieder traf den Delinquenten dabei ein rascher Seitenblick, und er traf ihn wie ein Prankenhieb. Nein, die verehrten Frauen ließen wahrhaftig kein gutes Haar an meiner Inszenierung. Ich fand aber ihre Schmähungen ungerecht und übertrieben und wäre am liebsten heulend davongelaufen. Alle frühere Anerkennung, Presselob und Talentbeweis waren mit diesem Verriß hinfällig geworden und in den Staub gestürzt. Da aber unterbrachen sie plötzlich ihren Bund und öffneten sich zu mir hin. Nun legten sie auf einmal eine schamlose Liebenswürdigkeit an den Tag. Aus heiterem Himmel erklärten sie, wie sehr ihnen daran gelegen sei, gemeinsam mit mir in Köln *Die Zofen* von Genet zu erarbeiten.

In Köln war man zu folgender Überlegung gekommen: Alfred Weigert, der erste Spielleiter am Haus und zugleich der Leib- und Seelenregisseur von Pat und Margarethe, sollte endlich Gelegenheit erhalten, seinen *Wallenstein* in allen drei Teilen zu inszenieren. Unterdessen durften sich die verwaisten Protagonistinnen ihrerseits einen langgehegten Wunsch erfüllen, nämlich in zwei ebenbürtigen Rollen gemeinsam auf der Bühne zu stehen und ihr ganzes Können einmal ohne den großen Meister unter Beweis zu stellen. Selbstverständlich sollte es sich dabei um eine kleine Produktion handeln, irgend etwas im Kammerspiel, nicht unter aller literarischer Würde, aber doch zuerst mit dem Anspruch auf Paraderolle und Solistenpart. Es lag nahe, sich hierfür Genets »Zofen« auszusuchen; und da die beiden Stars zudem noch die freie Wahl des Regisseurs hatten und sie unbedingt, wie es damals hieß, »neue Erfahrungen« machen wollten, hatten sie sich also auf die Suche nach dem jungen, aufstrebenden Talent gemacht. Was sie sich letztlich von mir versprachen, war mir nicht ersichtlich. Vielleicht erhofften sie sich einfach größere Freiheiten, als sie ihnen ihr Meister zugestand, und dachten, daß ich sie in ihren Unarten nicht beschränken, sondern nur unterstützen würde. Aber ich verstand mich keineswegs als ein angemieteter Tourneetheater-Regisseur. Ich hatte ja etwas vor, ich kam mit großem Programm.

Die dritte Person, die wir brauchten, um die Rolle der gnädigen Frau zu besetzen, wurde mir von Pat und Margarethe sozusagen wärmstens aufgedrängt. Es handelte sich um eine ältere Schauspielerin, die beide in den höchsten Tönen lobten, obschon sie doch eigentlich den Typ der gutmütigen Amme vorstellte und gewiß niemals die brutale Härte aufbringen würde, niemals derart Idolfigur und Herrin sein würde, um das Mordgelüst der beiden Mädchen glaubhaft erscheinen zu lassen. Es war klar, daß diese Kollegin lediglich als milde Zugabe gedacht war. Pat und Margarethe wollten sich die Schlacht alleine liefern, und ich sollte wohl am ehesten die Rolle des Ringrichters bestellen, der für einen fairen Kampf zu sorgen hatte.

Jedoch: wie anders dachte ich selbst über meine Berufung zu diesen wunderbaren Künstlerinnen! Geradezu ein neuer Montanus wollte ich sein, und so wie dieser Visionär mit seinen beiden Prophetinnen, mit Priscilla und Maximilla, durch die phrygischen Städte gezogen war, um die Herabkunft des neuen Jerusalems zu verkünden, so wollte auch ich mit meinen beiden Schauspielerinnen eine Erneuerungsbewegung mindestens des Theaters, der Schauspielkunst begründen. Während der vielen, einsamen Wochen, in denen ich mich auf meine Arbeit vorbereitete und die Inszenierung schon bis ins kleinste Detail voraussah und vorausbestimmte, verstärkte sich in mir der Gedanke, daß ich meinen Vormarsch mit Pat und Margarethe durchaus als Sendung aufzufassen hatte, als eine legitime Travestie des montanischen Dreier-Bunds. Dieser war mir durch die lange Arbeit mit dem Vater so vertraut geworden und saß mir als Sehnsuchts-Modell so tief inne, daß ich mehr und mehr zu der Überzeugung kam, die beiden Schauspielerinnen seien aus meinen Studien gleichsam wie ausgebrütet hervorgegangen. Ich glaubte wahrhaftig, daß ihr Erscheinen in meinem Leben nicht zufällig und abrupt, sondern durch ursprüngliche Verwandlung geschehen sei. Allzu leicht übersah ich dabei, daß der eigentliche Montanus des beglänzten Paars jedoch Alfred Weigert hieß, ihr Erwecker und Wundertäter, ihr Seelengeleiter; es gab ihn schon.

Ich wußte also genau, wie es auszusehen hatte, mein Theater, meine Zofen, mein ekstatisches Spiel. Ich nannte es nicht mit geringen Namen. Die Gegen-Welt, die Mythenwanderung, die Überschreitung, die Bühne als Eingangspforte zur Großen Erinnerung, Tanz der Reflexionen mit den Geistern, das Gebärden-Zeremoniell, die Lupe hinhalten, auf die Jagd gehen, den Zuschauer in den »Hinteren Raum« locken, Zustände auslösen... Ach, die Begriffe türmten sich und schwankten. In meiner Konzeption spielte das Stück in einer nicht allzu fernen Zukunft. Eigentlich nach dem Zusammenbruch aller menschlichen Kommunikation. Die Menschen haben sich in ihre Zeremonien zurückgezogen, verkrochen, verkapselt. Die Spiele sind ihre seelischen Überlebensnischen. Der Ort: eine Höhle in der Zeit...
Du liebe Güte. Und was ist am Ende dabei herausgekommen? Eine Inszenierung, über die es in den Kritiken hieß, sie wäre

im ganzen ein wenig bieder ausgefallen, trotz einiger überragender Schauspielerleistungen. Die eigentliche Überraschung des Abends sei weniger der junge Regisseur als vielmehr die Entdeckung, daß ein poète maudit veraltet, ein Genet staubgrau geworden sei. Und dafür hatte ich nun mit den höllischen und herrlichen Gewalten gerungen, war ich durch Ohnmacht und Kälte, durch Feuer und Sümpfe geschritten. Aber so ist wohl das Theater: ein gewundenes Instrument, in das man seine ganze Seele hineinblasen muß, um am Ende wenigstens einen kleinen geziemenden Ton herauszubringen. Mehr nicht, aber schon dafür braucht man eine große Puste.

2

Montag früh. Eine Stunde vor Probenbeginn bin ich ins Kammerspiel gekommen. Der Bühnenbildassistent und zwei Bühnenarbeiter haben eine Probendekoration hergerichtet, die in etwa dem entspricht, was ich mit Volker, dem Ausstattungsleiter, verabredet hatte. Es sieht abscheulich aus. Ich will nicht diesen Plüsch und Plunder auf der Bühne. Keinen stickigen Boudoir-Pomp, auch nicht mit Blumen überladen, selbst wenn ich damit gegen die Anweisungen des Autors verstoße. Mit V. alles noch einmal neu durchdenken. Dies hier ist nicht das abgewohnte Futur, das ich mir vorgestellt habe.
Was für eine lange Flucht ist dieser Zuschauersaal! Wie soll ich denn meine abgeschlossene Nische auf diesen schmalen Schlauch hin ausrichten? Theater, Geburt des Spiels, sollte doch immer vom Publikum halbwegs umrundet sein... In einer knappen Stunde beginnt nun unwiderruflich mein Abstig zu den Geistern. Die Nervosität nimmt zu, die Beklommenheit, die nackte Angst – oder, um wie der Traum die Wörter beim Bild zu nehmen: die Angst, nackt dazustehen. Obschon bis an die Zähne bewaffnet mit Zetteln, Plänen, Skizzen, auf denen jede Stellung, jeder Gang vorgezeichnet

ist, fühle ich mich plötzlich ungenügend vorbereitet. Werde ich schnell und angemessen reagieren, wenn etwas Unvorhergesehenes eintritt, wenn plötzlich Änderungen fällig werden, wie etwa jetzt beim Bühnenbild? Ich weiß doch, daß mich das Tatsächliche, wenn es mit voller Wucht in Erscheinung tritt und nicht der Vorstellung entspricht, jedesmal in eine tiefe Schreckenslähmung versetzt.

Ich verlasse den kleinen Tisch auf der Bühne, an dem wir in Kürze mit dem Lesen des Stücks beginnen werden. Der Blick in den Abgrund des leeren Zuschauerraums macht mich schwindelig. Man gewinnt besser Fassung, wenn man profund von unten nach oben schaut, etwa aus der dritten Reihe Mitte, die Arme rechts und links über die Lehnen ausflügend. Es riecht nach Staub, Molton, erwärmtem Lack. Obgleich ich doch bestimmt in eine Grube eingefahren bin und unter Tage arbeiten werde, um das kostbare Mineral dieses Spiels zu fördern, kommt mir jetzt unter dem diffusen Probenlicht mein Ort viel zu hell und ungeborgen vor. Von allen Seiten starren sie mich an, die sachlichen, ernsten Anforderungen einer zwielichtigen Wirklichkeit. Arbeiter, die keine richtigen Arbeiter sind. Technik, die zu nichts Vernünftigem dient. Termine, die zur Einrichtung einer Schein-Handlung streng beachtet werden müssen, und selbst Zeitung und Milchtüte auf dem Inspizientenpult bleiben hier keine unangefochtenen Alltagsdinge. Ich spüre sehr deutlich, daß die ganze Grube erfüllt ist mit umgeschriebenen Gesetzen, die ich nicht kenne und nicht beherrsche, die ich indessen auch nicht blindlings befolgen könnte, denn dazu fehlt es mir an natürlichem Instinkt. Sie sind aber da, ich merke es an der gewaltsamen Einschränkung meiner inneren Bewegungsfreiheit, meiner Phantasie, seitdem ich hier im Theater sitze und auf die Schauspieler warte.

Matthias, mein freundlicher Assistent – er ist in meinem Alter, wenn auch etwas weltlicher verträumt als ich, und hält sich unter der Bob-Dylan-Kappe versteckt –, er erinnert mich daran, daß Frau Adams, die die Rolle der Madame spielt, auf eine Stunde später bestellt worden ist. Offenbar habe ich das versehentlich selber so angeordnet. Selbstverständlich müßte sie bei der ersten Leseprobe von Anfang an dabeisein.

Pat kommt durch die hintere Saaltür. Sie stürzt herein, sie stolpert, sie ist völlig außer Fassung, kaum daß sie uns begrüßt. Sie berichtet von einem brutalen Bandenüberfall, der ihr soeben auf dem Weg zur Probe vorgekommen sei. Sechs oder sieben blutjunge Burschen, eine Rockerbande, hätten einen Hygiene-Laden gestürmt, alles kurz und klein geschlagen, ausgeplündert, den Besitzer an den Haaren auf die Straße geschleift, mit Fußtritten und Kettenschlägen mißhandelt... Was ist ein Hygiene-Laden? Ein Sexshop? »Na, irgend so was! Aber am hellichten Tag, man muß sich das vorstellen. Wir haben hier Zustände wie im kaputten New York. Du kannst schon vormittags nicht mehr allein auf die Straße gehen... «
Margarethe betritt über die Bühne den Theaterraum. Sie gestattet sich einen ausführlichen Auftritt. Sie läßt schon jetzt keinen Zweifel darüber, in welcher Gangart sie als Solange triumphieren will. Das Haar ist inzwischen fuchsrot gefärbt und zu einer breiten Mähne ausgekämmt. Sie zeigt ihre langen Beine unter einem engen, kniefreien Rock, sie schnürt mit nervöser Witterung durch das Bühnengehege. Pat wird nun ihre Geschichte vom Rockerüberfall ein zweites Mal los.
»Aber es ist doch sehr gut«, erwidert Margarethe, »wenn sich die Jungens gegen diese Schweinigeleien zur Wehr setzen.«
»Gut findest du das? Na ich danke.«
»Natürlich. Bevor wir vollends zu einer Gesellschaft von Schmierfinken werden – «
»Das ist die gleiche Gesellschaft, die bei dir abends im Publikum sitzt!«
»Das ist mir völlig egal. Ich spiele für jeden, der mich sehen will.«
»Ach? Es kommt aber vielleicht darauf an, ob die Leute, wenn

du auf der Bühne stehst, zu dir hinaufblicken oder ob sie dich in ihre schmutzige Phantasie hinunterziehen.«

So ging es nun in rascher Folge hin und her. Keine von beiden schien irgendeine feste Meinung zu vertreten, sie wechselten unentwegt ihre Positionen, je nachdem, welchen Standpunkt die andere gerade einnahm. Es kam offensichtlich nur darauf an, jeweils das richtige Widerwort zu geben. Ich war gar nicht vorhanden. Sie spielten längst, sie spielten über meinen Kopf hinweg, und ich kam nicht dazu, ein einziges Wort zu sagen. Es mochte sich hierbei um ein eingeübtes und ausgepichtes Vorspiel handeln, das lediglich zu meiner Verwirrung und Erprobung veranstaltet wurde, denn es hatte schon bald keinerlei erkennbaren Inhalt mehr und verlief immer weitschweifiger. Ich hätte sie längst unterbrechen und zur Arbeit rufen müssen. Statt dessen versuchte ich die ganze Zeit, mich an den Gegenstand, den sie gerade behandelten, anzuheben, doch bevor ich etwas dazu beisteuern konnte, hatten sie ihn schon wieder gewechselt. Und wie ich darüber dachte, interessierte sie ohnehin nicht, sondern nur, wie ich mich überhaupt zu dieser unverschämten Verzögerung verhalten würde. Ihr Geplänkel wurde immer ausgeleierter, sie wiederholten sich schon und mußten beinahe selber darüber lachen. Aber sie warteten vergeblich darauf, daß ich sie unterbrach. Ich tat es nicht. Schließlich verstummten sie von selbst und öffneten sich in einer einzigen, gleichzeitigen Wendung zu mir hin, genauso wie am Ende unserer ersten Begegnung in der Freiburger Hotelhalle. Nur trafen mich jetzt bedeutend kältere Blicke, fast schon entmutigte, so als wollten sie sagen: Nun, junger Mann, du willst hier die Führung übernehmen und bist nicht einmal imstande, uns zum Schweigen zu bringen?!

Erste Leseprobe. Wir sitzen zu fünft am kleinen Tisch auf der Bühne. Pat beginnt die Claire zu lesen. Sie vermeidet jede emphatische Hervorhebung. Sie nimmt mit äußerster Vorsicht einen Text zum ersten Mal in den Mund, in dem vielleicht eine

Raserei verborgen liegt und noch lange nicht geweckt werden darf. Nach einigen Minuten unterbricht sie sich aber und kommt auf einen Satz vom Anfang zurück, in dem es heißt: »Du glaubst wohl, du könntest den Milchmann mit ihnen (den Gummihandschuhen) verführen?«

Pat stöhnt und windet sich: »Der Milchmann! Da ist er! Ich hab es doch gewußt, da war ein Stolperstein. Und was machen wir jetzt mit diesem Jungfrauenschreck?«

»Das ist allerdings ein arges Klischee«, sagt Margarethe leise und schiebt den Text von sich weg, als habe sie eine sehr enttäuschende Entdeckung gemacht.

In diesem Augenblick richtet Pat erstmals das Wort unmittelbar an mich, den Probenleiter.

»Können Sie mir sagen, wie ich heute, im Jahre 1969, einen Milchmann als Liebhaber verkaufen soll? Glaubhaft, meine ich. Ohne daß sich die Leute die Haare raufen.«

Die frontale Anrede ließ mich zusammenzucken. Fast hätte ich vor Schreck geantwortet: »Das weiß ich leider auch nicht.« Tatsächlich hatte ich mit einer solch banalen Frage am allerwenigsten gerechnet. Ich kannte den Text bis in seine verborgensten Schattierungen, aber nie wäre mir doch der Gedanke gekommen, daß dieser alberne Milchmann irgendein Problem abwerfen könnte. Matthias meinte, man dürfe doch ebensogut vom Postboten oder Zeitungsausträger sprechen.

»Nein, nein!« warf ich nun lebhaft ein, denn es fiel mir bedeutend leichter, mich gegen den kleinen Assistenten abzusetzen und an seinem glücklichen Irrtum anzuknüpfen, als den beiden gebieterischen Zofen direkt zu antworten. »Für mich ist es der Milchmann und niemand anderer«, erklärte ich freiheraus. »Denn: wann spielt das Stück? Man wird sagen, es spielt in den vierziger Jahren dieses Jahrhunderts, wahrscheinlich doch zur selben Zeit, da es geschrieben wurde. Und doch spielt es auch jetzt, nein, noch ein wenig später – wenn alles vorüber ist. Es spielt auf einer längst abgegrasten Weide der Gesellschaft. Überall lungern verlorene Gruppen herum, kauern entstellte

Einzelwesen auf ödem Boden. Nichts zieht sie mehr voran. Alle Entwicklungen, alle Antriebe und Fortschritte sind zum Erliegen gekommen. Die Weide ist abgegrast. Die Menschen fürchten nichts so sehr wie die auseinanderfließende Zeit. Denn sie scheint wirklich zu schmelzen wie die Eisschilde auf den Polkappen bei erhöhter Erderwärmung. Vor ihren Schmelzfluten flüchten sich die Gesellschaftslosen in den Schutzkreis der Kulte und Gebräuche. Ihre ganze Begehrlichkeit gehört den schönen Formen, so wie die Begehrlichkeit der Zofen den schönen Kleidern, dem kostbaren Plunder der Madame gehört. Weg vom Küchendreck, von den Abwässern, dem Geröll, dem Moränenschutt! Wir, die Formlosen, versuchen aufzutreten, das ist das Theater, und wir schützen uns durch seine festen Spielregeln. Während andere mühsam, fast verengend schon, Mama und Papa spielen, Arzt und Patient, Chef und Gehilfe, Lehrer und Schüler, da betreten wir den durchsichtigen Raum der geordneten Bedeutungen, strecken uns aus in einem Schaufenster, durch das man in eine unbekannte, mit Leben erfüllte Welt zurückblicken kann. Und in diesem Fenster liegen auch die beiden Schwestern, Solange und Claire, erwachen an einem wunderschönen Morgen und blinzeln durch die hohe Scheibe in einen besonnten Vorgarten hinaus, wo libellenhafte Rasensprenger Taxuskuppeln und aufrollbare Grünflächen befeuchten. Dort knien dann und stehen diese Leute von gegenüber, von denen die Zofen sprechen, ihre fernen Nachbarn, die nichts von ihnen sehen sollen, deren Blicken sie aber nicht ausweichen können. Seltsame Wesen in weißen Overalls, Tankwarten oder Flugzeugeinwinkern ähnlich, Männer und Frauen, und sie gaffen euch an, sie erwarten das Schauspiel von euch und erwarten, daß euer letztes Spiel beginnt, mit allem Drum und Dran, erhaben und lächerlich, fremd und vertraut, gemein und zärtlich, das letzte Spiel der Sinnengewalten, denn ihr müßt bis zum Ende gehen mit eurer Geschichte, mit eurer Zeremonie bis an die Grenze, wo sie zerbricht und das Unwiederholbare beginnt.

Und so werdet ihr dankbar sein, von Dingen zu sprechen, die es nicht mehr gibt, Kleider zu tragen, die kostbar und veraltet sind; den Milchmann werdet ihr anrufen wie den Hünen vom Berg, und er wird mit seinem wackligen Karren herüberkommen, die nackte Betonpiste entlang, das endlose Rollfeld, und seine Anwohner, das gesamte müßige Bodenpersonal wird vor dem Bärenstarken scheu zurückweichen. Mit inbrünstiger Leidenschaft wird Solange die Schuhe der Herrin wichsen, mit glücklicher Demut sie bespucken. Eure symbolischen Handlungen werden sich wie ein Metopenband um die Stirn des Tempels schlingen, in dem der Mord vorbereitet wird. Die sexuellen Gleichnisse werdet ihr als die letzte große Symbolsprache der Alten Welt erfahren, sie wird euch Halt bieten und zugleich das unfehlbare Mittel eurer Selbstzerstörung sein, beinahe wie der beliehene Griechenhimmel, der vor Zeiten deutsche Dichter und Philosophen erhob und verwarf. Draußen nämlich hat das Lebendige Schaden genommen. Das Gleich-Gültige verschlang jede Gestalt, jede Opferhandlung. Jedes Symbol. Ihr aber dient wie Tempelprostituierte dem Heiligtum der Abhängigkeit und der Hörigkeit. Der Bindung. Hütet euer durchsichtiges Versteck und stellt euch zur Schau! Nur als Gefangene seid ihr die verfänglichsten Wesen für die da draußen, die auf dem Rollfeld stehen.«

Oh, sie hörten mir zu! Sie hörten mir wahrhaftig zu! Frau Adams machte sogar eifrig Notizen.
Möglich, daß ich mich fürs erste etwas übernommen hatte. Ich hatte vielleicht zuviel auf einmal verraten. Fast hätte ich ja in einem Durchgang den ganzen Sinn meiner Inszenierung ausgeplaudert. Das, was man einmal über meine Zofen denken sollte und hoffentlich auch denken würde. Die Beurteilung einer Tat, die noch gar nicht geschehen war, hatte ich vor allen Anfang gesetzt.
Margarethe Wirth fragte, ob das Stück nicht als eine Art Spiel beginnen müsse. Dem Zuschauer solle doch Claire zunächst

als die echte gnädige Frau erscheinen und nicht etwa als Zofe, die diese nur nachahme.

Zu meiner großen Enttäuschung mußte ich feststellen, daß sie offenbar nichts von meinen Ausführungen begriffen hatte. Ich ließ mir aber nichts anmerken und erwiderte höflich, daß ein solcher Eindruck, wie sie ihn schildere, durchaus entstehen dürfe, freilich nur als unwesentliches Teil einer von Anfang an mehrdeutigen Spiegel- und Rollen-Maschinerie. Noch mehr sei mir aber daran gelegen, daß Solange und Claire ein sehr dichtes und wechselvolles Gebärdenspiel entwickelten, welches anzeige, daß sie entschieden stärker voneinander als von ihrer Herrin abhängig seien. Folglich käme es nicht in erster Linie auf eine getreuliche Kopie von Madames Gehabe an. Ein Spiel im Spiel könne es recht besehen bei einer solchen Auffassung des Stücks eigentlich nicht geben.

Frau Adams fragte, für wie groß man die tatsächliche Macht der gnädigen Frau einschätze. Ihrer Meinung nach nehme die Herrin die einzig stabile Position im Stück ein. Letztlich überlebe sie eben unangefochten den Domestikenkampf, der sich in ihrem Boudoir austobe. Von ihr gehe (Frau Adams' Meinung nach) eine reale, unbezweifelbare Macht aus. Nur so könne man erreichen, daß die Zofen mit blutigem Ernst spielten und sich wirklich von ihrer psychischen Unterdrückung befreien wollten.

Ich besaß nun eine ziemlich genaue Vorstellung von der Rolle der Madame, doch die betuliche Fragerei der Frau Adams kam mir an dieser Stelle höchst ungelegen. Ich war noch viel zu sehr in Fahrt und so vom Ganzen schwellend, daß ich vorerst nur die beiden Stars für mich gewinnen wollte. Ich mochte es daher gar nicht leiden, daß mir die graue Nebendarstellerin, die natürlich dringend den Anschluß suchte, sogleich in die Parade fuhr und mir den Rückfluß, den ich von den beiden anderen erwartete, abgrub. Ich stotterte also etwas unwillig herum und empfahl, sich eine exaltierte Mama vorzustellen sowie zwei Schwestern, die eigentlich einen Muttermord be-

gehen wollten. Das war mir, in der Kürze, zweifellos daneben-
gegangen. Margarethe protestierte auch umgehend. Wenn wir
uns in solche Gründe begäben, würden wir unweigerlich in
einem tiefenpsychologischen Schlammbad versinken, und die
überhitzten Figuren würden am Ende zu austauschbaren
Teilen eines totalen Psychodramas. Hierauf entgegnete ich
eilends, daß ich weder eine psychologische noch eine soziale
Bewertung der Figuren vornehmen wolle, daß es mir einzig
um ihre *kulturelle* Definition zu tun sei. Spiel und Kampf der
Zofen an sich stellten doch bereits in unseren Augen in den
Augen von uns Heutigen, so etwas wie heroisches Leben dar.
Ihr äußeres Benehmen müßte daher einem Turnier ähnlicher
sehen als einem therapeutischen Rollenspiel. Das Zeremoniell, die Institution der Formen sollten zuerst unsere Sehnsucht
erwecken, bevor sie uns dann zutiefst erschreckten. Gleichwohl müßte aber unterhalb des hohen Kamms der Riten und
Allüren stets der Brodelgrund, das Zischen der Gelüste zu vernehmen sein. Das Amorphe. Die Beutegier nach der Rolle –
nach der Macht ...
Da war mir plötzlich die Puste ausgegangen. Ich wußte nicht
weiter.
Warum hatte Pat die ganze Zeit geschwiegen? Sie hatte nicht
eine einzige Frage gestellt. Es schien sie nicht im geringsten zu
interessieren, was hier besprochen wurde. Sie blickte mich immerzu geradeaus an und überhörte alles, was ich vorbrachte.
Offenbar erforschte sie, wer da sprach und was dieser Mensch
denn wohl eigentlich zu sagen hatte. Sie musterte ungeniert
das Untere des Teppichs, die Rückseite des Entwurfs, das
Knüpfwerk.
Als wir die Probe beendet hatten, streifte sie an mir vorbei und
sagte: »Passen Sie auf, junger Mann. Pumpen Sie nicht zuviel
hinein in das kleine Stück!«
Beschämt verließ ich das Theater. Meine Unterkunft, draußen
in Nippes, war die Anderthalb-Zimmer-Wohnung eines jungen Schauspielers, der für einige Monate in Hamburg gastierte.

Hier umgab mich auf engstem Raum so ziemlich alles, was zum schlechten Geschmack jener fröhlichen Jahre gehörte. Die affigen Poster – Frank Zappa auf dem Klo und Lenin auf dem Roten Platz –, die kahlen Kiefernholzmöbel, die Metallregale mit der bunten Revolutionsliteratur, die Räucherstäbchen und der mit Kerzenwachs bekleckerte, flauschige Afghanenteppich. Diese Wohnung, abgenutzt von einem Menschen, dem ich nie begegnet war und der doch als der gemeinhin Bekannte, der getreue Zeit-Kumpan ständig anwesend war – wie heftig stieß sie mich nun ab, als ich erschöpft, durch und durch befremdet von dieser ersten Probe zurückkehrte. Ein kläglichees Heimweh befiel mich. Ich wünschte innig, neben dem Vater draußen unter den Obstbäumen zu sitzen, an einem leichten Sommertag, und wir würden endlich das Register zu seinem »Montanus« fertigstellen. Er ruft mir Seite für Seite die Namen zu, und ich schreib sie in die Listen.

Hatte Pat mir denn gar nicht zugehört? Vielleicht habe ich zu abstrakt geredet, zu weit ausgeholt. Ich weiß noch nicht, was ich von ihnen verlangen kann, wie ich sie für meine Ideen interessieren soll.

Von unserem Garten können wir Ausschau halten. Er liegt am Hügel abseits des Städtchens, und eine Straße führt heran, die kaum befahren wird, nur von Anwohnern aus der Nachbarschaft. Oft steigen hier die Feriengäste hinauf zum Wald. In einem Krieg, so wie es ihn in grauer Vorzeit gab, wäre ich gern der Wächter auf der Mauer gewesen, der nur sieht und nicht schießt.

Ausschau halten, vor dem Haus sitzen, ist mir urtümlich lieb. Man kann auch aus seinem modernen Körper noch etliche Haltungen herausspüren, die reichen tiefer als andere, berühren symbolischen Grund. Auf dem Fahrrad sitzen reicht bestenfalls bis zu einer Jugenderinnerung zurück; vor dem Haus sitzen dagegen kann sogar unser Stammhirn reizen, kann uns aus der Geschichte entfahren, bis hinter die Zeitrechnung. Ja, darauf käme es an: die Schauspielerinnen müssen ein geschichtliches Gefühl für ihre Haltungen und ihre Körperlichkeit entwickeln. Zum Beispiel: was bedeutet es, wenn eine Dame in der Art raucht wie früher ein Maurer vor dem Bauherrn, die Zigarette in der hohlen Hand versteckt? Die Frauen müssen ständig nach einem Lust-Unlust-Schema ihre Haltungen überprüfen! Auch im Text wird auf die erhöhte Reizbarkeit angespielt, mit der jede das körperliche Betragen der anderen beachtet. Claire muß genau wissen, was sie an Solange gern sieht und was sie nicht ausstehen kann (Beine übereinanderschlagen: widerlich!). »Ich kann unsere Ähnlichkeiten nicht mehr ertragen«, ruft sie einmal aus.

3

Die erste Woche ging. In der zweiten begannen die Bühnenproben und für mich eine Zeit der schweren Prüfungen. Pat und Mag ließen keine Gelegenheit aus, mich meine grobe Unerfahrenheit und Praxisferne spüren zu lassen. Keine Probe verging, ohne daß ich nicht empfindliche Blamagen einstecken mußte. Jetzt merkte ich erst, mit welch hochkomplizierten Schlachtschiffen ich es zu tun hatte, die ich weder zu lenken noch irgend sinnvoll zu bewegen imstande war. Jede meiner vorgefaßten Erfindungen prallte an ihnen ab, wurde als unbrauchbar, erklügelt, eben als aufgesetzte »Erfindung« zurückgewiesen. Sie legten es ehrgeizig darauf an, mir auch den letzten Bestand an Plan und Konzept noch aus der Hand zu winden. Es gelang ihnen natürlich mühelos, mich einzuschüchtern, und die Folge war, daß ich wirklich einen Fehler nach dem anderen beging. Kaum ein Regiezuruf, der nicht auf Anhieb danebentraf oder auf Widerspruch stieß. Es lief nun aber auch alles quer. Solange hatte gerade damit begonnen, sich die ekligen Gummihandschuhe überzustreifen, schon meinte ich ihr beikommen zu müssen und rief hinauf: »Gieriger! Viel emsiger stell ich's mir vor!« Mag unterbrach ihr

Spiel und trat mir mit schrecklicher Besänftigung entgegen: »Nun lassen Sie bitte schön erst einmal etwas entstehen, mein Freund! Bevor mir diese Dinger hier noch nicht gehören, brauchen Sie mich wirklich nicht zu unterbrechen.«
Bei einem solchen Tadel lief es mir jedesmal eiskalt über den Rücken. Er wurde ja nicht aus persönlicher Gereiztheit ausgesprochen, sondern weil ich, wieder einmal, ein ursprüngliches Theatergesetz, eine Grundregel des Handwerks mißachtet und verletzt hatte. Infolgedessen wurde ich übervorsichtig und hielt mich ungebührlich zurück. Ich sah zu, wie die beiden sich anspielten, sich warmspielten, wie sie schließlich mit gelerntem Text ohne jeden Aufenthalt beinahe das ganze erste Zeremoniell durcheilten, Pat mit unerträglicher Exaltation die gnädige Frau vorstellend, Mag mit nicht geringerer Verausgabung sich als Dienstmädchen hinstreckend. Es ging alles entsetzlich schnell und übertrieben vonstatten, und es gefiel mir überhaupt nicht. Was sie da miteinander trieben, gelang an der Oberfläche bereits so geschickt, erschien so unnahbar und unaufhaltsam, daß es sich von einer mißglückten fertigen Aufführung in nichts unterschied. Ich wagte aber nicht, sie zu unterbrechen. Erst als Solange sich auf eine besonders anzügliche Weise an die Textstelle klammerte, wo es heißt: »Wir sind unglücklich. Ich könnte heulen«, beendeten sie von sich aus das Vorspielen und traten aus ihren Rollen heraus. Wie sie es eben gewohnt waren, forderten sie mich auf, sogleich eine ausführliche Kritik abzuhalten. Es war mir aber das Ganze viel zu schnell vorübergezogen, und in meiner Verblüffung hatte ich mir überhaupt keine Einzelheiten merken können. Vergeblich verlangten sie zu wissen, was ich denn auf der Bühne gesehen hätte und wie es womöglich zu verbessern wäre. Ich brachte lediglich ein paar allgemeine Bedenken vor, mit denen sie sich aber keineswegs zufriedengeben. Als sie denn einsahen, daß ich die erforderlichen, »handfesten« Beobachtungen nicht zu liefern vermochte, boten sie freimütig an, einige kürzere Passagen zu wiederholen, damit ich meinen Blick besser üben

könne. Aber damit wollten sie mich nur in eine neue Falle locken. Sie spielten nämlich ein und dieselbe Sequenz hintereinander in verschiedenerlei Tempo und Allüre, und ich sollte nun entscheiden, welcher Version ich den Vorzug gäbe.

»Sie können es so oder so haben. Sie können im Grunde alles von mir haben«, erklärte Pat mit bitterer Frivolität, »Sie müssen es nur genau festlegen.«

Aber ich konnte und wollte es nicht festlegen. Ich unterschied auch gar nichts von Bedeutung. Wie sie's auch anfingen, es entsprach nicht meinen Erwartungen, meinen Vorstellungen. So prüften und beschämten mich die zwei grausamen Königinnen viele Stunden lang und etliche Tage. Sie schienen überhaupt nie die Lust daran zu verlieren, meine Unzulänglichkeit immer erneut unter Beweis zu stellen. Allerdings: sie ließen nicht ab von mir. Sie schickten mich nicht in die Wüste. Offenbar wollten sie mich mit allen fairen und unfairen Mitteln dazu erziehen, ihnen gewachsen zu sein.

Wie soll unser Stück, wie soll das verschlossene, tödliche Spiel beginnen? Meine Vorstellung ist es, daß der Anfang dem Freisetzen eines Brieftaubenschlags ähnlich sehen sollte. Aus der märchenhaften, pflanzengleichen Garderobenwand, an der die Kleider nachwachsen, wenn man sie abpflückt, kommen die Zofen hervorgeflattert, gaukeln ordnungslos durch den Raum und wieder zurück in ihren Verschlag, an ihren Nistplatz. Margarethe hält nichts davon. Sie kann sich nicht vorstellen, wie sie aus solchem Geschwirr in die klare, unbedingte Anfangsposition, in die Herrin-Zofe-Stellung hineinfinden soll. Sie betont ein weiteres Mal, daß der Zuschauer nicht der Illusion beraubt werden dürfe, in Claire die wirkliche Herrin, in Solange die wirkliche Dienerin anzunehmen. Wenn dieser Anfang nicht haarscharf stimme, nicht ganz fest verankert sei, werde das ganze Stück haltlos auf den Wellen irgendwelchen Erregungen, irgendwelchen beliebiger Ekstasen dahintrudeln.

Ich bitte die beiden, meinen Vorschlag doch ein einziges Mal wenigstens auszuprobieren. Sie tun es auch, aber nur, um mir seine ganze Lächerlichkeit vor Augen zu führen. Es hat keinen Zweck. Sie wollen meine Ideen nicht. Sie wollen sich auf meinen Anfang nicht einlassen. Ich weiß nicht, wie ich jetzt vorgehen soll. Eine peinliche Stille streckt sich aus. Sie sitzen am Bühnenrand und warten schamlos auf meinen nächsten Vorschlag.

Kratzkatzen,
mit gebundenen Pfoten,
da sitzen sie
und blicken Gift.

Irgendwie aber mußte es ja weitergehen. Und wenn sie mich tatsächlich in die Lehre nehmen wollten, so war es unvermeidlich, mich hin und wieder eine Aufgabe lösen zu lassen. Daher waren sie schließlich bereit, mir ein wenig entgegenzukommen. Weil es aber auch mir nicht an Halsstarrigkeit fehlte, griff ich nun unverzüglich auf mein bedrohtes Programm zurück, holte meine Lieblingsidee von der Gebärde und der Körperformel wieder hervor und versuchte davon soviel wie möglich, wenn sie bei Laune waren, in die Probe einzuschmuggeln. Zuweilen gelang es sogar, sie zu kleinen, gesonderten Übungsstücken zu überreden. Etwa sollte sich Pat an einer bestimmten Stelle mit den gespreizten Fingern beider Hände durch die Haare fahren.

»Sie müssen es so machen, daß jeder Zuschauer Ihre Nägel auf seiner eigenen Kopfhaut spürt. Stellen Sie sich vor: ein schwerer, müder, auswegloser Kopf. Mit gespreizten Fingern, jawohl, so! Sie möchten Ihren Kopf förmlich jäten, von allem Unsinn reinigen. Sie möchten Ihren Gedanken und Ihrem Gesicht Klarheit verschaffen. Sehen Sie, Sie machen es verkehrt. Sie tun nur so als ob. Sie tun es nur, weil wir es so verabredet haben. Sie müssen aber an dieser Stelle ein heftiges Jucken auf Ihrer Kopfhaut verspüren, sonst wird es nichts.«

Die bescheidenen Erfolge, die ich mit solchen Minuzien erzielen konnte, stimmten mich nicht gerade übermütig. Aber sie gaben mir allmählich ein Gefühl dafür, was von meinen Vorstellungen ich bei den Schauspielern durchsetzen konnte und worauf ich besser verzichten sollte.

Leider brach dieses empfindliche Hilfsgerüst eines Morgens mit entsetzlichem Krach und Getön in sich zusammen. Ein einziges, von mir falsch gegriffenes Wort hatte genügt, um die zögernde Verständigung zwischen uns jäh zu beenden. Ich hatte ohne jede böse Absicht darüber geredet, daß wir die *Zofen* so wahrhaftig wie nötig, so grenzgängerisch wie möglich aufzuführen hätten, und nebenbei – mit der Treffsicherheit einer modernen Trägerwaffe – angemerkt, daß sich Pat und Mag zu diesem Zweck noch von einer gewissen Mimenmentalität, befreien müßten...

Frau Wirth sprang auf, griff vom Boden ihr Textbuch und schleuderte es in meine Richtung hinunter in den Zuschauersaal.

»Sind Sie verrückt geworden?!« schrie sie mich an, »was fällt Ihnen ein? Sie sind ein Unglück! Sie sind eine einzige ständige Behinderung für uns Schauspieler! Was haben Sie hier verloren? Was suchen Sie überhaupt am Theater?«

Pat lief unterdessen in großer Erregung auf und ab; beinahe verzweifelt stieß sie hervor: »Wie kann ein Mensch nur so roh sein?! Wie können Sie nur!«

Ich verstand absolut nicht, worum es ging. Ich hatte keineswegs das Gefühl, etwas Anstößiges gesagt zu haben.

»Warum nennen Sie uns Mimen?« rief Pat wieder, »warum sprechen Sie so verächtlich von unserem Beruf?«

Wie denn nur? Dies kleine flapsige Wort sollte einen derartigen Sturm an Fassungslosigkeit, an Empörung, ja sogar an stolzer Klage ausgelöst haben? Ich konnte das nicht glauben. Mir schien, sie übertrieben ihre Verletzung maßlos und taten es nur deshalb, weil ihnen im Augenblick nicht die angemessene Entgegnung einfallen wollte. Aber ich sah doch auch, daß Pat am ganzen Körper bebte, daß sie sich über eine Kleiderkiste warf und erbärmlich weinte. Margarethe lief zu ihr und nahm sie in den Arm.

»Dieser Specht!« kreischte sie, »Sie da unten sind ein Specht, mein Herr! Ein Specht wird aber niemals eine Eiche fällen! Sie, Herr Specht, können bloß auf unseren Nerven herumklopfen mit Ihrem ganz kleinen grünen Spitzschnabel!« Ich muß gestehen, jetzt wurde mir zumute wie jemandem, der versehentlich einen Waldbrand, einen Lawinenabsturz, eine Umweltkatastrophe ausgelöst hat. Der Schaden schien jedenfalls ins Unermeßliche zu gehen und wuchs beständig weiter. Die Frauen wandten sich nun behutsam einander zu, umgaben sich mit Küssen und Geflüster und versicherten sich ihres festen Zusammenhalts. Wieder einmal entdeckte ich hier im Theater, abseits vom Spiel, dies rätselhafte Zwischending: etwas menschlich Bewegendes trug sich zu und besaß doch nur eine täuschende Ähnlichkeit mit dem echten Vergießen von Herzblut. Ein zweifellos hohes Gefühl brach hervor, aber es verdankte sich einem Umstand aus Pappe, einem künstlichen, nichtigen Anlaß. Ich konnte das beim besten Willen nicht begreifen.

Die folgenden Tage wurden zur Tortur. Zwar probierten Pat und Mag mit ganzem Einsatz, doch taten sie es durchweg so, als sei ich gar nicht anwesend. Ich mußte den Assistenten zu ihnen hinaufschicken, wenn ich ihnen eine Mitteilung zu machen hatte. Als ich aber doch einmal selber vorsprang und ihnen etwas ansagte, hielten sie augenblicklich still, sahen zu Boden und warteten ungerührt, bis ich ausgesprochen hatte. Danach nahmen sie ihre Szene an der Stelle wieder auf, an der ich sie unterbrochen hatte, ohne meinen Vorschlag im entferntesten zu berücksichtigen. Ein andermal, als ich wieder auf sie einwirken wollte, ließ Pat die Arme sinken und stöhnte leise zum Himmel: »Alfred, Alfred! Wo bist du? Warum hast du uns das nicht erspart?!«

Alfred Weigert, ihren Herrn und Meister, suchte ich denn eines Abends auch auf, da ich mir in meiner Not nicht anders zu helfen wußte, als seinen Rat einzuholen.

Alfred war ein hochgewachsener, hagerer Mann, er mochte auf die Ende Dreißig zugehen, und seine bald skurril, bald sittenstreng wirkende Erscheinung verriet deutlich, daß er sich seit langem in seinem Beruf verzehrte, viel inneren Stoff verbraucht hatte, ohne von außen genügend neue Nahrung aufzunehmen. Ein karger Kopf, mehr spitz als länglich, mit zwei dunklen, dringlichen Augen saß auf einem sonderbar dünnen Hals, und er bewegte ihn mitunter so eckig, daß man unwillkürlich an einen Straußenvogel erinnert wurde. Alfred ließ sich eine Weile von den Proben erzählen, schien aber meine bitteren Sorgen kaum ernst zu nehmen. Er gab mir, den eher etwas frivolen Rat, mich zeitweilig mit auffälliger Bevorzugung nur einer von beiden zuzuwenden, um damit unweigerlich die Eifersucht der anderen zu erregen. So würden sich wohl bald ihre Interessen gegeneinander und nicht mehr gesammelt gegen mich richten. Allerdings müßte ich dann auch den schwierigen Vorteil zu nutzen wissen, das Vertrauen der einen mir geschickt zu erhalten, ohne doch das Werben der anderen, die ihre Stellung natürlich verbessern wollte, unbeachtet zu lassen. Aber was für ein Ansehen müßte ich erst einmal genießen, um eine solche Regie führen zu können! Ich, der ich ohne Wirkung und Einfluß auf die Schauspielerinnen war, der ich immer noch sehnsüchtig außen vor dem Theater stand, vor einer mir unzugänglichen Mysterienstätte, ausgerechnet ich sollte mich als der ortskundige Trickser aufspielen? Er bemerkte wohl, daß mich seine Empfehlung kaum zu trösten vermochte. Sie war im übrigen auch etwas kühl gegeben worden. Offenbar schien er es doch nicht leicht zu verwinden, daß ein hergelaufener, ein blutiger Anfänger mit seinen kostbaren Gefährtinnen herumspielte, diese edlen Instrumente natürlich nicht beherrschte und ihnen womöglich noch empfindlichen Schaden zufügte.

»Mir ist«, klagte ich nun, »als liefe ich in einem unterirdischen Kerkerlabyrinth unentwegt hin und her und fände nicht heraus. Die beiden da oben auf der Bühne befinden sich längst in Freiheit. Doch ich erreiche sie nicht. Ich kenne die Wege nicht – ich kenne die Regeln nicht! Ja, sie können etwas. Sie können sogar sehr viel. Aber ich bin ganz und gar nicht einverstanden mit dem, was sie da treiben. Ich habe eine unbeugsame Vorstellung davon, daß Theater ganz anders sein müsse. Ganz anders. Und so blicke ich stumm zu ihnen empor aus meinem Kerker, und manchmal scheinen sie mir das Selbstbewußtsein von Gespenstern zu besitzen, die uns frech ein Leben vortäuschen wollen.«

»Ich kann mir gut vorstellen, wie dir zumute ist«, erwiderte Alfred, »aber was bleibt Schauspielern, die nicht sicher geführt werden, anderes übrig, als in ihre schlechten Gewohnheiten zu verfallen? Du solltest doch immer bedenken: Schauspieler sind am Ende zu nichts anderem geschaffen, als zu dieser oder jener Art der Menschendarstellung. Alle Bemühungen, sie zu didaktisch-formalen Kunststücken abzurichten, führen unweigerlich zu einer krampfhaften Einschränkung ihrer Begabung. Man spürt es doch immer, wenn Schauspieler auf der Bühne eine besonders formbewußte Übung vorführen, als Ideenträger oder sonstwie stilisiert hervortreten – man spürt als erstes, daß sie sich einen Zwang antun, daß sie ein wesentliches Teil ihrer Wirkung, ihrer Verkörperungskraft unterbinden, und dieses Mehr an sinnlicher Entfaltung, das geknebelt und abgeschnürt ist, macht solche ehrgeizigen Veranstaltungen so bedrückend, verleiht ihnen stets etwas zutiefst Unfreies, Gewaltsames und Falsches.«

»Aber ich will durchaus keine künstlichen Spiele!« warf ich ein, »im Gegenteil, ich will doch die aus fernem, altem Gedächtnis durchdringenden Zeichen am *Menschen* sehen.«

»Ich meine aber, daß Pat und Margarethe gut daran tun, dich aus den Schlupfwinkeln deiner Visionen und höheren Ideen herauszutreiben. Sie haben ein Recht, zu erfordern, daß du dich ohne Krücken und Stützen – ohne semiologische Programme – auf sie einstellst, auf die Schauspieler, auf diese unbestimmten Sonderwesen, mit denen man zwischen Gespenst und Gott beinah alles heraufbeschwören und vergegenwärtigen kann, wenn man es nur richtig anfängt. Wesen im Zwielicht von Einst und Jetzt, auf die Schwelle erhobene Körper, die eigentlichen *Medien* also, der Mund Shakespeares oder Molières. Denn allein das Theater besitzt ja dies mehrzeitige Gefüge, welches erlaubt, daß wir uns – im Treffpunkt des Schauspielers – ebenso weit von zu Haus, von unserer Gegenwart entfernen, wie wir einer fernen Vergangenheit näherkommen. Und diese Grenzlinie verläuft im übrigen auch durch die physische Erscheinung des Schauspielers selbst. Weshalb begehre ich Pat und Margarethe, sobald sie sich auf der Bühne bewegen, auf eine Weise, wie ich's im Alltagsleben, auch mit diesen beiden, nie erfahre? Weil ihre Existenz dort auf der Bühne mir völlig schleierhaft wird. Weil die darstellenden Menschen mir zwar zum Greifen nah sind, aber zugleich in strenge Imagination entrückt. Das ist etwas grundlegend anderes als der eindeutige Sinnenbetrug, den das körperlose, ungegenwärtige Kino vornimmt. Das Theater fesselt uns mit der doppelten Bindung von Prostitution und Keuschheit, von atemnaher Anwesenheit, die sich darbietet und unberührbar ist. Vielleicht gehört eine sehr spezielle Neigung dazu, eine leichte sexuelle Verirrung, um so für das Theater zu empfinden, wie ich es tue. Um so krasser sind dann die Enttäuschungen, wenn der Lustbetrieb zusammenbricht. Ich bekomme es gerade bei meinem ›Wallenstein‹ wieder zu spüren. Aber es ist nun einmal so: für mich sind Schauspieler stets auch die letzten Zeugen eines machtvollen Menschseins. Sind sie nicht die einzigen unter uns, die noch mit hohen Charakteren, mit Schicksal, Tragik, Heldentum in Berührung kommen, zumindest doch inwendig? Sehr oft muß ich jetzt, wenn ich probiere, daran verzweifeln, wie beinahe unmöglich es inzwischen ist, einem Stück, das einen Helden von innerer und äußerer

Statur erfordert, zu einer glaubwürdigen Aufführung zu verhelfen. Was für verwachsene Männlein umgeben mich da! Nervöse Schwächlinge, lauter verdruckste Rebellen, aber nicht ein einziger Anführer unter ihnen! Und wenn ich dann an meine geliebten Frauen denke... Ich bilde mir ja ein, daß sie, Pat und Margarethe, nicht einmal den historischen Vergleich zu scheuen brauchen und selbst hinter den legendären Größen einer Bernhardt oder Duse nicht zurückstehen. Ihr Können ist gewiß nicht geringer, nur werden sie von keinerlei Weihe mehr emporgetragen. Ich vermute überhaupt, daß die Interpreten-Kunst ganz allgemein, obwohl oder indem sie erst seit neuestem Überlieferungen kennt, von Verfallsgeschichte viel weniger angegriffen wird als etwa die übrigen, die originalen Künste. Schauspieler, auch Dirigenten, Sänger, einmal zu ihrer Zeit zum Gipfel gelangt, bilden doch über die Epochen hin einen Reigen von Gleichrangigen, ungeachtet ihrer verschiedenartigen Meisterschaft. Nun, nichts davon in meinem Männerlager jetzt. Hier läßt die Nacht auch Friedlands Sterne dunkel. Heute sind ja die ungeschicktesten Schauspieler stets die eifrigsten Affen irgendwelcher ›Bewegungen‹ oder irgendeines sogenannten ›Bewußtseins‹. Nichts ist mehr in ihnen selbst begründet, sie hecheln herum und schnüffeln überall nach Legitimation, nach äußeren Absicherungen ihres Gewissens. Dabei kennen sie die Menschen draußen gar nicht. Sie sind alles andere als aufmerksame Zeitgenossen, und aus der nachdenklichen Beobachtung ihrer Umwelt haben sie am allerwenigsten ihr Talent gebildet. Aber das mag auch für einen Schauspieler nicht unbedingt erforderlich sein, er ahmt ja Menschen nicht von außen nach. Nur daß die meisten längst vergessen haben, weshalb sie einmal diesen Beruf ergreifen wollten: eine gesteigerte Person zu sein! Das macht sie nun so leer und abgelenkt. Aber wehe, sie sehen sich den neuesten Film mit Marlon Brando an, oder irgendein anderer Herrlicher erscheint, der rundum und rücksichtslos nur Star ist, dann spüren sie erst recht ihre schmerzliche Verengung und beklagen, was sie alles nicht aus sich gemacht hätten. Und warum taten sie's nicht? Weil ihre geborgten kritischen Einstellungen sie daran gehindert haben. Weil sie mit Fragen des politischen Geschmacks und all dem vordergründigen Gewissen unserer Tage bereits voll ausgelastet waren. Sie diskutieren eben lieber. Heute diskutieren unsere Schauspieler nach den Vorstellungen mit dem Publikum. Nun gut. Warum nicht? Doch sollen sie sich dann nicht wundern, daß man sie kaum noch begehrenswert empfindet, daß ihre schauspielerische Macht dahin ist. Wen man dauernd anfassen kann und häufig dumm daherreden hört, der wird nur sehr schwer auf der Bühne wieder unnahbar und groß. Und selbst sein tiefgründiger Hamlet wird ihn nicht mehr voll bedecken: dahinter steckt doch nun für jedermann ein ganz normaler Meinungsmensch wie du und ich.«

Alfred rückte seinen Kopf schräg und bewachte, wie ich seine Worte aufnahm. Natürlich hatten sie mich eher verwirrt und beschwert als aufgemuntert.

»Du verstehst«, fügte er hinzu, »ich bin zur Zeit nicht sehr einverstanden mit unserer Schauspielkunst, so wie sie an diesem und auch an anderen Theatern betrieben wird. Ich werde mich auch nicht weiter darum kümmern, sobald mein armer ›Wallenstein‹ erst einmal heraus ist. Ein Roman von Tolstoi, ein Gedicht von Mörike, ein paar Seiten Lichtenberg, haben sie mir in letzter Zeit nicht mehr gegeben als diese ganze Theaterei? Ehrlich gesagt: nein. Eine wirklich große Freude haben mir doch immer nur die Schauspieler gemacht. Wenn sie nur richtig über uns hinausgehen! Wenn sie nur nicht dauernd sich selbst behindern wollten! ... Seit ein paar Monaten arbeite ich an einem Stoff für einen Film. Ich muß es riskieren. Ich nehm mir meine beiden Frauen und geh mit ihnen raus aufs freie Feld. Raus aus allen Herden- und Wärmeverbänden. Ich werde diesen Film schreiben, und ich werde ihn drehen. Außerdem werde ich darin die Hauptrolle spielen. So wird es geschehen. Nur Angst schärft die Sinne.«

»Wenn ich dir zuhöre«, sagte ich, »dann merke ich, daß ich noch ganz am Anfang stehe. Du weißt schon alles und kannst dich abwenden. Aber ich muß etwas Neues machen, daher haben deine Erfahrungen nur eine beschränkte Gültigkeit für mich. Denn etwas Neues muß man doch wollen, wenn man am Anfang steht. Vielleicht aber schaffe ich's nicht. Vielleicht werde ich scheitern.«

Nach diesen Worten hatte mich Alfred zum ersten Mal richtig angesehen, er hatte mich wahrgenommen. Irgend etwas in ihm, Herz oder Hirn, war leicht aufgegangen, ich hätte hinein gekonnt.

»Es gibt kein Scheitern«, sagte er leise, »es gibt nur ein Fortschreiten. Nicht einmal der Tod wird uns darin aufhalten. Wir sind immer auf dem Weg, hinter die Dinge zu kommen.«

4

Was sollte ich tun? Davonlaufen, alles hinschmeißen, mich aus diesem giftigen Staub machen? Es wurde von Tag zu Tag schlimmer. Die Frauen machten sich jetzt nur noch lustig über mich, sie trieben ihren groben Spott mit mir. Sobald ich nur die Bühne betrat, begannen sie zu stöhnen und künstlich zu jammern.

»Gehen Sie nicht so! Gehen Sie doch nicht so auf unserer Bühne herum!«

Aber wie gehe ich denn? Und Pat antwortete in dem verächtlichsten Ton, dessen sie fähig war: »Sie gehen wie ein Sargträger, der sich auf seine offenen Schnürsenkel tritt. Das ist deprimierend!«

Es hat keinen Zweck. Ich schaffe es nicht. Ich habe kein Glück. Kein Talent. Verheerende Probe. Am liebsten würde ich den Zug noch in der Nacht nach Freiburg nehmen. Ich habe mich wahrhaftig zu weit vorgewagt. Und wie nützlich könnte ich jetzt meinem Vater sein! Statt dessen betreibe ich hier das lächerlichste und fratzenhafteste Geschäft, das kein Mensch von Ehre und Verstand je über sich bringen würde. Der Regisseur, soviel habe ich begriffen, besteht zu drei Vierteln aus geliehener Macht, aus Projektion, aus Abhängigkeitsbedürfnis, womit ihn die Schauspieler ausstopfen wie eine Weihnachtsgans. Niemals aber werde ich ein solch scheinhaftes Machtgeschaukel beherrschen, niemals auch nur es erstrebenswert finden! Hier habe ich nichts verloren, an diesem letzten, innerlichsten Hinterhof des Absolutismus, an dem ich, ganz ins Nervliche verflossen und mit den falschen Tönen eines modernen Bewußtseins überdeckt, die Zentralgewalt des Souveräns erhalten konnte. Und was ein solcher Regisseur nicht selber an sich hat, das wird ihm durch die erhöhte Stellung ausgeliehen, die Mitte macht den Mann. Ich weiß sehr wohl – schon manchem hat das Theater als wahrer »Persönlichkeitsbrunnen« gedient; ein unscheinbarer Fips, ging er hinein und kam garantiert mit dem gewissen Etwas wieder heraus. Falls er sich nicht hat unterkriegen lassen, falls er nicht zu skeptisch und zu aufrichtig war... Aber was das schlimmste ist: ich kann nicht mit Menschen umgehen. Ich besitze nicht das Geschick, sie für meine Sache zu gewinnen. Auch der Bühnenbildner hat mir jetzt eine Absage erteilt. Meine Vorstellung, den Raum in ein heruntergekommenes Futur zu übersetzen, sei nicht realisierbar, sagt er. Natürlich ist sie realisierbar! Man muß es nur wollen. Aber ich schwieg. Ich war zu niedergeschlagen. Morgen werde ich rücksichtslos sein. Auch wenn es noch so schlimm kommt: ich werde selbstbewußt auftreten. Ich werde sie alle im Handstreich überzeugen. Andernfalls gibt es einen unerhörten Zusammenbruch. Pat und Margarethe werde ich hart anfassen. Ich muß sie moralisch besiegen. Ich muß ihnen eine Botschaft bringen. Sie müssen lernen, daß sie zu dienen haben, zu dienen und nochmals zu dienen. Nicht mir, sondern dem Stück und der gemeinsamen Mission. Ich werde sie anhalten, mit blutigem Ernst, mit heiligem Eifer zu Werke zu gehen. Ich werde es nicht zulassen, daß sie wie die Flamingos eitel über den Text hinwegstolzieren...

Doch was will ich wirklich?

Ich besitze ja keine Lehre, keine Theorie, keine Vision von einer neuen Schauspielkunst. Was mir fehlt, ist die klare Richtung für meinen Kampf. Wo will ich denn Erneuerung? Ist nicht, was mir vorschwebt, ganz einfach das perfekte Spiel der Idee nach dem perfekten Mord verwandt? Das wäre freilich etwas, das man bestenfalls schon immer hätte erreichen können. Nichts grundsätzlich Neues also. Aber ist es nicht gerade ihre Perfektion, die mich so heftig abstößt, ihr unmenschliches Können, das mich behindert? Es wird mir schlecht, wenn sie ihre hohlen Gesten abperlen, wenn ich sie in ihren glatten, prahlerischen Theatergängen dahinschnüren sehe...

Oh, zersägt von tausend Widersprüchen, statt eines Geistes Kind zu sein! Ich kann ihnen ja doch nicht beikommen. Sie verstehen mich nicht. Ich laß sie laufen, wie sie eben laufen. Nein, wahrhaftig: sie haben keinen Geist in den Knochen... Sie beachten die Menschen nicht mehr, niemand draußen kann noch Eindruck auf sie machen. Alle ihre Bewegungen stammen aus dem Fundus.

Ich hörte sie nur noch von fern, leises Fauchen der Raubkatzen. Manchmal ein törichtes Gewisper.

»Ich glaube, er leidet unter Absencen. So traumstarrend wie er dasitzt. Ich habe einen Neffen, der hat diese kleinen Anfälle, dieses ... Petit mal.«

»Das kleine Übel ... das kleinere Übel.«

»Ich meine, ich weiß bis heute nicht, was wir da eigentlich spielen.«

»Ich finde, das Stück erzählt eine ganze Menge über uns.«

»Über uns? Finde ich nicht.«

»So mußt du dir's vorstellen: du wirst Margarethe durch mich. Und ich, Pat, werd nur ich durch dich.«

Da erhob ich meine Augen mühsam und sprach sie an. Schwer, beinahe lallend.

»Es muß noch etwas dahinter sein, hinter Ihnen, ein Raum ... spüren Sie ihn? Der hintere Raum dort.«

Pat legte ihre Fingerspitzen an die Schläfen und straffte ihre Stirn.

»Was meint er bloß? Bin ich denn vollkommen verblödet?«

»Und hinter Ihnen, Margarethe, muß auch etwas dahinter sein. Hinter Ihrem Rücken, eine Riesin. Spüren Sie es? Können Sie mich verstehen?«

Margarethe antwortete: »Kaum. Ich verstehe Sie kaum noch.«

Nun stand ich auf und rief aus Leibeskräften: »Und ich verstehe nicht, was Sie da oben spielen!«

»Hören Sie, Leon«, erwiderte sie gelassen, »hinter mir ist gar nichts. Hier steh allein ich. Eine einfache Schauspielerin. Sie müssen schon vorliebnehmen mit dem, was Sie vor sich haben!«

»Ich bin der Lehrer, ich will es Ihnen zeigen, das geheime Reich, ich bin Ihr Führer!« rief ich wie toll und bäumte mich auf. Dann aber sank ich zusammen. Ich war nicht mehr bei Sinnen. Ich rannte aus dem Theater, rannte halb bewußtlos durch die Straßen, hinunter zum Rhein, hetzte auf der Promenade hin und her, wie ein Hund hinterm Zaun, immerzu am Fluß entlang, aufwärts, abwärts, als müßte ich seinem ständigen Abschied entgegenwirken.

»Das ist der Winter!« rief ich zum Wasser hinunter, »das ist der Winter, der kalt und streng und einsam ist. Aber ich werde auch mit dir noch fertig, Freundchen... «

Später muß ich in die Kaufhäuser gelaufen sein. Auf einmal befand ich mich in einer großen Halle mit vielen Ständen. Dort mäkelte ich an allen Waren herum und stritt mit den Verkäuferinnen. Manches von meinem abwegigen Verhalten bemerkte ich peinlich genau, konnte es aber nicht unterbinden. Anderes geschah ohne mein Bewußtsein. Welch umgeleitete Gänge mußte ich tun! Ich verschwand in der Höhle des endlosen Theaters, es umgab mich wie eine vierte Dimension. Das Schweigen, das Atmen, das Wissen. Ich sah alles, was ich brauchte. Ich wußte mein Teil. Manchmal schlug noch ein Blitz herunter, von oben aus dem bestürzten Verstand. Ich sah's aber wie auf einer Pfütze, die still den wilden Himmel spiegelt.

Ich erschien nicht mehr auf den Proben. Ich mußte den ganzen Tag laufen. Ganz so wie der Mönch von Heisterbach hatte ich meine Zeit verloren. Dieser war doch im Grübeln über dem Bibelwort, daß vor dem Herrn tausend Jahre wie ein Tag seien, unmerklich entrückt worden und erst dreihundert Jahre später zu seinem Kloster heimgekehrt.

Auch ich hatte einen Besuch auf der anderen Seite der Zeit gemacht, und als ich nach zwei Tagen wieder ins Theater zurückfand, da war mir, als wachte ich in einem anderen Lebensalter auf.

Jetzt wußte ich, in welche Richtung ich mich vorkämpfen mußte. Jetzt ging es nicht mehr um irgendeine Inszenierung, die gut oder schlecht ausfallen würde, es ging einzig darum, diese Prüfung zu bestehen. Das Theater war jetzt deutlich zu erkennen als eine eherne Pforte, die ich durchschreiten mußte, um die weiteren Schritte »hinter die Dinge« zu tun, wie Alfred es genannt hatte.

Nun erschreckte es mich auch nicht mehr, daß vor diesem Tor zwei grausame Schauspielerinnen wachten, die nicht zu meiner Unterhaltung, sondern zu meiner schmerzhaften Weihe bestellt waren.

»Du hast einen großen Sprung nach vorne gemacht«, sagte Pat zu mir und gab mir ein zaghaftes Lächeln. Auf einer langen, erschöpfenden Probe war es uns zum ersten Mal gelungen, die dunkle Konvention zu berühren, die unsere Zofen zusammenhalten würde und die es den Schauspielern ersparte, ihre Individualität zu überfordern. Nun lächelten sie, Pat und Margarethe, sie gaben sich beflissen und zutraulich, fast als hätten sie die ganze Zeit über die peitschenschwingenden Initiationswärterinnen bloß gespielt – aber für mich waren sie es!

Ich weiß nicht, wie es geschehen konnte, aber von nun an gingen die Dinge leicht. Ein beharrliches Gleichgewicht, in dem ich mich selber befand, hob auch außer mir allen Streit und alle Verspannungen auf. Gemeinsam mit den Schauspielern gelangte ich zu einem sicheren Ausgleich von Zeigen und Schauen, Handeln, Wirken und Verstehen. Nichts mußte mehr erpreßt, nichts vom Himmel gezerrt werden. Meine Worte, so dünn sie auch waren, schienen gewissermaßen verstromt worden zu sein, denn obgleich ich kaum etwas anderes sagte als früher schon, setzten sie sich doch gleichmäßig in Energie um und bewirkten nützliche Fortschritte. Vielleicht lag es aber auch daran, daß ich bis zu dem entscheidenden Zeitpunkt durchgehalten hatte, da aus der kreisenden Wiederholung ganz von selbst einflußreiche Kräfte hervorgingen. Wie auch immer, der Fuchtler war zum Verfüger geworden.

»Du hast eine günstige Entwicklung durchgemacht in den drei letzten Tagen«, sagte nun auch Margarethe, und es fiel auf, daß sie mich häufig bei der Hand nahm und mich gern in der Nähe ihres schönen, schlanken Körpers spürte.

Aber ich sah doch schon, daß ich nicht bleiben würde. Das Theater konnte mich nicht festhalten. Es war mir nur als ein Übergang von Nutzen. Ich dachte mir eher: das Märchen gebar einst den tapferen Jungen, das Theater nun den erwachsenen Mann, und so entstehen wir fortdauernd von Fruchthülle zu Fruchthülle. Wie aber würde es weitergehen? Welches sollte denn meine nächste Verwandlung sein? *1984a*

BERG ... Inverness! Warum heißt es INVERNESS, unser Stück?

ODILE Inverness heißt es nach dem Schloß, in dem Macbeth seine Gäste ermordet.

BERG Das Schloß mit den glückbringenden Schwalben, nicht wahr, das seine Gäste so friedlich empfängt. »Thos castle hath a pleasant seat; the air / Nimbly and sweetly recommends itself / Unto our gentle senses.« Das Haus. Der Friede. Das Unheil. Was sich hier abspielt, ist die Geschichte einer Einflüsterung. Deshalb klebst du später am Ohr dieses Mannes. Du bist eine blutjunge hagere Lady Macbeth mit langen nackten Armen, und wir lassen dich diese kleinen schwarzen Handschuhe tragen. Du bist jemand, der im Leben nirgendwo Fingerabdrücke hinterlassen will. Du darfst nie vergessen, daß du immerzu dicht an seinem Ohr sprichst. Du bist diesem Ohr verfallen, du küßt es, deine Finger umspielen es, du sprichst zum Ohr, ohne den Mann anzublicken, du behandelst das Ohr, als wär's für sich der Mann im ganzen. *Mit plötzlicher Eingebung* Wir befinden uns nicht im Stande der Unschuld. Wir befinden uns nicht im Stande der Gnade. Wir befinden uns im Stande der menschlichen Passion. Verstehst du mich? Das ist es, in einem Wort, was uns auf der Bühne von den Menschenähnlichen draußen in der Mac-Welt trennt: ihr verdammter Mangel an Passion. Ihre brutale Verdrängung von Existenz! Eines Tages werden sie verrückt darüber, daß sie n i c h t Schauspieler sein können, die Ähnlichen da draußen, rasend werden sie, weil ihnen diese letzte vom Menschen bewohnte Insel, da, wo du stehst, inmitten der Turbohölle der Scheinbarkeiten... »Weißt du es nicht?«

ODILE Weißt du es nicht?

BERG Weißt du es nicht? Du lispelst, du säuselst, du flötest.

271

Die Frage ist nicht harmlos. Weißt du es nicht? Was da kommt, was aus dir hervortritt, was über dich hinauswill... Wo gehen wir hin? Was zieht uns über die Grenze? Sie mahnt, sie stürmt, sie droht. Warum zögern wir noch? Weißt du es nicht? Unanswered questions. Laß das weg mit den Armen, laß es weg. Mußt nicht alles nachmachen, was ich dir zeige.

ODILE *schwach* Weißt du es nicht?

BERG Paß auf, ich werde dafür bezahlt, daß ich dir deine Unarten austreibe. Ich werde dafür bezahlt, daß ich dich vor deinen banalsten Empfindungen bewahre –

ODILE Dann hilf mir doch. Hilf mir doch endlich!

BERG Warum kippt man mir diese dünne Jauche vor die Füße? Warum muß ich mir das gefallen lassen? Spürst du nicht, daß sie von Zorn erfüllt ist? Von Kopf bis Fuß Zorn, grundloser, unerbittlicher, uralter Zorn. Ihr einziges Gelüst, ihre einzige Leidenschaft ist Zorn, Zorn, Zorn... Spiel es!

ODILE *stärker* Weißt du es nicht?

BERG Härter! Böser! Größer!

ODILE Weißt du es nicht?!

BERG Nicht brüllen! Spielen!

ODILE Weißt du es nicht?

BERG Du sollst es spielen, du elende Pritsche!

ODILE *bricht ab* Du hast von mir noch nicht gehört, daß ich dir den Grips aus dem Hirn trete, wenn du deine Manieren vergißt.

BERG Hündin! Hündin!

ODILE *im Durcheinander mit Berg* Ich will deine Arbeit. Ich mache alles, was du willst, in der Arbeit. Aber riskier keine Schweinerei, ich warne dich. Merkst du dir das, du verschwitzter Affe!?

BERG *im Durcheinander mit Odile* Ich denk nicht an Verständigung. Ich denk nicht mal an Kampf. Sieh's im Vorfeld als erledigt an... Halt den Rand, du Zappe! Ich schmeiß dich raus!

ODILE Was willst du sehen? Was soll ich zeigen? Sag mir klipp
und klar, was du mit mir vorhast!
BERG Ja. So in etwa. So muß das klingen. Jetzt bist du nah
dran. Hast du's gemerkt? Das ist der Ton. Eben war er da.
1998

DIE MACHT DES VIELFÄLTIGEN.
MEDIEN UND FILM

Die Wahre Magie

KARL *zu Margot, langsam mit ihr abgehend.* Sehen Sie, mein Kind, wenn ich das Fernsehen wäre, das allmächtige Fernsehen – das kann zaubern, die schönsten Verwandlungen am laufenden Band. Da haben Sie die wahre Magie. Das Fernsehen lehrt uns das Fürchten. Wie demütig Sie aussehen, vom Staunen gelähmt, wenn Sie abends in unser Totenreich blicken. Und was sehen Sie? Sie sehen Ihrem eigenen Vergessen zu, ja, Sie sehen hinaus auf den Fluß des Vergessens. Stellen Sie sich vor: Sie sterben, ohne es zu merken. Sie verschwinden ohne Schmerzen, Sie verschwinden in ihr unendlich gleichgültiges Starren... Mag sein, wir sind schon mittendrin im Fernsehen. Wir sind schon diese hellen Schatten, mit offenen Augen, nah zum Greifen und doch nur für Blicke noch zu fassen...

MARGOT Haben Sie denn schon mal etwas in der Fernsehlotterie gewonnen?

KARL Nein.

MARGOT Aber ich. Einen ganz kleinen Fernsehapparat...
1975

Sie / Ich

Sie: viel vernünftiger beim Fernsehen als ich, mit klaren Entscheidungen für oder gegen gewisse Programme; keinerlei Furcht vor dem Apparat als Medium; Lieblingssendungen: Tierfilme, Serienkrimi, Hitparade, »gute Komödien«.

Ich: Fernsehen nur um des dicken Scheins willen, um der Ferne, des Flusses, der Vergänglichkeit willen, mit Anfällen von Furcht und Ekel, wie ein Mensch des Barock vor seinem Bilde der Welt. *1977*

Heidegger (in seinem Heraklit-Buch): »Alles Wesen ist in Wahrheit bildlos. Zu Unrecht fassen wir dies als einen Mangel. Wir vergessen dabei, daß das Bildlose und also Unanschauliche allem bildhaften erst den Grund und die Notwendigkeit gibt ... Alles Anschauliche ist ohne das Unanschauliche, das es zu schauen geben soll, nur ein Augenreiz.« (Woher sonst der starke Überdruß an dem zunehmend bloß Anschaulichen bei gleichzeitig großem Mangel an *Wesen*, wie es die meisten neueren Filme bieten?) *1981a*

NUR DER SCHMERZ, NIE DIE FREUDE

Ein Film über eine Hausfrau, die an Gehirntumor sterben wird. Die von einer bedeutenden Schauspielerin dargestellte Geschichte einer Krebskranken verzichtet auf jede Schonung des Gemüts, auf die bekannten Effekte der Bewußtseinsbildung durch Emotionsverknappung und auf all die verleumderischen Rücksichten eines sozialen Heilsgedankens, wie wir sie wohl zur Genüge kennen aus unseren in ihrer ästhetischen Moral und Ausdruckswelt gänzlich heruntergekommenen Fernsehfilmen. Dort wird noch die größte menschliche Katastrophe endlich durch das Nadelöhr der ›Frage nach den gesellschaftlichen Ursachen‹ gepreßt und darf in einem fadendünnen Trost auslaufen. Hier hingegen geschah nichts, was uns aus der unmittelbaren Anstrengung des Gefühls entlassen hätte. In einer schweigsamen, frontalen Bewegtheit entfaltete das Spiel der Krankheit seine beinahe antikischen Züge von Unheil und Unausweichlichkeit mitsamt den grausamen Tricks der Hoffnung – ein namenloses Drama, das den freundlich hilflosen Figuren einer schwedischen Durchschnittsfamilie seine Schreckensmaske aufgedrückt hatte. Seltsam aber dabei: zu spüren diese Erschütterung, Furcht und Grauen des

Zuschauers als die anitsexuelle Regung schlechthin – oder muß man im Gegenteil sagen: die zutiefst konsexuelle? Als Zuschauer miterleben, wie ein Mensch durch sich selbst stirbt, das Weinen, die Rührung, die erfüllte Tiefe, das Letzte – ist es nicht das, was wir von der radikalen Umarmung erwarten, der eigentliche *Geist* der Sexualität, die Trauer der Lust? Jedoch eine solch mächtige Ergriffenheit wird uns stets nur der Schmerz gewähren, nie die Freude, die uns so sehr viel oberflächlicher beschäftigt. Der Tod des anderen, der jämmerliche, unschuldige, alltägliche ist unser ganzes Herz. Wir begehren diesen Menschen in Mitleid, in Mitleid erigieren wir. Er stirbt und wir erleben einen Orgasmus der Schmerzen, Aufbäumung und Verschüttung.

Alle wirklich großen Anmutungen scheinen Emanationen jenes zentralen Gefühls für den Tod zu sein. Selbst das Glück ist nur dann etwas wert, wenn wir spüren: es kommt nicht von oben; es erhebt uns zwei Fußbreit über die zitternde Leere. *1981a*

OSHIMAS FILM »IM REICH DER SINNE«

»Nur wir«, sada kichi Futari / Sada und Kichizo, nur wir: diesen Schriftzug hat die Prostituierte in Oshimas Film *Im Reich der Sinne* ihrem getöteten Liebsten in den linken Oberschenkel eingeschnitten. Sie hat ihn in Liebe erwürgt und ihm Penis und Hoden vom Leib getrennt. Vier Tage irrt sie darauf in euphorischem Wahn durch Tokio und trägt das Geschlechtsteil ihres Herrn um den Hals. »Nur wir« heißt diese große Geschichte. Und sie ist es in dem Maße, als sie ohne schmückende Handlung uns in die Klausur einer radikalen Liebe einbeschließt, in der unserer korrupten Sexualität, die zwischen beliebigem Konsum einerseits und häuslicher Frustration andererseits stets ihr Wesen flieht, eine gestrenge Lektion der Lust erteilt wird. Indem Sada und Kichizo, die Dirne und der Herr, sich in eine Ort, Stand und Stunde auslöschende Liebes-Isolation begeben, erinnern sie jeden von uns an die Früh-Zeit eines Verliebtseins, wann immer es gewesen sein mag, an die grenzenlose Versprechung der Ersten Runde. Was im Film extrem erscheint, ist jedem bekannt als der rauschhafte Beginn einer großen Begegnung: ausschließlich sein, die eigentliche asoziale, d.i. ekstatische Auflehnung gegen den mäßigen Betrieb des Alltags und der Arbeit, an dem das permanente Versteck der Liebeskörper und das zeitraubende Verlangen Sabotage verüben. Jedoch mit der Ersten Runde ist für die meisten Leidenschaftler der äußerste Umfang des Verfallenseins bereits durchmessen. Was folgt, nimmt ab. Der Rausch übersteht nicht die Einfügung in das soziale Leben. Gleichwohl hat dieses ihn eigentlich produziert, hat sich des gesellschaftswidrigen Lockmittels der Leidenschaft bedient, um ein weiteres Partikel fest zu binden. »Im Reich der Sinne« aber herrscht eine Art Generator, der durch physische Reibung immer neue Ströme des Begehrens erzeugt, ein Konstruktivismus der Lust, der nur Wachstum, Steigerung und Übersteigung kennt. Es bleibt bei dem asozialen, hermetischen Ritual, und es ist kein leichtsinniges Spiel darin, keine Erinnerung, keine Ironie der Reize, auch wenn der Mann Kichizo zu Anfang häufig lachen muß ob der Macht des unablässigen Begehrens, auch wenn das *bekannte* Grinsen der Gier der Frau Sada bis zum Ende nicht von den Lippen weicht. In der Isolationshaft der Lust gibt es keine Verworfenheit, keine Reibung an äußeren Widerständen, nicht den Schmutz irgendeiner Ablenkung, keine Biologie und schließlich kein Essen, keine Träume, keine Arbeit; der Purismus des sexuellen Tauschs ist total. Und da kein anderes Lebewesen auf Erden zu einer solchen sexuellen Verschwendung und Autonomie die natürlichen Anlagen besitzt, ist der Film zugleich auch ein elementarisches Lehrstück über ein Grunddilemma der menschlichen Gattung. Denn, wie gesagt, ist die Lust zur immerwährenden Lust lediglich eine Konstruktion der Sinne und erzeugt in Wirklichkeit kein ausgeglichenes System, durch das der Liebesvollzug seine Befriedigung in der unendlichen Wiederholung fände. Auch hier ist das Ende der Motor aller Dinge. Wohl scheint es, als würden Liebe und Gier unmäßig ins Ausweglose hinaufstreben, so daß nur der Tod, der restlose Verzehr der Sinnenbeute als letzte Steigerung übrigbliebe, aber in Wahrheit ist dieser Tod bereits ein Erlebnis der ersten Überwältigung, die zwischen ihnen stattfindet, und der Aufwand der radikalen (im Unterschied zur eingemeindeten und nachlassenden) Liebe besteht in nichts anderem als der ungehemmten, getreulichen Erfüllung des Ersten Augenblicks.

Im übrigen werden sich Sada und Kichizo auf die Dauer ihrer Vereinigungen nicht etwa ähnlicher. Obschon bei beiden die Reinheit der Gier ungetrübt bleibt, scheint doch am Ende die Liebe der Frau machtvoller zu sein, wenngleich ohne den selbst- und rachsüchtigen, ohne den mänadischen Triumph. Sie ist es, die den Mann erwürgt im letzten Glück und ihn kastriert, doch er ergibt sich, im Grunde ohne Gegenwehr, dieser Überschreitung, er läßt sich in den Raum und den Rausch dieses einzigen Akts hinüberführen; freilich erfahren wir über diese letzte männliche Wollust, geopfert zu werden, nichts mehr, da ist nur noch der ausdruckslose Kadaver; während wir in Sadas Taumel dann der sinnberaubten Vollendung angesichtig werden. Trotzdem: das Ende bleibt gemeinsam wie der Beginn, nicht der Sieg des einen über den anderen wurde erzielt, sondern der Sieg der Liebe über die Zeit.

Als Kunstwerk ist der Film Oshimas die Arbeit eines Reduktionisten, der sich über die unendliche Begebenheit, den Einen Muskel der Lust beugt wie Krapp über sein Tonband, über die unendliche Erinnerung an eine einzige Begebenheit der Lust. Etwas Wesentliches unterscheidet jedoch diese Reduktion auf die Lust von der auf den Abschied von jeglicher Lust. Während »Schachtel drei, Spule fünf« alles in *Worten* enthält, was hier zu sagen ist und kaum der Ergänzung be-

darf, hat die streng nichts-sagende Praxis der Sinne eine heftige Aufstachelung, *über* die Sinne zu sprechen bei uns zur Folge und wir suchen hierdurch die schmerzliche Spaltung, daß
unsere Sexualität für etwas bereit ist, das sich nicht leben läßt,
zu überbrücken. *1981a*

IM PSYCHO-LABOR DER TV-SERIE

Wir betrachten heute ja die glänzenden Bilder der Verwüstung
von Hiroshima schon mit ästhetischem Gewinn, die fotogene
Katastrophe in den Illustrierten, ein Hauch von atomarer Rui-
nenromantik, nothing is real, und selbst seine geschichtlichen
Schuldgefühle verarbeitet unser Volk im Psycho-Labor einer
TV-Serie. Vielleicht ist es dieser Irrealität der Medienzivilisa-
tion zu verdanken, diesem weltumspannenden Fluß des Vergessens, dieser behutsamen Trennung des Menschen vom
Menschlichen, mit einem Wort: dem Fernsehen, daß wir
überhaupt noch am Leben sind! *1981a*

MELVILLE: AMBIVALENZEN-HERRSCHAFT

Ich denke, daß es richtig ist, von Kunstwerken, vor allem auch
von Filmen zu erwarten, daß sie uns unentwegt mit moralischen Bewertungen beschäftigen mögen, und dies in einer solchen Folge, daß uns das Urteilen schließlich drunter und drüber geht und wir aus einem Wechselbad von Sympathie und
Ablehnung, von Gut und Böse, mit welchen Begriffen wir ein
und dieselbe Person schwankend bedenken, gar nicht mehr
herausfinden. Genet hat uns einst das Triebgeschehen der politischen Moral, ihren transvestitischen Kern, die starke Ho-
mosexualität der Gegensätze dargestellt. Melville, der Filmre-
gisseur, ist ihm darin gefolgt, mit kälteren, idolverhangenen
Figuren und amerikanischer Männerliebe. Wir verabscheuen

den ›Flic‹ (im gleichnamigen Film), wenn er seinen getreuen Spitzel, einen wunderschönen Transvestiten, prügelt und ihn zu Unrecht des Verrats bezichtigt. Gleichzeitig läßt uns desselben Polizisten melancholisches Gesicht nicht los, bleibt er unsere Leitfigur, Alain Delon, der Held. Und gerade seine eigene transvestitische Zugehörigkeit zum Verbrecher-Clan, den er zu bekämpfen hat, verleiht ihm in unseren Augen die nötige heroische Vereinsamung. Er hat sich weit von seiner Behörde entfernt, ist bereits so tief ins andere Lager vorgedrungen, daß man zweifeln muß, ob er im entscheidenden Augenblick noch als Bulle in Aktion treten kann. Tatsächlich kommt es dann am Ende des Films zu einer empfindlichen Überraschung, die unseren Helden beinahe vollständig zu disqualifizieren droht, wäre da nicht sein zuletzt unantastbarer Typus, der durch Verfehlung und Schuld an stummer Größe, an Leidensgröße noch dazu gewinnt. Der Flick nämlich hat den verfolgten Ganoven endlich vor dem Hotel Splendid am Arc de Triomphe gestellt – der Verfolgte zieht, doch nur zum Schein, denn er trägt gar keine Waffe bei sich und der Kommissar, Delon, schießt ihn sofort nieder. Der kleine bedeutungslose Verbrecher hat sich mutig wie ein Samurai gezeigt und sich an seinem großen Feind, unserem Helden, gerächt, indem er ihn in die Rolle des brutalen Bullen zurückverwies und ihn dazu noch zum feigen Mörder werden ließ. Er hängt ihm seinen Tod an – gerade so wie am Ende von Stroheims *Greed* der Erschlagene seinem Mörder im letzten Augenblick die Handschellen anlegt und ihn dazu verurteilt, den Leichnam seines Opfers durch die Wüste von Death Valley zu schleppen.

Ähnliche Bewertungsumschwünge anfänglich beim Begreifen gewisser Ereignisse des politischen Terrorismus. Der tote Holger Mains etwa wurde selbst für den bloß mitfühlseligen und teilnahmslosen Fernsehbürger zunächst zum Helden; doch sein genetischer Partner, der kurz darauf in einem Racheakt ermordete Kammergerichtspräsident, konnte dann seinerseits eine plötzliche Unschuld für sich verbuchen, wurde zum Opfer, das die Ehre des getöteten Helden der Anarchie antastete. Der passive Zuschauer-Zeitgenosse entwickelt offenbar ein gesteigertes Bedürfnis, mit heimlichem Gesinnungswechsel beschäftigt zu werden. Gestern noch schlägt sein Herz für den gefaßten, geduckten, gedemütigten Kindsmörder, weil er, natürlich im Fernsehen, sah, wie dieser von den Umstehenden vor dem Gerichtsgebäude auf gemeine Weise beschimpft und besudelt wurde. Heute schlägt sein Herz gegen einen anderen, noch nicht gefaßten Mörder, der die Familie eines Bankdirektors mitsamt den Kindern abgestochen hat. Durch die Überfülle von Identifikationsangeboten müßte er, wäre er noch das Individuum vom alten Schlag, längst spaltungsirre, durch die haltlose Verschleuderung seiner Mitgefühle an die gegensätzlichsten Parteien müßte er längst abgestumpft und gefühllos geworden sein. Doch ist er eben kein Individuum vom alten Schlage mehr. Dem Leichtsinn der passiven Emotionen entspricht die rücksichtslose, durch keine Sitte, keinen äußeren Zwang mehr beschränkte Ambivalenzen-Herrschaft des Herzens selbst. So kommt es, daß einer sogar seine engsten Freunde und Nächsten unablässig den widersprüchlichsten Bewertungen aussetzt und in seinen intimsten Urteilen weder Disziplin noch Beständigkeit erkennen läßt. Ja, man darf die paradoxe Behauptung anschließen, daß es gegenwärtig fast unmöglich geworden ist, eine Bindung lebendig zu erhalten, ohne sich – möglichst offen, möglichst direkt – seinen Gefühlsschwankungen hinzugeben, sich ihrer bewußt zu sein und sich dadurch bis an den Rand der Erdrosselung in ihnen zu verstricken. Das Gefühlsleben ist jetzt der absolute Regent unserer sozialen und persönlichen Bindungen; höchstwahrscheinlich wird es in dieser Rolle überfordert und seinen eigenen Bankrott betreiben. *1981a*

Unser Älterwerden kreist in immer erweiterten Gedächtnis-Ringen um unsere einzigartige Geburtsstätte, den deutschen Nationalsozialismus. Der Abstand vergrößert sich, doch können wir aus der konzentrischen Bestimmung niemals ausbrechen. Für diejenigen, die aus dem Exzeß des Jahrhunderts hervorgingen, wird es keine Lebensphase geben, in der sie nicht erneut zu diesem Ursprung sich innerlich verhielten, so daß er eigentlich das geheime Zentrum, ja Gefängnis all ihrer geistigen (und seelischen) Anstrengungen bildet. Gegen die Verbindung wird zuweilen krampfhaft aufbegehrt, zuweilen scheint sie selbst zu reifen, souveräner, lockerer zu werden. Was ist allein im künstlerischen Bereich nicht alles versucht worden, um unseren geschichtlichen Stimmungen den jeweils wahrheitsgemäßen Ausdruck zu liefern; das reicht von expressionistischem Schwulst bis zur psychoanalytischen Metaphorik, vom Dokumenten-Drama bis zur obszönen Revue der Embleme. Eine wahre Lösung, ein Sich-lösen-können wurde nicht erreicht. Nur der Tod der Geschichte selbst kann uns befreien, nur die Erledigung der Erinnerung durch die totale Gegenwart der Massenmedien, in der alles bloß Erscheinung, bloß ästhetisches Vorüberziehen ist. *1981a*

WELTZERSTÜCKELND

Ihre Unterhaltungen irren dahin, sprunghaft und quer, voll fahriger Schnitte, wie ein Abend im TV. »Aber ihr seid ja schon genauso! Ihr, die ihr den ganzen Tag Zeit habt, unterbrecht euch immerzu und laßt niemanden ausreden. Könnt nicht einmal mehr einen einfachen Witz im Zusammenhang erzählen!« Das große Medium und sein weltzerstückelndes Schalten und Walten hat es längst geschafft, daß wir Ideenflucht und leichten Wahn für unsere ganz normale Wahrnehmung halten. Hier fällt sich das Geschehen dauernd ins Wort. Eben noch sehen wir zwei Menschen ernstlich miteinander streiten, den jungen Professor für Agronomie und den Beamten einer landwirtschaftlichen Behörde, über Betablocker im Schweinefleisch und die Östrogensau, live in einer Hamburger Messehalle. Kaum haben wir sie näher ins Auge gefaßt und beginnen ihren Argumenten zu folgen, da fährt auch schon eine Blaskapelle dazwischen; wir befinden uns, ohne daß wir nur mit der Wimper hätten zucken können, in Soest, am Stammtisch eines Wirtshauses, und werden in die Geheimnisse westfälischer Wurstzubereitung eingeweiht. Schon vergessen den Betablocker, vorübergehuscht die vergiftete Nahrung. Ist das Information? Ist es nicht vielmehr ein einziges, riesiges Pacman-Spiel, ein unablässiges Aufleuchten und Abschießen von Menschen, Meinungen, Mentalitäten? Es ist genau das Spiel, das unser weiteres Bewußtsein beherrscht: die Wahnzeit wird nun bald zur Normalzeit werden. *1984a*

Der hohe Ritus des Kinos

Im Kino ist mir derjenige, der gefällt, lieber als der bloß Selbstgefällige. Und ich finde extrem bereits das, was die Gesetze des Kinos, die immer auch Gesetze des Gefallens sind, leichtfertig mißachtet. Und selbst der Anspruch einer strengen, schwierigen Kunst, der anderswo das höchste Ziel sein muß, ist im Kino doch immer nur die halbe Sache. In seiner Geschichte gab es von Anfang an ein natürliches Streben zu einem versöhnten Gelingen hin, in dem Handwerk und Kunst, Kasse und große Form sich zusammenschlossen und wo alles sonst miteinander Zerfallene und in den Gegensatz Erhobene sich gegenseitig beförderte. Ein Massenpublikum verhinderte keineswegs das geniale Werk, noch sperrte sich umgekehrt das Kunstwerk gegen den breiten Konsum. Und die vergleichsweise kurze Geschichte des Kinos ist immerhin reich an Beispielen für ein solches Gelingen, von Chaplin bis Hitchcock, von Kubrick bis Spielberg. Sie dürfen aber nicht als Glücksfälle, sondern müssen als die eigentliche Erfüllung des Kinos angesehen werden. Diese große Kulturleistung, dieser hohe Ritus des Kinos, durch den sich das Kostbare mit dem Allgemeinen verband, liegt aber im Bewußtsein der heutigen Regisseure schon so weit zurück, als gehörte er gleichsam der Renaissance-Epoche der Filmgeschichte an. Längst streben im Kino die wichtigsten Kräfte weit auseinander, und nur in ganz seltenen Fällen gelingt ihre glückliche Wiedervereinigung. Wo aber die bewegende Mitte fehlt, dort kippen die Außenseiten nach innen, die Randfiguren bilden das Zentrum, die Sonderlinge werden zu Richtgrößen ernannt. In der Gesetzesleere gedeiht das beliebig Subjektive. Das Kino aber in Händen von Zielgruppen, von Minderheiten und Miniminderheiten, von Selbstdarstellern und Tagebuchfilmern löst sich mir ins Unwesentliche auf. Ohne die Anstrengung der hohen Konvention gibt es kein Kino. *1984a*

ICH FILME

Ich filme – ich betrete mehr und mehr das Haus der kostbaren Unsichtbarkeiten. Hier muß ich es finden, das verborgene Strahlenauge, das nie erblickte Diadem.
Aus Teilchen leben wir und in Teilchen verständigen wir uns. Ein unermeßlicher Partikelstrom entscheidet, ob zwei sich füreinander interessieren oder sich lieber aus dem Weg gehen. *Star wars* von Machtimpulsen in einem einzigen Blick. Biochemie des Fluidums oder eine Wellentheorie der Emanation, wann ist es endlich soweit? Es fällt mir immer schwerer, die ganze Gestalt einer Person wahrzunehmen, ich bin ihrem direkten *Einfluß* unterworfen, und ich sehe ihn. So wie die Biene das Ultraviolett sieht und das Rot nicht, weil sie empfindlicher ist für kürzere Wellenlängen, so muß ich dauernd

Triebstrahlen sehen und Willensströme, kann aber das Gesamtbild nur schemenhaft erkennen.

Ich will versuchen, mit thermografischen Aufnahmen von Menschen zu arbeiten. Man kann Temperaturen auf der Erdoberfläche fotografieren, warum nicht auch erotische Temperaturen, Anziehungskräfte, zum Beispiel unter wildfremden Menschen unten in der Hotelhalle. Ich möchte doch wissen, wie sie aussieht: die Feinstruktur der gegenseitigen Beachtung? Keiner geht unberührt am anderen vorbei. Ungefilmte Wirklichkeit, die kein Kameraauge je erblickte. Der Held? Der Gesichtlose. Kein Mensch mit allzuviel Woher und Wohin. Ein vielfacher und zufälliger Mann. Ein Vielpersonenmensch. *1984a*

ZUM SYMBOL UNFÄHIG

Ich will mit meinem Film nicht in den Nebel hauchen. Bilder in eine überbebilderte Welt setzen. Ich suche das Symbol, nicht die bezeichnende und nicht die verräterische Kameraeinstellung. Aber der Film ist ja zum klassischen Symbol unfähig. Er hat ja bloß die Fotografie; alles muß fotografierbar sein, oder es ist nicht. Er versteht nichts vom Unsichtbaren. Er benutzt allenfalls die surreale Montage. Aber damit ist nichts mehr anzufangen. Die gehört endgültig den Videoclips der Schallplattenindustrie. Ich suche ja für den Film etwas ganz anderes als die Reise. Ich suche die Bleibe. Allem Schöpferischen mußt du den Raum eines Hauses geben. *1984a*

FREUNDE UNTEREINANDER

Es kommt nur darauf an, ob einer in den Stand des Sehens erhoben ist oder nicht. Sieh dir doch das Kino an. Die flauen Bilderfluten. Im Kino laufen jetzt die Machwerkchen. Ob niedlich, ob kritisch, immer etwas zum Gernhaben. Jemand spricht deine Probleme an und du fühlst dich wohl. Alles Größere, Frühere, Meisterliche kann gar nicht mehr empfangen werden; keiner versteht's.

Je älter ich werde, um so deutlicher zeigt sich mir, daß alle großen Filme, alle Kunstwerke überhaupt, Freund untereinander sind, und ich merke, wie ihre Fühlung jetzt darin besteht, daß sie eines vom anderen langsam Abschied nehmen, auseinandergehen, sich ein letztes Mal zuwinken. Was gäbe man nicht dafür, in diesen abendlichen Umschluß des Grüßens einbezogen zu sein! Wie gut täte es, nur eine kleine Lücke zu schließen... Aber es ist schon zu spät. Wir werden dieses heitere Reich nicht mehr betreten, in das sich die Werke zurückziehen, wo eine über Zeiten und Räume hinweg verständigte Gesellschaft sich's wohl sein läßt. Götter, Heroen, Dichter, Filmleute. Eichendorff an der Seite von Buñuel. Griffith Arm in Arm mit Klio und Ingrid Bergman. Die sind jetzt alle außer Dienst. Sie haben's hinter sich und wandeln, nach Erfüllung ihrer schönsten Pflichten, in vollkommener Pension. Aber sieh nur: *da* sind sie und strahlen noch! Es macht mich sehr traurig, daß wir in dies friedliche Gehege keinen Einlaß mehr finden und daß es sich leider um eine so geschlossene Gesellschaft dort oben handelt...« *1984a*

Verfluchte, falsche Einheit

Öffentlichkeit, allesfressende, klettert wie die Wanderratte durch die Leitungsrohre. Oh verfluchte, falsche Einheit! ... Das Nichts-Ausschließende ... Das grenzenlos Einigende ... Was für ein höllischer Schein! Verfluchte Versuchung! ... Information, Rostfraß des Geistes. Megatonnen von Vernunftabfall, Dasein als Unsinn. Das Gewäsch wäscht alle Kanten rund, das Gehörte höhlt dein Gewicht ... Je größer die Masse an Informationen, um so neulicher ihr Wert. Je größer die Masse, um so geringer ihr Gewicht... *1987a*

Frau am Mikrofon. Was erzählt sie mir da? Von ›Hugenotten‹?
Die Piepstimme, von nichts durchdrungen, die noch nicht
einmal eine dezente Maske aufsetzt, um sich's nicht anmerken
zu lassen, daß sie von ›Hugenotten‹ nichts weiß, während sie
dauernd das Wort vorgibt. Nichtswisser sind unsere Informan-
ten! Redeaffen!
Radiovögel. Vögel, die sich vom Wind ernähren.
Wo das Wissenswerte ausbleibt, unterhält die nur noch auf
einem Loch pfeifende Eigentlichkeit. »Ich und mein persönliches Gefühl«, sagt die Frau aus dem Dritte-Welt-Laden. Dann
spricht der Vertreter einer sexuellen Minderheit: »Ich und
mein persönliches Gefühl.« Die Leute berufen sich entschieden auf sich selbst. Wer bei allen Heiligen der Individualität
mögen sie bloß sein?
Die menschlich-unmenschliche Groteske liegt ganz allein in
der beliebig bunten Mischung; und das sind Sendungen, die
immerhin durch den *Äther* ziehen. Niemand außer den Sternen lacht mehr darüber. Wer spricht? Dein Nachbar. Du
wohnst der entstellenden Vergrößerung deines Nachbarn im
öffentlichen Sender bei. Aber hör nur: deine Sache wird verhandelt! Die Gemeinschaft spricht. Der Ton ist bürgernah. Al-
lernächst. Was hast du? Weshalb verkriechst du dich? *1987a*

DAS WELTSCHAUGEWERBE

Sie treten den Gedanken breit, den wir nur eben vorbeihu-
schen ließen, sie machen zum Schema und füllen die Sende-
zeit mit Fragen, die sie sich niemals selber stellten, die Kom-
mentatoren, die Debattanten, die Infotainer. Sie nehmen sogar
Rätsel und Hieroglyphen auf in ihre seichte, nach allen Seiten
hin durchschaubare Sprache, die Vermittler, die Weltmoderat-
macher. Die Schande der modernen Welt ist nicht die Fülle

ihrer Tragödien, darin unterscheidet sie sich kaum von früheren Welten, sondern allein das unerhörte Moderieren, das unmenschliche Abmäßigen der Tragödien in der Vermittlung. Aber die Sinne lassen sich nur betäuben, nicht abtöten. Irgendwann wird es zu einem gewaltigen Ausbruch gegen den Sinnenbetrug kommen.

Wenn man nur nicht mehr von »Medien« spräche, sondern von einem elektronischen Schaugewerbe, das seinem Publikum die Welt in dem äußersten Illusionismus, der überhaupt möglich ist, vorführte. Aber eines Tages geschähe es eben, über Nacht, wie in einer universellen Mutation, daß die Seher allesamt des Sinnenglaubens verlustig gingen vor dem Fernsehschirm und dort würden noch fortgesetzt die seriösesten Anstrengungen unternommen, um das Publikum wieder einzufangen, es erneut zu illusionieren, einzupegeln auf die moderierten Frequenzen. Doch sie werden nicht mehr empfangen. Das Weltschaugewerbe wirkt auf einmal wie ein verstaubter Zirkus, hat auf einen Schlag alle suggestive, realitätszersplitternde Macht verloren. Die in den Kästen werben und werben noch, geradezu mit todesängstlicher Anstrengung – doch das Publikum lächelt unerbittlich und milde zugleich: es glaubt einen anderen Glauben. *1993*

Das Regime der telekratischen Öffentlichkeit

Ich sehe zwischen einem Schau-Gespräch und einem Schau-Prozeß nur graduelle Unterschiede in der Vorführung von Denunzierten. Wer sich bei einer privaten Unterhaltung von Millionen Unbeteiligter begaffen läßt, verletzt die Würde und das Wunder des Zwiegesprächs, der Rede von Angesicht zu Angesicht und sollte mit einem lebenslangen Entzug der Intimsphäre bestraft werden. Das Regime der telekratischen Öffentlichkeit ist die unblutigste Gewaltherrschaft und zugleich der umfassendste Totalitarismus der Geschichte. Es braucht keine Köpfe rollen zu lassen, es macht sie überflüssig. Es kennt keine Untertanen und keine Feinde. Es kennt nur Mitwirkende, Systemkonforme. Folglich merkt niemand mehr, daß die Macht des Einverständnisses ihn mißbraucht, ausbeutet, bis zur Menschenunkenntlichkeit verstümmelt. Es herrscht der Drill des Vorübergehenden, gegen den keine Instanz der Erde sich noch auflehnen kann. Dieser wird im wesentlichen mit ›Schnitten‹ ermöglicht; aber die Schnitte haben entgegen dem Wortsinn nichts Trennendes, sie bringen es vielmehr zustande, daß eine unendliche Kette der Berührungen entsteht, daß letztlich alles mit allem in Berührung gerät.

Auch das Mißverständnis, sogar das Mißverständnis wird einem menschlich teuer – es ist nahezu aufgelöst im Verkehr der öffentlichen Meinung. Jeder Meinende versteht den anders Meinenden. Da gibt es nichts zu deuten. Die Öffentlichkeit faßt zusammen, sie moduliert die einander widrigsten Frequenzen – zu einem Verstehensgeräusch. *1993*

URSPRÜNGLICHE JUGEND DES KINOS UND DER SINNE – INGMAR BERGMAN

Welche Unschuld, welch ein Glamour von Unschuld besitzt die erotische »Problematik« in einem frühen Bergman-Film, *Sehnsucht der Frauen*, 1952! Der Schnitt, die Beleuchtung, die Schauspielerie, lauter Zeichen, aus denen wir nach 40 Jahren noch eine ursprüngliche Jugend des Kinos und Jugend der Sinne vernehmen, eine bahnbrechende Unbeholfenheit, ein wunderbares Noch-Nicht des totalen, überreifen Raffinements, der gewieften durchinstrumentierten Optik, die das Kino heute bietet, auch dort, wo es innere oder ›psychologische‹ Stoffe verarbeitet. Denn es ist heute in erster Linie und überall: nur noch sich selbst bewußt. Bergman kannte die Menschen von Tschechow, Strindberg, Schnitzler her, und heute kennt man noch nicht mehr von ihnen, wenn man sie in ihrem Geschlechterverhältnis zueinander in Szene setzt und ihr üppiges, fadenscheiniges Gehabe streng auf die erotische Frage zurückführt. Man wünscht indes: es wären ein paar fruchtbare Tabus nicht leichtfertig zerstört worden. Andererseits sind inzwischen auch die libertären Dezennien, die folgten, so verbraucht, daß sie im Rückblick nur naiv und rührend anmuten. Das Gedächtnis berührt die wilden und die braven Zeiten wie ein Midas, wandelt alles in goldene Vergangenheit. Seltsam jedenfalls, wie diese Kunst der frühen Fünfziger im Reservat einer unterbrochenen Moderne ihre eigene Anmut gewann. Schließlich war schon damals alles bekannt, dessen hartnäckig wiederholtes Bekanntmachen uns heute anödet. Das Feuerwerk der Aufklärung für Geschlecht und Seele war schon längst in seinem höchsten Bogen und die zweite Hälfte des Jahrhunderts diente nur der technischen Verlängerung des Funkenstroms. So ist die verlorene Zeit, die uns im Film umfängt, immer in der Gegenempfindung mit ihren späteren Wandel zu erfahren: was aus der Sehnsucht der Frauen im Zeitalter ihrer überaus selbstbewußten Bedürfnisse geworden ist. *1995a*

ELEKTRONISCHES HÖHLENGLEICHNIS

Im TV wurde über einen italienischen Mann berichtet, den, weil sie ihn für schwachsinnig hielten, seine Eltern dreiundzwanzig Jahre lang in einem Keller zusammen mit einem Fernsehapparat eingesperrt hatten.

Nachdem sein Fall aufgeflogen war, öffnete sich die Kellertür und ein grelles Licht überflutete sein Verlies. Beim Aufstieg in die obere Etage blickte der Troglodyt in eine laufende Fernsehkamera. Er kroch die Kellertreppe hinauf – unter Scheinwerferbestrahlung, er sprach sein erstes Wort an die Außenwelt – in ein Mikrofon. Seine Eltern waren arme Leute, sie hatten ihm selber das verwüstete Haar geschnitten kurz vor seiner Freilassung in die Medien. Er hatte einen Buckel, ungewiß, ob vom Hocken im Keller vorm TV oder ob angeboren, ebenso ungewiß wie die Herkunft seines Schwachsinns – auf die Fragen des Interviewers antwortete er jedenfalls auf gleicher Intelligenzstufe und nicht verstörter als Millionen anderer Fernsehtroglodyten. Und doch sahen sich seine Eltern veranlaßt, ihn vor dem Spott der Menschen frühzeitig zu behüten und zu verbergen. Hatten sie ihn also vor der Bosheit der Welt zu schützen und ihn ganz allein ihrer Liebe zu bewahren gesucht? So jedenfalls erklärten sie's – vor dem kältesten Auge unter der Sonne. *1997a*

MEDIENWIRTSCHAFT

Wenn ich in die Stadt fahre, im Zentrum irgendwo zum Essen ausgehe: alles wie immer. »Lebenskultur« der Galeristen. Und die jungen Kellner, Kellnerinnen: Schauspielschüler. Oft genug passiert es mir, daß ich eine junge Person, die gerade von der Toilette kommt, an den Tisch winke, weil ich sie für die Bedienung halte... »Bei mir sitzt da draußen ein Typ«, so reden sie über den Gast, und es könnte 1985 sein, kein Unterschied. Der tritt anderswo zutage. Die herrschende Klasse, die Medienschaffenden, sorgt für ein statisches Tableau. Jobben und sich über Wasser halten wie bisher, solange der Leistungsdruck dich nicht kaputtmacht. Medienwirtschaft erscheint von heute aus als unablösbarer Erwerbszweig; nichts, das ihn je veralten und veröden lassen könnte wie andere Berufe. Vollendet anpassungsfähig und unabsehbar expansiv. Hier ein Fortkommen oder Berühmtheit zu erlangen, vom Studiogast zur Quoten-Fee, erfordert Unverfrorenheit als ein einziges Talent. Vielen scheint es mittlerweile angeboren: ganz kunstlos nur sie selbst zu sein und sich für nichts zu genieren. Lauter Schauspielerinnen »ohne Portefeuille«, Geschöpfe der Öffentlichkeit. Die Männer mit Stummelzopf und Dreitagebart, auch

Schauspielerinnen. Was sie »vom Hocker reißt«, läßt einen Mann von seinen Feldern um so ungerührter sitzen bleiben. *1997a*

DAS VIRUS DES UNGEHEIMEN

Beim Zapping innerhalb von weniger als einer Minute: »Die erste Ehe brachte mir acht Selbstmordversuche ein« ... »Würden Sie einen Hoden opfern, um das Auge Ihres Kindes zu retten?« ... »Wenn mehr als achtzehn Zentimeter in den Muttermund stoßen, ist das für die Frau nicht immer angenehm.« Deformationen, Kuriositäten wurden zu allen Zeiten zur Schau gestellt, die Travestie läuft neben dem zeremoniellen Schauspiel der Macht einher, das Volk erfreut sich der herrschenden Ordnung, wenn es möglichst viele öffentliche Hinrichtungen verfolgen darf. Freilich ist heute das Volk für seinen Nomos und seine Normalität selbst zuständig, und es steht zu befürchten, daß das Virus des Ungeheimen jene Menschwürde schlimmer und tiefer antastet, als es nach dem Verfassungsartikel ahnbar ist. *1997a*

PULP FICTION

Ich wurde ein Gefühl der instinktiven Abwehr nicht los, als ich den scheußlichen Film *Pulp fiction* sah, den mir seine filmischen Qualitäten nur noch abstoßender machten. Auf dieser Ebene des introvertierten Kinos habe ich nur das Empfinden, ein neusynthetisiertes Material zu berühren. Das geht einher mit der Weiterentwicklung von polymeren Werkstoffen... Dazu der Plastikdreck aus dem Mund. Kein Unterleibsfluch mehr in meiner Gegenwart! Nichts ist gewaltversessener als das künstliche Spiel mit der Gewalt. Gewalt übt nicht hermetisch. Jeder simulierte Gewaltakt ist ein Vorspielen, damit *etwas*

Größeres ihn nachmache. Er spielt dem Krieg auf. Es gibt im Schnittegemetzel dieses Kriegspielens bis auf den eigenen Körper beinah nichts, das nicht schon zerfetzt wäre oder abgetrennt. Jeder in seinen Nerven beginnt ein barbarischer Techniker des Tumults zu werden. Gleichzeitig ist so ein Film auf ödere Weise sozialkritisch als jeder Vietnam-Streifen: es wird mir immerzu etwas doziert von den verbrauchten Gebräuchen des Auges, der Sinne, der »Intelligenz«, mit denen diese Techno-Kentauren, Unterleib mit Video-Schädel, heute ausgestattet sind. Dieser zur bloßen Geschicklichkeit verfeinerte mediale Narzißmus wird dennoch aus seiner selbstbezüglichen Welt heraus seine Ablösung, seine Überwindung erzeugen. *1997a*

BREAKING THE WAVES

Im Kino würdigt man an herausragender Stelle den Film *Breaking the waves* als ein Werk des bewegten Gesichts und der bewegenden Seelenkräfte. Nebenan auf dem Theater wird zu gleicher Zeit die »dekonstruktive« Porno-Polit-Klamotte als moralisches Anliegen der Demoralisierung zelebriert. Hier genau verläuft die Trennlinie zwischen dem erklärten Ende des erotischen Zynismus und der fortgesetzten ideologischen Schrottverwertung. *1997a*

LEAVING LAS VEGAS

Pornoslang und die Optik des Videoclips gehören zu den selbstverständlichen Voraussetzungen des neueren Kinos, bilden seine Lingualität, die hohe Zungenfertigkeit der Bild- und Dialogsprache. So auch in dem interessanten Film *Leaving Las Vegas*. Doch in diesem besonderen Fall löst die Lingualität das Wesentliche von seinem »schmutzigen« Hintergrund ab. Es gelingt, die gewonnene künstliche Essenz tatsächlich auch als reine Essenz zu verabreichen. Die Trinker-Hure-Geschichte, die man sich im Bukowski-Stil der siebziger Jahre vorstellen könnte, wird hier zu einer fotografischen, oft ikono-fotografischen Menschenstudie, eine Sache der alten Gefühlsgewalt, des klassischen Melodramas, nirgends Schmutz der verschnittenen Welt. Zum ersten Mal dachte ich, daß selbst der faule Zauber der sekundären, virtuellen Welt absorbierbar sei – durch ein unverhofftes Gegenüber, durch das absolute Gegenüber von Mann und Frau. Jedoch, eine Leidenschaft, die so viel Schein aufsaugte, ginge wohl auch, wie in diesem Film, in einem tödlichen Rausch zugrunde. Und das läßt einen hier nicht kalt: der nekrotische Leberschwamm als Erlösungszauber. Keine Welt. Nur Physis und Anblick. *1997a*

WOMAN AND HUSBANDS

W. Allen, *Women and Husbands* ... Das kann doch nicht alles sein, was man über Menschen zu sagen hat, die man zuerst ein Paar bilden und dann ihre Mißbildung besprechen läßt! Ich weiß nicht, was mir einen solchen Film so fadenscheinig macht. Wahrscheinlich die Indezenz. Eine Unmenge überflüssiger Mitteilungen, sogar offene Geständnisse mit einem Mikrofonknopf im Jackettrevers ... So ist Kunst eine abgelebte Welt und braucht nicht zu sein. Die Indezenz ist allerdings in allen Kunst- und Lebensformen inzwischen mein Hauptgegner geworden. Dazu wurde nun ich im Gegenüber von Mann und Frau erzogen. Die meisten Menschen müssen es anscheinend hinnehmen, daß in ihrer Ehe die Schamlosigkeit mit den Jahren in schamloses Gerede verfällt. Die Metabolik der Leidenschaft ist unvermeidlich, doch kann in ihrem Verlauf auch Schau wiedergewonnen werden, eine Art zweiter Scham, die nur aus nächster Nähe entsteht, um Grenzen zu wahren. Meine Fantasie wider die Indezenz dreht sich einzig um die Wiederentdeckung der Nacktheit. Alles, was bösartige Enthüllung durch Worte verletzt hat, muß mit bergender Lust geheilt werden. *1997a*

UNAKTUALISIERBAR GEWORDEN

Das Umwälzendste nach dem Ende der Revolutionsepoche ist die Erfindung der Umwälzanlage, die das Verbrauchte nicht aus der Geschichte jagt, sondern es wiederaufbereitet, reinigt und neuer Verwendung zuführt. Alles, was gemacht wurde, wird heute noch einmal mit raffinierteren Reizen gemacht. Ein Pionierwerk wie Strindbergs *Traumspiel* ist infolge der schnellen Traumfluchten, die das Musik-Video produziert, gewissermaßen unaktualisierbar geworden, das heißt, nur mit oberflächlichen Mitteln auf den neuesten Stand der ästhetischen Reizbarkeit zu bringen. Die Raffinierung der Reize aber geht in der Kunst zu Lasten der Formschönheit. Doch es scheint den mit den Medien konkurrierenden Künsten gar nichts anderes möglich, als allein die Beschußquote durch Reize zu erhöhen. *1999a*

Nachweis der zitierten Werke

1967 – Die vertierte Vernunft und ihre Zeit; **1968** – Den Traum alleine tragen; **1969a** – Brechts Frühwerke: Ist das Chaos aufgebraucht? **1969b** – Kunst hoch zwei; **1969c** – Das schöne Umsonst; **1969c** – Für Gombrowicz; **1970** – Versuch, ästhetische und politische Ereignisse zusammenzudenken; **1970a** – Bürgerdämmerung auf der Bühne; **1970b** – Zehn unfertige Absätze über Tschechow, Noelte und das realistische Theater; **1971** – Über Rührung und Emphase; **1972a** – Notate im Programmheft zu: *Prinz Friedrich von Homburg* (Bearbeitung zusammen mit Peter Stein); **1973** – Notate zur Bearbeitung von: *Das Sparschwein*. Komödie, Bearbeitung / Übersetzung nach Labiche; **1974** – Notate im Programmheft zu: *Sommergäste* (Bearbeitung zusammen mit Peter Stein); **1975** – *Bekannte Gesichter, gemischte Gefühle*. Komödie; **1975a** – *Marlenes Schwester / Theorie der Drohung*. Zwei Erzählungen.; **1975d** – Brief auf eine Anfrage von Theater heute; **1976** – *Trilogie des Wiedersehens*. Theaterstück; **1976a** – *Unüberwindliche Nähe*. Sieben Gedichte; **1977** – *Die Widmung*. Erzählung; **1977a** – *Das Leben als Abschied*. Gespräch mit Hans Bertram Bock; **1977b** – *Jeder Mann ist auch eine Frau*. Gespräch mit Carna Zacharias; **1979** – *Das Ende der Liebe*. Gespräch mit Dieter Bachmann; **1980** – *Rumor*. Roman; **1980a** – *Fahrtland*. Gedichte; **1980c** – *Reden gegen das innere Chaos*. Gespräch mit Volker Hage; **1980d** – *Schreiben ist eine Séance*. Erster Teil; **1981** – *Kalldewey, Farce*; **1981a** – *Paare, Passanten*; **1983** – *Der Park*. Schauspiel; **1984a** – *Der junge Mann*. Roman; **1984b** – *Der einzelne ist ungeheuer gefährdet*. Gespräch mit Henriette Herwig; **1985** – *Diese Erinnerung an einen, der nur einen Tag zu Gast war*. Gedicht; **1986** – *Der Geheime*. Über Dieter Sturm, Dramaturg an der Berliner Schaubühne; **1986b** – *Schreiben ist eine Séance*. Zweiter Teil, Gespräch mit Volker Hage; **1987** – Distanz ertragen«; **1987a** – *Niemand anderes*; **1988** – *Besucher*. Komödie; **1988a** – *Die Zeit und das Zimmer*; **1989** – *Fragmente* der Undeutlichkeit; **1989b** – *Isolationen;* **1989c** – *Beherrscht fort und fort;* **1989d** – *Die Erde ein Kopf;* **1989e** – Brief an die Deutsche Akademie für Sprache und Dichtung; **1990** – *Der Aufstand gegen die sekundäre Welt;* **1991a** – *Angelas Kleider.* Nachtstück in zwei Teilen; **1991b** – *Über Max Frisch;* **1991c** – *Auge und Augenblick,* Brief an Gräfin Dönhoff; **1992** – *Beginnlosigkeit.* Reflexion über Fleck und Linie; **1993** – *Anschwellender Bocksgesang;* **1993a** – *Das Gleichgewicht.* Stück in drei Akten; **1993b** – *Der Dichter nach der Schlacht.* Gespräch mit Volker Hage; **1994** – *Wohnen Dämmern Lügen;* **1994a** – *Der eigentliche Skandal.* Brief; **1994b** – *Kardinal Ratzinger ist der Nietzsche unserer Zeit.* Brief; **1995** – *Refrain einer tieferen Aufklärung;* **1995a** – *Aus einem unveröffentlichten Manuskript;* **1996** – *Der Fürstreiter;* **1996a** – *Der Held ist der Held.* Brief; **1997** – *Einstweh und Wiedererkennen. Beginnlosigkeit. Notizen zu Ithaka;* **1997a** – *Die Fehler des Kopisten;* **1997b** – *Ein guter Hasser, der Lieben will.* Gespräch mit Tilman Krause; **1997c** – *Das Maß der Wörtlichkeit.* Über Peter Stein; **1997d** – *Das Gewicht der Nuance,* **1998a** – *Die Ähnlichen. Moral Interludes;* **1998b** – *Der Kuß des Vergessens;* **1999** – *Erstveröffentlichung in diesem Buch;* **1999a** – *Das letzte Jahrhundert des Menschen. Was aber kommen wird, ist Netzwerk. Bemerkungen zu Sein und Zeit*

WERKGESCHICHTE

BIBLIOGRAFIE

Selbständige Publikationen

Schützenehre. Erzählung. Mit acht farbigen Linolschnitten von Axel Hertenstein. Düsseldorf (Eremiten-Presse) 1974

Marlenes Schwester. Zwei Erzählungen. (*Marlenes Schwestern. Theorie der Drohung*). München, Wien (Hanser) 1975. Weitere Ausgaben: München (Deutscher Taschenbuch Verlag) 1977 (dtv 5444) und 1980 (dtv 6314). München, Wien (Hanser) 1985 (Edition Akzente)

Trilogie des Wiedersehens. Theaterstück. München, Wien (Hanser) 1976. Weitere Ausgabe: Mit einem Nachwort von Benjamin Henrichs. Stuttgart (Reclam) 1978 (Universal-Bibliothek 9908)

Die Widmung. Eine Erzählung. München, Wien (Hanser) 1977. Weitere Ausgaben: München (Deutscher Taschenbuch Verlag) 1980 (dtv 6300) und 1984 (dtv 10248)

Groß und klein. Szenen. München, Wien (Hanser) 1978

Die Hypochonder. Bekannte Gesichter, gemischte Gefühle. Zwei Theaterstücke. München, Wien (Hanser) 1979. Weitere Ausgaben: München (Deutscher Taschenbuch Verlag) 1981 (dtv 6330) und 1986 (dtv 10549)

Rumor. Roman. München, Wien (Hanser) 1980. Weitere Ausgaben: Frankfurt/M. u. a. (Ullstein) 1982 (Ullstein Buch 26068). München (Deutscher Taschenbuch Verlag) 1985 (dtv 10488). Berlin, DDR, Weimar (Aufbau) 1985

Paare, Passanten. München, Wien (Hanser) 1981. Weitere Ausgabe: München (Deutscher Taschenbuch Verlag) 1984 (dtv 10250)

Kalldewey, Farce. München, Wien (Hanser) 1981. Weitere Ausgabe: München (Deutscher Taschenbuch Verlag) 1984 (dtv 10346)

Eugene Labiche: *Das Sparschwein.* Komödie. Übersetzt und bearbeitet von Botho Strauß. Frankfurt/M. (Verlag der Autoren) 1981 (Theaterbibliothek 18)

Der Park. Schauspiel. München, Wien (Hanser) 1983. Weitere Ausgabe: München (Deutscher Taschenbuch Verlag) 1985 (dtv 10396)

Der junge Mann. Roman. München, Wien (Hanser) 1984. Weitere Ausgaben: München (Deutscher Taschenbuch Verlag) 1987 (dtv 10774). Berlin, DDR, Weimar (Aufbau) 1987

Trilogie des Wiedersehens. Groß und klein. München (Deutscher Taschenbuch Verlag) 1980 (dtv 6309). Weitere Ausgaben: Mit einem Nachwort von Hans Joachim Bernhard. Berlin, DDR (Henschel) 1984. München (Deutscher Taschenbuch Verlag) 1989 (dtv 10469)

Diese Erinnerung an einen, der nur einen Tag zu Gast war. Gedicht. München, Wien (Hanser) 1985. Weitere Ausgabe: Mit einer Nachbemerkung von Martin Walser. München (Deutscher Taschenbuch Verlag) 1992 (dtv 19007)

Die Fremdenführerin. Stück in zwei Akten. München, Wien (Hanser) 1986. Weitere Ausgabe: München (Deutscher Taschenbuch Verlag) 1988 (dtv 10943)

Niemand anderes. München, Wien (Hanser) 1987. Weitere Ausgabe: München (Deutscher Taschenbuch Verlag) 1990 (dtv 11236)

Versuch, ästhetische und politische Ereignisse zusammenzudenken. Texte über Theater 1967–1986. Frankfurt/M. (Verlag der Autoren) 1987 (Theaterbibliothek)

Besucher. Drei Stücke. (Besucher. Die Zeit und das Zimmer. Sieben Türen). München, Wien (Hanser) 1988

Kongreß. Die Kette der Demütigungen. München (Matthes & Seitz) 1989. Taschenbuchausgabe: München (Deutscher Taschenbuch Verlag) 1993 (dtv l 1634)

Fragmente der Undeutlichkeit. München, Wien (Hanser) 1989 (Edition Akzente).

Paare, Passanten. Niemand anderes. Berlin, DDR, Weimar (Aufbau) 1989

Über Liebe. Geschichten und Bruchstücke. Auswahl und Nachwort von Volker Hage. Stuttgart (Reclam) 1989 (Universal-Bibliothek 8621)

Besucher. Komödie. München (Deutscher Taschenbuch Verlag) 1990 (dtv 11307)

Schlußchor. Drei Akte. München, Wien (Hanser) 1991. Weitere Ausgabe: München (Deutscher Taschenbuch Verlag) 1996 (dtv 12279)

Angelas Kleider. Nachtstück in zwei Teilen. München, Wien (Hanser) 1991. Weitere Ausgabe: München (Deutscher Taschenbuch Verlag) 1997 (dtv 12437)

306

Theaterstücke«. Bd. 1: Die Hypochonder. Bekannte Gesichter, ge-mischte Gefühle, Das Sparschwein, Sommergäste, Trilogie des Wie-dersehens, Groß und klein. Bd. 2: Kalldewey, Farce, Der Park, Die Fremdenführerin. Molieres Misanthrop, Besucher, Die Zeit und das Zimmer, »Sieben Türen, Schlußchor, Angelas Kleider. München, Wien (Hanser) 1991. Weitere Ausgabe: München (Deutscher Taschenbuch Verlag) 1993 (dtv 11747, 11748)

Beginnlosigkeit. Reflexionen über Fleck und Linie. München, Wien (Hanser) 1992. Weitere Ausgabe: München (Deutscher Taschenbuch Verlag) 1997 (dtv 12358)

Das Gleichgewicht. Stück in drei Akten. München, Wien (Han-ser) 1993

Wohnen Dämmern Lügen. München, Wien (Hanser) 1994. Weitere Ausgabe: München (Deutscher Taschenbuch Verlag) 1996 (dtv 12274)

Die Zeit und das Zimmer. Sieben Türen. München (Deutscher Taschenbuch Verlag) 1995 (dtv 12119)

Ithaka. Schauspiel nach den Heimkehr-Gesängen der Odys-see. München, Wien (Hanser) 1996

Die Fehler des Kopisten. München, Wien, (Hanser) 1997

Jeffers-Akt I und II. München, Wien (Hanser) 1998

Die Ähnlichen. Moral Interludes. *Der Kuß des Vergessens.* Zwei Theaterstücke. München, Wien (Hanser) 1998

Der Aufstand gegen die sekundäre Welt. Bemerkungen zu einer Ästhetik der Anwesenheit. München, Wien (Hanser, Edition Akzente) 1999

Nicht selbständige Publikationen: Gedichte, Essays, Briefe, Varia

Brief auf eine Anfrage von Theater heute. In: Theater heute, Jahrbuch 1975

Unüberwindliche Nähe. Sieben Gedichte. In: Michael Krüger (Hg.): Tintenfisch 9. Jahrbuch für Literatur. Berlin (Wagenbach) 1976 (Quartheft 79). S. 57–63

Fahrtland. Gedichte. In: Akzente. 1980. H. 3. S. 217–229

Jeannine. Dialogskizze aus den Vorarbeiten zu *Der Park.* In: TEXT + KRITIK. 1984. H. 81. S. 1–5

Der Geheime. Über Dieter Sturm, Dramaturg an der Berliner Schaubühne. In: Die Zeit, 23.5.1986. Auch in: *Versuch, ästhetische und politische Ereignisse zusammenzudenken.* Texte über Theater 1967–1986. S. 247–255

Distanz ertragen. In: Rudolf Borchardt: *Das Gespräch über Formen und Platons Lysis Deutsch.* Stuttgart (Klett-Cotta) 1987 (Cotta's Bibliothek der Moderne 68). S. 99–118. Auch in: Frankfurter Allgemeine Zeitung, 23.5.1987

Der Tod eines Schauspielers. Für Peter Lühr. In: Theater Heute Jahrbuch, 1988

Isolationen, In: *Der Pfahl.* Jahrbuch aus dem Niemandsland zwischen Kunst und Wissenschaft. III, München 1989

Beherrscht fort und fort. In: Der Spiegel, Sonderheft, April 1989, S. 102

Brief an die Deutsche Akademie für Sprache und Dichtung. In: Fachdienst Germanistik, Heft 12, 1989

Die Erde ein Kopf. Dankrede zum Büchner-Preis 1989. In: »Die Zeit«, 27.10.1989. Auch in: Deutsche Akademie für Sprache und Dichtung. Jahrbuch 1989. Heidelberg (Schneider) 1990. S. 176–183

Der Aufstand gegen die sekundäre Welt. Bemerkungen zu einer Ästhetik der Anwesenheit. In: George Steiner: *Von realer Gegenwart.* Hat unser Sprechen Inhalt? München, Wien (Hanser) 1990. S. 305–320. Auch in: Die Zeit, 22.6.1990

Auge und Augenblick. Brief an Gräfin Dönhoff. Zu *Schlußchor.* In: Die Zeit, Nr. 32, 2. August 1991

Die Ledertasche. Für Luc Bondy Szene. In: Schmidt, Dietmar, N.: Regie... Luc Bondy, Alexander Verlag, Berlin, 1991, S. 117–125

Über Max Frisch. In: Die Zeit, Nr. 16, 12.4.1991, S. 54

Anschwellender Bocksgesang. In: Der Spiegel, 8.2.1993. Erweiterte Fassung in: *Der Pfahl.* Jahrbuch aus dem Niemandsland zwischen Kunst und Wissenschaft. Bd. 7. München (Matthes & Seitz) 1993. S. 9–25. Wieder in: Heimo Schwilk/Ulrich Schacht (Hg.): *Die selbstbewußte Nation.* Berlin (Ullstein) 1994

Der eigentliche Skandal. In: Der Spiegel, 18.4.1994. Auch in: Franz Josef Görtz (Hg.): *Deutsche Literatur 1994.* Stuttgart (Reclam) 1995. S. 264–265

Kardinal Ratzinger ist der Nietzsche unserer Zeit. Brief. In: Frankfurter Allgemeine Zeitung, 27.10.1994. Auch in: Franz Josef Görtz u. a. (Hg.): *Deutsche Literatur 1994.* Stuttgart (Reclam) 1995. S. 314–315

Refrain einer tieferen Aufklärung. Essay. In: Figal, Günter/ Schwilk, Heimo (Hg.): *Magie der Heiterkeit. Ernst Jünger zum 100.*, Stuttgart, 1995

Aus einem unveröffentlichten Manuskript. In: *Der Pfahl. Jahrbuch aus dem Niemandsland zwischen Kunst und Wissenschaft.* Bd. 9. München (Matthes & Seitz) 1995, S. 9–13

Melusine. In: *Der Pfahl. Jahrbuch aus dem Niemandsland zwischen Kunst und Wissenschaft.* Bd. 9. München (Matthes & Seitz) 1995, S. 14–16

Der Fürstreiter. Botho Strauß über Bruno Ganz, den Träger des Iffland-Rings. In: Der Spiegel, Nr. 21, 1996

Der Held ist der Held. Brief. In: Der Spiegel, Nr. 21, 1996

Inszenierte Erinnerung. Ein Gespräch mit Botho Strauß. In: Amadeus Gerlach (Hg.): *Inszenierungen in Moll. Der Regisseur Rudolf Noelte.* Berlin (Hentrich) 1996. S. 25–39. Auch in: Frankfurter Rundschau, 24.2.1996

Einstweh und Wiedererkennen. Beginnlosigkeit. Notizen zu Ithaka. In: Spectaculum. Bd. 64. Frankfurt/M. (Suhrkamp) 1997. S. 273–274

Über ›Gertrud‹ von Hjalmar Söderberg. In Programmheft des Verlages der Autoren, Nr. 4, 1997

Der Buchstabe wird zum Atemzug. Das Genie der Werkversessenheit: Dem Regisseur Peter Stein zum sechzigsten Geburtstag. In: Frankfurter Allgemeine Zeitung, 27.9.1997

Das letzte Jahrhundert des Menschen. Was aber kommen wird, ist Netzwerk. Bemerkungen zu Sein und Zeit. In: Frankfurter Allgemeine Zeitung, 2.1.1999

Gespräche mit Botho Strauß

Voßwinkel, Klaus: *Bücher beim Wort genommen.* – Ein Gespräch mit Botho Strauß, (Über *Marlenes Schwester*). In: Bayerisches Fernsehen, 5.1.1975

Bock, Hans Bertram: *Das Leben als Abschied.* In: Nürnberger Nachrichten, 14.15.1977

Carna Zacharias: *Jeder Mann ist auch eine Frau.* In: Abendzeitung, München, 11.11.1977

Dieter Bachmann: *Das Ende der Liebe,* in: Tages-Anzeiger, Zürich, 9.6.1979

Volker Hage: *Reden gegen das innere Chaos.* Gespräch 14.2.1980. In: ders., Die Wiederkehr des Erzähler«, Ullstein, 1982; eine zweite Schilderung der Begegnung in: *Schreiben ist eine Séance.* In: Radix (Hrsg.): *Strauß lesen*, München, 1987

Hausen, Marianne / Berke, Bernd: *Botho Strauß: Erfolg ohne Medienrummel.* In: Westfälische Rundschau, 30.1.1982

Herwig, Henriette: *Der Einzelne ist heute ungeheuer gefährdet. Eine Begegnung mit Botho Strauß.* In: Berner Tageszeitung, 1.12.1984

Hage, Volker: *Der Dichter nach der Schlacht. Eine Begegnung mit Botho Strauß im Sommer 1993*. In: Weimaer Beiträge, 40. Jahrgang, Heft 2/1994, Passagen Verlag, Wien, S.179 f.

Gerlach, Amadeus: *Inszenierte Erinnerung – ein Gespräch*. In: Gerlach, Amadeus: *Inszenierungen in Moll: Der Regisseur Rudolf Noelte*, Edition Hentrich, Berlin 1996

Tilman Krause: *Ein guter Hasser, der Lieben will*. In: Tagesspiegel 20.7.1997, Weltspiegel, S. 1

Beiträge von Botho Strauß in Programmheften

Henrik Ibsen: Peer Gynt. Fassung von Peter Stein und Botho Strauß. Erstaufführung: Schaubühne am Halleschen Ufer, Berlin, 13/14.5.1971. Regie: Peter Stein.

Heinrich von Kleist: Prinz Friedrich von Homburg. Fassung von Peter Stein und Botho Strauß. Erstaufführung: Schaubühne am Halleschen Ufer, Berlin, 4.11.1972. Regie: Peter Stein.

Eugéne Labiche: Das Sparschwein. Erstaufführung; Schaubühne am Halleschen Ufer, Berlin, 1.9.1973. Regie: Peter Stein.

Maxim Gorkij: Sommergäste. Fassung von Peter Stein und Botho Strauß. Erstaufführung: Schaubühne am Halleschen Ufer, Berlin, 22.12.1974. Regie: Peter Stein.

INDEX

Botho Strauß

Versuch, ästhetische und politische Ereignisse zusammenzudenken

Theaterkritiken 1967–1970

In den Jahren 1967 bis 1970, vor dem eigenen Debut als Dramatiker, veröffentlichte Botho Strauß Theaterkritiken in verschiedenen Tageszeitungen, vor allem jedoch in der Zeitschrift *Theater heute*, deren Redaktion er angehörte. Das Buch sammelt alle grundsätzlichen Aufsätze und Kritiken zu Autoren, Stücken und Aufführungen aus dieser Zeit. Es enthält also alle die Texte von Botho Strauß über das Theater, die in dem vorliegenden Band *Der Gebärdensammler* nicht enthalten sind und ist damit eine notwendige Ergänzung.

Über die Aufführungskritik hinaus betreibt der Kritiker Strauß eine Archäologie der Formen und führt den Leser durch eine Galerie von Gesellschafts-Bildern. Er verfolgt die »Fluchtwege des artifiziellen Stils«, er schildert die »Verstörung der realistischen Fantasie« und konstatiert, dass simple Abbild-Modelle unserer gesellschaftlichen Befindlichkeit nicht mehr beizukommen vermögen. Souverän vollzieht er die beiden »Grundoperationen ästhetischer Erkenntnis: Zerlegung und Arrangement« und leistet Grundlagenarbeit für eine »dramaturgische Wissenschaft«. Ihn beschäftigen Traum- und Denkspiele, aber auch »das große Amüsemang«, die Lust am Spiel. Aus der ebenso präzisen wie sensiblen Dechiffrierung von Bühnenmetaphern entwickelt er die Utopie eines Bewußtseinstheaters, in dem ästhetische und politische Emanzipation nicht länger als gegeneinander konkurrierende Avantgarden verstanden werden.

Der Band gibt Auskunft über eine fruchtbare und aufregende Periode des deutschen Theaters und zugleich über Straußens Theaterästhetik der frühen Jahre.